本书系浙江外国语学院博达科研提升专项计划"OFDI的技术进步效应：
基于母公司异质性视角的研究"（BD2019C6）研究成果

浙江外国语学院博达丛书

跨国投资与母公司创新发展研究

Research on the Relationship Between Cross Border Investment and Innovation Development of Parent Company

李 兰——著

社会科学文献出版社
SOCIAL SCIENCES ACADEMIC PRESS (CHINA)

序

当前，我国对外直接投资面临国内条件、国际宏观环境的深刻变化。受全球疫情冲击、世界经济衰退和产业链供应链循环受阻等影响，国际贸易和国际投资不同程度地萎缩。为此，党的二十大报告提出："加大对全球发展合作的资源投入，致力于缩小南北差距，坚定支持和帮助广大发展中国家加快发展"，"深度参与全球产业分工和合作，维护多元稳定的国际经济格局和经贸关系"，"形成更大范围、更宽领域、更深层次对外开放格局。"① 二十届三中全会更是提出"开放是中国式现代化的鲜明标识。必须坚持对外开放基本国策，坚持以开放促改革……在扩大国际合作中提升开放能力，建设更高水平开放型经济新体制"，"稳步扩大制度型开放，深化外贸体制改革，深化外商投资和对外投资管理体制改革，优化区域开放布局，完善推进高质量共建'一带一路'机制"。②

自 2003 年政府加快实施"走出去"战略以来，对外投资主体的多元化迅速带动了中国对外直接投资的流量和存量增长。尤其是沿海民营企业的加入，直接促使中国的对外直接投资总量翻倍上涨。自 2008 年国际金融危机以来，我国企业对外投资经历了高速发展，正逐步转向高质量发展阶

---

① 《习近平：高举中国特色社会主义伟大旗帜 为全面建设社会主义现代化国家而团结奋斗——在中国共产党第二十次全国代表大会上的报告》，中国政府网，2022 年 10 月 25 日，https://www.gov.cn/xinwen/2022-10/25/content_5721685.htm。

② 《中国共产党第二十届中央委员会第三次全体会议公报》，中国政府网，2024 年 7 月 18 日，https://www.gov.cn/yaowen/liebiao/202407/content_6963409.htm。

段。从投资规模看，我国对外投资存量规模已居全球前三位。从投资模式看，受国际金融危机影响，海外企业普遍处于资金链紧缩状态，中国企业海外并购规模不断扩大。《中国民营企业海外直接投资指数 2017 年度报告》指出，中国民营企业海外投资项目从 2005 年的 7 件增加到 2016 年的 211 件，2016 年投资金额高达 600 多亿美元。从投资分布来看，自 2013 年起，中国企业的对外直接投资（OFDI）便在全球舞台特别是"一带一路"共建国家展现出强劲的增长动力。

在对外直接投资规模不断扩大的背景下，中国企业科技创新的投入和产出也在不断创新高。鉴于该现象的发生，诸多国内外学者探讨了对外直接投资是否可以通过"逆向技术溢出"促进母国的技术进步和母公司的生产率提升。从中国对外直接投资的历史来看，民营企业的深度参与以及跨国并购的爆发式增长，都成为对外直接投资规模增长的重要节点。而在对外直接投资不断增长的背景下，跨国公司母公司的创新能力和生产率也在不断提升。为此，有必要探讨投资主体所有制异质性和投资模式差异带来的母公司生产率效应差异，从而试图理解是什么因素带来了对外直接投资规模的增长和跨国母公司的技术创新。

与此同时，随着国内进一步优化营商环境，构建"统一大市场"政策的提出，我们进一步关注到对外直接投资的省域差异以及差异产生的原因。由于省际贸易壁垒的存在，跨国企业母公司通过"逆向技术溢出"获取的新技术和新知识，存在较为明显的区域性传播现象，区域间的传播则对专利交易市场和区域间交通便利度提出了挑战。技术扩散省份和技术接收省份之间的多重贸易壁垒的存在，使得国内技术创新水平区域差异难以弥合，无法形成全国整体的技术水平提升。因而需要逐步消除省际产品贸易、技术贸易和人才流动壁垒，润滑 OFDI"逆向技术溢出"在本国区域间的交流与扩散过程。

近年来，我国企业"走出去"面临的外部环境正在发生复杂变化，对外直接投资出现了全新的变化。数字经济的兴起重塑了对外直接投资的主体、动机和模式，也彻底颠覆了传统的创新概念、创新方式和创新成果。逐渐数字化的对外直接投资开始改变原有的"逆向技术溢出"路径，在降低对外直接投资成本、开拓海外市场、引进海外人才和高新技术成果等方面呈现出新特征。我国民营企业对外直接投资的数字化一直走在前列，阿里巴巴、华为、海康威视等诸多企业实现了对外直接投资的数字化，也获取了对外直接投资数字化带来的母公司技术创新效应。可以看到，新形势下，我国企业对外直接投资的潜力仍然巨大。新形势下推动对外投资，需加强顶层设计，以国家战略需求为导向进行全球价值链整合，优化对外投资结构；以共建"一带一路"为引领，建立与国际规则接轨兼具中国特色的国际合作规制；加强多层次国际合作，创新合作方式，提高企业在全球范围内配置资源的能力以及在全球市场的竞争力；推动国内改革与对外开放更好协同发展、"走出去"与"引进来"相互促进；培育具有国际竞争力的跨国企业，提升我国企业在全球产业链和生产网络中的地位。

目　录

第一章 跨国投资与企业创新发展理论研究

创新是企业保持市场竞争力的关键要素，也是一个国家经济增长的重要动力。党的十八大明确提出实施创新驱动发展战略，强调科技创新是提高社会生产力和综合国力的战略支撑，必须摆在国家发展全局的核心位置。党的十九大重申创新的重要性，提出"加快建设创新型国家"，明确"创新是引领发展的第一动力，是建设现代化经济体系的战略支撑"。根据国家统计局数据，2019 年，我国企业专利申请通过 39.88 万件，2020 年，我国发明专利授权 53.0 万件，较上年增加 33%。尽管我国专利申请和专利授权数量连年创新高，但是相较于欧美等大国的创新能力仍然有差距。提升企业的自主创新能力和建设创新型国家，是我国未来相当长一段时间内的发展目标。对外直接投资是企业引进创新的重要途径。从宏观上看，"走出去"战略的实施过程，既是国内企业对外直接投资提速的过程，也是企业生产效率不断提升的过程。从微观上看，自 2003 年提出鼓励多元主体参与对外直接投资以来，非国有主体对外直接投资规模不断扩大，不少企业获得了技术逆向溢出的好处。尽管如此，我国企业对外投资的规模仍较小，整体技术引进水平仍较低，有非常大的提升空间。

有关企业创新和跨国投资的研究分属经济增长和国际经济问题研究两个范畴，而将这两个领域的研究放在一起讨论的必要性在于：通过跨国投资，我国企业可以引进技术进行二次创新，获得技术创新能力。这一模式自改革开放以来发挥了重要作用，并且为我国的企业发展和企业创新能力培养做出了巨大的贡献。通过梳理企业跨国投资和企业创新的相关理论，我们可以对企业跨国投资如何影响企业创新有一个理论上的认知。

第一节　跨国投资研究

有关企业对外直接投资的理论，最早的研究始于 19 世纪英国企业国际投资的实践。早期对外直接投资理论仅仅关注国际资本流动问题，直到 20 世纪 60 年代，学者们才建立了专门的对外直接投资理论研究框架。以海默[①]为开端，西方经济学者巴克莱和卡森[②]、弗农[③]、邓宁[④]、鲁格曼[⑤]等从对外直接投资的原因，即跨国公司特定优势发挥的视角构建了对外直接投资的理论框架。20 世纪 80 年代后，随着发展中国家对外直接投资的兴起，传统对外直接投资理论开始受到挑战。

威尔斯[⑥]、小岛清[⑦]、波特[⑧]、坎特韦尔和托兰惕诺[⑨]、沃格勒斯[⑩]等人发现，发展中国家跨国公司对外直接投资的原因不再局限于发挥企业特定优势，还可能体现母国特定优势和经济发展方面的需求。进入 21 世纪，更多新兴国家加入对外直接投资的行列，带来对外直接投资战略资源寻求的

① Hymer S. *The International Operations of National Firms: A Study of Direct Foreign Investment.* Routledge for the United Nations, London, 1960.

② Buckley P., Casson M. *The Future of the Multinational Enterprise.* Macmillan, London, 1976.

③ Vernon R. "International Investment and International Trade in the Product Cycle". *International Executive*, Vol. 8, No. 4, 1966, pp. 307-324.

④ Dunning J. H. "Trade, Location of Economic Activity and the MNE: A Search for an Eclectic Approach". *The International Allocation of Economic Activity.* Palgrave Macmillan, UK, 1977.

⑤ Rugman A. M. *Inside the Multinationals: The Economics of Internal Markets.* Columbia University Press, New York, 1981.

⑥ Wells L. J. *Third World Multinationals: The Rise of Foreign Direct Investment from Developing Countries.* Wiley, New York, 1983.

⑦ Kojima K. *Direct Foreign Investment: A Japanese Model of Multinational Business Operations.* Croom Helm, London, 1978.

⑧ Porter M. E. *The Competitive Advantage of Notions.* Harvard Business Review, Cambridge, 1990.

⑨ Cantwell J., Tolentino P. E. "Technological Accumulation and Third World Multinationals". *Discussion Paper in International Investment and Business Studies*, Vol. 139, No. 1, 1990, pp. 1-58.

⑩ Veugelers R. "Strategic Incentives for Multinational Operations". *Managerial & Decision Economics*, Vol. 16, No. 1, 1995, pp. 47-57.

新理论。这些理论从对外直接投资的区位选择等不同角度对对外直接投资进行了研究。

一　跨国投资经典理论

20世纪60年代，对外直接投资的实践主要存在于拥有比较优势的发达国家。大量的西方经济学家对对外直接投资的成因和经济影响进行了讨论。具有代表性的理论主要有"跨国垄断优势"理论、"内部化优势"理论、"产品生命周期与成本匹配优势"理论以及"三优势"（OIL）理论。由于"三优势"理论较为全面地解释了发达国家对外直接投资行为的动机，因而在对外直接投资的研究中得到了广泛的应用。

海默率先提出"垄断优势"这一概念，用于解释跨国公司的对外直接投资行为。[①] 西方传统经济学理论认为，在市场竞争不完全的情况下，企业拥有垄断优势可以为其带来高于市场平均水平的超额利润。跨国公司在技术、资金、规模经济等方面存在的不易被替代的优势，即为其"垄断优势"。在开放环境下，跨国公司有将其垄断优势发挥到极致的动机，因而会产生对外直接投资，以获得国外市场上的超额利润。对于跨国公司而言，对外直接投资决策取决于其垄断优势带来的超额利润与其进入国外市场所需的成本之间的权衡。当超额利润高于进入成本时，对外直接投资就会发生。后期学者的研究主要对垄断优势的内涵进行了拓展。

约翰逊丰富了海默的理论，将知识资产作为跨国公司垄断优势的来源之一，提出跨国公司对外直接投资的主要动机是发挥知识资产垄断优势的观点。[②] 凯夫斯则认为跨国公司拥有产品差异化的技术和能力，从而形成垄断优势。[③] 麦基提出信息占有论，指出产品差异、对管理和信息的占有

---

①　Hymer S. *The International Operations of National Firms: A Study of Direct Foreign Investment.* Routledge for the United Nations, London, 1960.

②　Johnson H. G. "The Efficiency and Walfare Implication of the International Corporation". in Kindleberger C. R. (ed.), *The International Corporation Mass.* MIT Press, Massachusetts, 1970.

③　Caves R. E. "International Corporations: The Industrial Economics of Foreign Investment". *Economica*, Vol. 38, No. 149, 1971, pp. 1–27; Caves R. "Multinational Firms, Competition and Productivity in Host-Country Markets". *Economica*, Vol. 41, No. 162, 1974, pp. 176–193.

是跨国公司垄断优势的主要来源。① 这些学者的研究开始关注企业拥有的技术、知识、信息等无形资产方面的优势与其对外直接投资行为之间的关联。技术、知识和信息的前期开发成本高昂,但一旦开发成功,其边际成本接近于零,最大限度地发挥这些方面的垄断优势对于企业而言具有非常大的吸引力,因而是其对外直接投资的主要动因。尼克博克提出了寡占反应理论,该理论从寡头之间的博弈行为入手分析跨国公司之间的交叉直接投资行为。② 该理论解释了跨国企业相互之间进行对外直接投资的现象。拥有垄断优势的寡头企业经过博弈实现共赢,是交叉对外直接投资产生的主要原因。"跨国垄断优势"理论解释了大部分西方国家对外直接投资的行为,但仍然无法涵盖所有对外直接投资的情形。

　　跨国企业通过对外直接投资在国外设立子公司,利用内部化来降低成本,这一事实促使学者从内部化的视角思考企业对外直接投资。巴克莱和卡森从科斯的交易成本理论出发,构建了对外直接投资的"内部化优势"理论。③ 所谓内部化,是指跨国公司通过并购、设立海外子公司的方式,以内部管理代替市场机制。在市场制度较为不完善的东道国,通过外部交易出口中间商品的成本非常高,收购海外客户公司,能够以相对低的管理成本实现中间产品的销售,从而增加企业的利润。鲁格曼对该理论进行了丰富,提出跨国公司对外直接投资的实质是基于所有权的企业管理,目的在于控制权的扩张而不是资本的转移。④ 以企业内部机制代替市场竞争,能够降低交易成本,使企业具备跨国经营的优势。与"跨国垄断优势"理论研究一样,也有学者提出了知识交流对内部化的重要意义。坎特韦尔和

① Magee S. P. *Information and the Multinational Corporation: An Appropriability Theory of Direct Foreign Investment*. MIT Press, Massachusetts, 1977.

② Knickerbocker F. T. "Oligopolistic Reaction and Multinational Enterprise". *Thunder Bird International Business Review*, Vol. 15, No. 2, 1973, pp. 7-9.

③ Buckley P., Casson M. *The Future of the Multinational Enterprise*. Macmillan, London, 1976; Buckley P., Casson M. "The Optimal Timing of a Foreign Direct Investment". *The Economic Journal*, Vol. 91, No. 361, 1981, pp. 75-87.

④ Rugman A. M. "Internalization as a General Theory of Foreign Direct Investment: A Re-Appraisal of the Literature". *Review of World Economics*, Vol. 116, No. 2, 1980, pp. 365-379; Rugman A. M. *Inside the Multinationals: The Economics of Internal Markets*. Columbia University Press, New York, 1981.

托兰惕诺在"内部化优势"理论的基础上,针对知识产品进行了专门的研究。① 他认为,除了节约市场成本,投资方与被投资方内部的知识交流也能够带来内部化收益。"内部化优势"理论从交易成本降低的视角解释了企业对外直接投资的起因,但仍然无法解释企业在不同发展时期选择不同国外合作方式的现象。

弗农在研究产品生命周期的基础上,提出了跨国公司嵌入全球加工生产链的生命周期理论。② 该理论认为,发达国家跨国公司的产品生产会经历创新、成熟和标准化三个生命周期阶段。在不同阶段,跨国公司会根据产品竞争优势最大化来决定是采用对外直接投资还是国际贸易。产品生命周期理论可以用于解释发达国家对外直接投资的区位选择问题。在产品生产的成熟阶段,国内生产的边际成本和运输成本开始增加,跨国公司会选择将生产基地转移到成本更低的东道国。而在产品生产的标准化阶段,由于企业不再拥有创新带来的垄断优势,因此产品生产的原材料和人工成本成为主要的竞争点。跨国公司不得不转移至原材料、人工成本低廉的东道国进行生产。对外直接投资的"产品生命周期与成本匹配优势"理论补充了企业对外直接投资的动机,但与前两种理论一样,缺乏对企业对外直接投资动因的全面性解释。

在综合垄断优势、内部化优势和区位优势的基础上,邓宁提出了对外直接投资的"三优势"理论。③ 该理论指出,跨国公司只有在同时具备所有权优势、内部化优势和区位优势的情况下,才会采取对外直接投资行动;否则,企业会采取出口贸易和技术转让来参与国际经济活动。邓宁的"三优势"理论较全面地概括了企业对外直接投资的动机,同时也揭示了企业如何在不同国外合作模式间进行抉择,这使其成为西方国家对外直接

---

① Cantwell J., Tolentino P. E. "Technological Accumulation and Third World Multinationals". *Discussion Paper in International Investment and Business Studies*, Vol. 139, No. 1, 1990, pp. 1-58.

② Vernon R. "International Investment and International Trade in the Product Cycle". *International Executive*, Vol. 8, No. 4, 1966, pp. 307-324.

③ Dunning J. H. Trade, *Location of Economic Activity and the MNE: A Search for an Eclectic Approach. The International Allocation of Economic Activity*. Palgrave Macmillan, UK, 1977; Dunning J. H. *International Production and the Multinational Enterprise*. Allen & Unwin, London, 1981.

投资动因研究的集大成者。为了研究对外直接投资的动态问题，邓宁在"三优势"理论基础上引入了时间维度，构建了容纳企业三类优势和时间因素的 IDP 模型，即投资周期理论。[①] 该理论将动态因素引入原先的模型，不仅解释了对外直接投资的动机问题，还揭示了不同经济发展阶段，跨国公司如何进行区位选择的问题。

二　发展中国家跨国投资理论

前文所述的国际直接投资理论，基本上是以西方发达国家的跨国公司为对象来展开理论分析的。随着发展中国家加入对外直接投资行列，有关发展中国家的对外直接投资理论开始出现。与发达国家相比，发展中国家跨国公司并不具备明显的垄断优势，因而并不适用"三优势"理论。早期的发展中国家对外直接投资研究仍然延续西方国家对外直接投资研究的思路，尝试寻找发展中国家对外直接投资的优势所在，较为典型的就是企业小规模技术优势理论和母国国家竞争优势理论。后期的学者则从发展中国家并不具备优势的现实出发，提出从对外直接投资中可能获得的母国经济、产业和技术等方面的改善是其进行对外直接投资的主要动因。典型的理论是母国边际产业转移理论和母国技术寻求理论。

（一）企业小规模技术优势理论

威尔斯在所有权优势理论的基础上，提出发展中国家对外直接投资的企业小规模技术优势理论。[②] 威尔斯将海外种族关系、低价市场销售技巧等纳入技术的考虑范围，指出发展中国家的技术与发达国家的技术存在异质性。这种异质性使得发展中国家的技术更适用于某类东道国。发展中国家依赖这一技术的比较优势对东道国进行跨国投资。这种技术被称为小规模技术。拉奥也认为，发展中国家对外直接投资的比较优势在于自身所具备的特殊技术，该技术相对于发达国家而言，具备规模小、劳动密集等特

---

①　Dunning J. H. *International Production and the Multinational Enterprise*. Allen & Unwin, London, 1981.

②　Wells L. J. *Third World Multinationals*: *The Rise of Foreign Direct Investment from Developing Countries*. Wiley, New York, 1983.

点。[①] 企业小规模技术优势理论延续了跨国公司可能存在优势的理论思路，但由于无法解释大部分发展中国家跨国投资的行为，理论与现实的契合度并不高。

（二）母国国家竞争优势理论

波特在其出版的《国家竞争优势》一书中提出了国家竞争优势理论。[②] 通过对日本汽车产业对外直接投资行为进行研究，波特发现母国在自然资源、相关产业支持、行业竞争方面的特质能够为跨国公司带来竞争优势，影响其对外直接投资决策。人才资源丰富、产业支持体系完整以及行业竞争激烈的母国环境能够培育跨国公司的国际竞争优势，从而帮助其在对外直接投资的过程中战胜对手，获得国际投资的好处。因此，具有母国竞争优势的跨国公司，对外直接投资的动力更强劲。波特还指出，单一的母国竞争优势容易被对手模仿，只有具备多种母国竞争优势的跨国公司才能获得对外直接投资的成功。国家竞争优势理论将国家对企业的支持作为一种优势，将跨国投资从企业视角转移到国家视角，开创了对外直接投资的新思路。

（三）母国边际产业转移理论

小岛清提出，发展中国家对外直接投资可能是出于母国劣势产业转移的需要，从而提出边际产业转移理论。[③] 小岛清发现，二战后日本企业对外直接投资并没有集中在优势产业上，反而集中在淘汰产业上。结合东道国的特征来看，这些在日本国内具有比较劣势的产业，与东道国相比仍然具有优势，且以产业基地的转移为特征。对于发展中国家而言，转移国内具有比较劣势的产业，有助于提高本国的要素利用效率，从而带动经济的发展。因此，发展中国家应从本国比较成本已经处于劣势或即将丧失比较优势的产业开始，依次将其投向在东道国具有比较优势的同类产业。边际产业转移理论解释了相当一部分夕阳产业向国外转移的现象，但无法解释其他产业对外直接投资的动因。

---

① Lall S. *The New Multinationals: The Spread of Third World Enterprises.* Wiley, London, 1983.

② Porter M. E. *The Competitive Advantage of Notions.* Harvard Business Review, Cambridge, 1990.

③ Kojima K. *Direct Foreign Investment: A Japanese Model of Multinational Business Operations.* Croom Helm, London, 1978.

（四）母国技术寻求理论

20 世纪 80 年代中后期，新兴工业国家对发达国家的对外直接投资开始呈现出极强的技术寻求动机。坎特韦尔和托兰惕诺提出发展中国家对外直接投资的技术寻求理论。[1] 该理论的核心思想在于，发展中国家在对外直接投资过程中能够通过不断学习积累知识，促进其跨国公司的竞争优势提升；跨国公司竞争优势的提升又会进一步推进其对外直接投资行为。这一过程非常缓慢，但确实促进了 20 世纪七八十年代新兴工业国家的跨国投资和技术进步。随后，福奥斯福锐和莫塔通过设计一个两阶段完全信息双寡头古诺模型，来解释技术上不占优势的企业进行对外直接投资的现象。[2] 福奥斯福锐和莫塔的研究也显示，技术落后企业可以通过对外直接投资获得特定的东道国技术。[3] 技术寻求理论弥补了边际产业转移理论的不足，且与发展中国家利用国际市场获取技术的现实高度相符，能够较好地解释发展中国家跨国公司的对外直接投资行为。

三 跨国投资创新理论

近年来，对外直接投资理论研究主要集中在三个方面，分别是区位选择、母国效应和微观机制。随着经济的发展，发展中国家的对外直接投资呈现出新特点，如偏好与本国文化、制度更为相近的国家。对外直接投资对母国经济发展会产生重要影响。众多学者发现，发展中国家对外直接投资能为母国带来出口、技术进步以及产业升级方面的提升，也即存在母国效应。这一效应的存在对于技术相对落后的发展中国家而言意义重大，有可能成为发展中国家技术创新的重要途径。另外，为了解释不同发展中国家母国效应存在与否的差异，学者们也尝试从微观视角切入，以解释微观上的异质性对企业对外直接投资母国效应的影响。

① Cantwell J., Tolentino P. E. "Technological Accumulation and Third World Multinationals". *Discussion Paper in International Investment and Business Studies*, Vol. 139, No. 1, 1990, pp. 1-58.

② Fosfuri A., Motta M. "Multinationals without Advantages". *Sandinavian Journal of Economics*, Vol. 101, No. 4, 1999, pp. 617-630.

③ Fosfuri A., Motta M., Ronde T. "Foreign Direct Investment and Spillovers through Worker's Mobility". *Journal of International Economics*, Vol. 53, No. 1, 2001, pp. 205-222.

(一) 区位选择

发展中国家对外直接投资的区位选择受到多重因素的影响。为了减少组织协调成本和适应成本，跨国公司往往倾向于投资与母国文化距离、心理距离和制度距离更接近的东道国。赫尼兹和丹刘斯认为，为了保护产权，大多数跨国公司倾向于投资政治稳定、制度成熟和有支持外企投资政策的东道国。[①] 但也有学者发现，部分发展中国家的对外直接投资有政治风险偏好，尤其是国有企业。康和姜指出，部分发展中国家适应了行政管制过多和产权保护不足的经营环境，东道国不完善的政治经济制度反而成为其对外直接投资的优势。[②]

诸多学者在研究新兴市场国家对外直接投资问题时，发现中国对外直接投资的制度变化对 OFDI 的发展产生了重要影响，从而提出新兴市场国家跨国公司对外直接投资的研究需要考虑母国制度因素的影响。古格勒和波伊指出，新兴市场国家的对外直接投资往往伴随着政府的全球经济战略。[③] 罗等从母国制度环境的视角分析，发现政府外向型投资鼓励政策和制度建设，能够弥补本国公司在全球竞争中的劣势。[④] 众多中外学者通过实证研究发现，母国的经济发展水平、物价水平、关系资源、融资能力、进出口水平、行业结构、对外投资政策与 OFDI 活动显著相关。[⑤] 康和江认

[①] Henisz W. J. , Delios A. "Uncertainty, Imitation, and Plant Location: Japanese Multinational Corporations, 1990 – 1996". *Administrative Science Quarterly*, Vol. 46, No. 3, 2001, pp. 443 – 475.

[②] Kang Y. , Jiang F. "FDI Location Choice of Chinese Multinationals in East and Southeast Asia: Traditional Economic Factors and Institutional Perspective". *Journal of World Business*, Vol. 47, No. 1, 2012, pp. 45−53.

[③] Gugler P. , Boie B. "The Emergence of Chinese FDI: Determinants and Strategies of Chinese MNEs". Conference "Emerging Multinationals: Outward Foreign Direct Investment from Emerging and Developing Countries". Copenhagen Business School, Copenhagen, 2008.

[④] Luo Y. , Xue Q. , Han B. "How Emerging Market Governments Promote Outward FDI: Experience from China". *Journal of World Business*, Vol. 45, No. 1, 2010, pp. 68−79.

[⑤] Zhang X. , Daly K. "The Determinants of China's Outward Foreign Direct Investment". *Emerging Markets Review*, Vol. 12, No. 4, 2011, pp. 389−398; 阎大颖:《国际经验、文化距离与中国企业海外并购的经营绩效》,《经济评论》2009 年第 1 期; Wang C. , Hong J. , Kafouros M. , et al. "What Drives Outward FDI of Chinese Firms? Testing the Explanatory Power of Three Theoretical Frameworks". *International Business Review*, Vol. 21, No. 3, 2012, pp: 425−438; Kalotay K. , Sulstarova A. "Modelling Russian Outward FDI". *Journal of International Management*, Vol. 16, No. 2, 2010, pp. 131−142。

为，母国和东道国的制度差异、经济自由化差异会对母国对外直接投资区位选择产生显著的影响。[1] 斯托扬的研究结果表明，竞争政策和全面的制度改革对新兴经济体的 OFDI 活动有重要推动作用。[2]

(二) 母国效应

对外直接投资的母国效应主要集中在三个方面：一是母国的出口效应；二是母国的技术进步效应；三是母国的产业升级效应。张和钱认为，伴随发展中国家外汇储备的增加，通过对外直接投资带动出口，提高外汇储备使用效率的研究得到了关注。[3] 大量的研究证实对外直接投资存在出口创造效应，但也有部分研究否认这一效应的存在性。[4]

对外直接投资的母国技术进步效应研究由来已久。考格特和常在研究日本对美国投资的过程中最先发现这一效应。[5] 之后大量新兴市场国家的学者，如瓦赫特和马索[6]、比策和克莱克斯[7]、普拉丹和辛格[8]等，从本国企业对外直接投资的逆向技术溢出角度出发验证了该效应的存在性。国内学者也对这一问题进行了丰富的研究，但并没有得出统一的结论。赵

[1] Kang Y., Jiang F. "FDI Location Choice of Chinese Multinationals in East and Southeast Asia: Traditional Economic Factors and Institutional Perspective". *Journal of World Business*, Vol. 47, No. 1, 2012, pp: 45–53.

[2] Stoian C. "Extending Dunning's Investment Development Path: The Role of Home Country Institutional Determinants in Explaining Outward Foreign Direct Investment". *International Business Review*, Vol. 22, No. 3, 2013, pp. 615–637.

[3] Cheung Y. W., Qian X. W. "Empirics of China's Outward Direct Investment". *Pacific Economic Review*, Vol. 14, No. 3, 2009, pp: 312–341.

[4] 王英、刘思峰：《对外直接投资的动因及效应研究综述》，《审计与经济研究》2007 年第 6 期；项本武：《中国对外直接投资的贸易效应研究——基于面板数据的协整分析》，《财贸经济》2009 年第 4 期；张春萍：《中国对外直接投资的贸易效应研究》，《数量经济技术经济研究》2012 年第 6 期；张纪凤、黄萍：《替代出口还是促进出口——我国对外直接投资对出口的影响研究》，《国际贸易问题》2013 年第 3 期；王方方、扶涛：《中国对外直接投资的贸易因素——基于出口引致与出口平台的双重考察》，《财经研究》2013 年第 4 期。

[5] Kogut B., Chang S. J. "Technological Capabilities and Japanese Foreign Direct Investment in the United States". *The Review of Economics and Statistics*, Vol. 73, No. 3, 1991, pp. 401–413.

[6] Vahter P., Masso J. "Home versus Host Country Effects of FDI: Searching for New Evidence of Productivity Spillovers". *Bank of Estonia Working Papers*, Vol. 53, No. 2, 2005, pp. 165–196.

[7] Bitzer J., Kerekes M. "Does Foreign Direct Investment Transfer Technology across Borders? New Evidence". *Economics Letters*, Vol. 100, No. 3, 2008, pp. 355–358.

[8] Pradhan J. P., Singh N. "Outward FDI and Knowledge Flows: A Study of the Indian Automotive Sector". *MPRA Paper*, Vol. 1, 2008, pp. 156–187.

伟等[①]、周春应[②]、朱彤和崔昊[③]、付海燕[④]等部分学者认为我国的 OFDI 对本国 TFP 的提高有促进作用，存在显著的逆向技术溢出效应；但也有部分学者如白洁[⑤]、李梅和金照林[⑥]、李梅和柳士昌[⑦]认为现阶段对外直接投资并未给我国带来积极效应。

对外直接投资的产业升级效应研究基于多种视角。对外直接投资可以通过边际产业扩张效应、杠杆效应以及技术进步效应促进母国产业向高附加值、资本密集方向调整，大量的学者通过实证研究证明了这一观点。[⑧]国内学者蒋冠宏和蒋殿春指出，对外直接投资具有显著的逆向技术溢出效应，能够推动地区产业向高技术附加值产业变动，最终促进产业升级。[⑨]

（三）微观机制

近年来，国际贸易和国际投资领域的研究更多地关注企业微观层面。国外学者如赫尔普曼等[⑩]、格罗斯曼和赫尔普曼[⑪]、芬斯特拉[⑫]的研究已经

---

① 赵伟、古广东、何元庆：《外向 FDI 与中国技术进步：机理分析与尝试性实证》，《管理世界》2006 年第 7 期。

② 周春应：《对外直接投资逆向技术溢出效应吸收能力研究》，《山西财经大学学报》2009 年第 8 期。

③ 朱彤、崔昊：《对外直接投资、逆向研发溢出与母国技术进步——数理模型与实证研究》，《世界经济研究》2011 年第 12 期。

④ 付海燕：《对外直接投资逆向技术溢出效应研究——基于发展中国家和地区的实证检验》，《世界经济研究》2014 年第 9 期。

⑤ 白洁：《对外直接投资的逆向技术溢出效应——对中国全要素生产率影响的经验检验》，《世界经济研究》2009 年第 8 期。

⑥ 李梅、金照林：《国际 R&D、吸收能力与对外直接投资逆向技术溢出——基于我国省际面板数据的实证研究》，《国际贸易问题》2011 年第 10 期。

⑦ 李梅、柳士昌：《对外直接投资逆向技术溢出的地区差异和门槛效应——基于中国省际面板数据的门槛回归分析》，《管理世界》2012 年第 1 期。

⑧ Elia S., Piseitello L. "The Impact of Outward FDI on the Home Country's Labour Demand and Skill Composition". *International Business Review*, Vol. 18, No. 4, 2009, pp. 357-372.

⑨ 蒋冠宏、蒋殿春：《中国工业企业对外直接投资与企业生产率进步》，《世界经济》2014 年第 9 期。

⑩ Helpman E., Melitz M., Yeaple S. R. "Export versus FDI". *Social Science Electronic Publishing*, Vol. 94, No. 1, 2003, pp. 300-316; Helpman E., Melitz M. J., Yeaple S. R. "Export versus FDI with Heterogenous Firms". *American Economic Review*, Vol. 94, No. 1, 2004, pp. 300-316.

⑪ Grossman G. M., Helpman E. "Outsourcing in a Global Economy". *Review of Economic Studies*, Vol. 72, No. 1, 2005, pp. 135-159.

⑫ Feenstra R. C. "Trade and Uneven Growth". *Journal of Development Economics*, Vol. 49, No. 1, 1996, pp. 229-256.

探讨了企业异质性对其全球生产组织模式的影响效应。赫尔普曼等构建了包含企业异质性的垄断竞争模型，提出企业采取出口还是直接投资取决于出口固定成本。在此模型基础上，他们又将企业出口延伸到企业对外直接投资，从而解释了企业水平型对外直接投资的相关问题。格罗斯曼和赫尔普曼提出了分析跨国公司水平型、垂直型和复杂型 FDI 的框架，指出不同行业的跨国公司会根据设立海外分公司的固定成本、中间投入品和最终产品的运输成本以及消费市场规模来确定 FDI 的最优形式。

国内学者主要从企业生产率异质性的角度探讨企业的对外直接投资行为。田巍和余淼杰的研究认为，企业生产率越高，其对外直接投资的规模越大，这与国外学者的研究一致。[1] 蒋冠宏指出，生产率较高的企业，其在对外直接投资的过程中，更倾向于进行技术研发类投资，从而进一步提升企业的技术水平。[2] 周茂等从企业生产率异质性和国际投资模式选择的视角出发，提出生产率越高的企业越倾向于选择跨国并购的投资模式。分解生产率可以发现，企业的管理能力强是其选择并购的主要原因。[3] 李磊和包群[4]以及刘莉亚等[5]发现，企业的融资地位会影响其国际投资意愿，而高生产率可在一定程度上缓解融资的劣势。

第二节　企业创新研究

自熊彼特提出创新概念以来，西方经济学界分为两派对企业创新理论进行了拓展。技术创新经济学派从技术推广、扩散和转移以及技术创新和

① 田巍、余淼杰：《企业生产率和企业"走出去"对外直接投资：基于企业层面数据的实证研究》，《经济学》（季刊）2012 年第 2 期。

② 蒋冠宏：《企业异质性和对外直接投资——基于中国企业的检验证据》，《金融研究》2015 年第 12 期。

③ 周茂、陆毅、陈丽丽：《企业生产率与企业对外直接投资进入模式选择——来自中国企业的证据》，《管理世界》2015 年第 11 期。

④ 李磊、包群：《融资约束制约了中国工业企业的对外直接投资吗？》，《财经研究》2015 年第 6 期。

⑤ 刘莉亚、何彦林、王照飞、程天笑：《融资约束会影响中国企业对外直接投资吗？——基于微观视角的理论和实证分析》，《金融研究》2015 年第 8 期。

市场结构之间的关系等方面对技术创新理论进行了拓展和补充。[1] 制度创新理论学派则将制度与熊彼特创新理论相结合，研究制度变革、制度体系与企业创新、经济发展的关系。[2] 后期学者如尼尔森[3]、弗里曼[4]、路甬祥[5]等还从国家角度出发，提出了国家创新推动的新理论。

　　技术进步在经济增长中的作用日益显现。早期的新古典经济学家索洛通过外生技术引进的方式扩展了经济增长的模型。[6] 但是经济增长依赖外生给定变量的理论并不能说服经济学家。为此，将技术与资本、技术与人力资源相结合的内生技术进步理论出现。罗默[7]和卢卡斯[8]在阿罗[9]和宇泽弘文[10]研究的基础上，分别提出了内生技术进步的知识积累模型、知识外溢和人力资本模型。

---

[1]　Mansfield E. *Technology Transfer*, *Innovation and Public Policy*. DC Heath, Lexington, 1982; Kamien M. I., Schwartz N. L. "Market Structure and Innovation: A Survey". *Journal of Economic Literature*, Vol. 13, No. 1, 1975, pp. 1 - 37; Karshenas M., Stoneman P. L. *Rank*, *Stock*, *Order and Epidemic Effects in the Diffusion of New Process Technologies: An Empirical Modle*. University of Warwick, Department of Economics, 1990.

[2]　North D. C. "Sources of Productivity Change in Ocean Shipping, 1600-1850". *Journal of Political Economy*, Vol. 76, No. 5, 1968, pp. 953 - 970; North D. C., Thomas R. P. "An Economic Theory of the Growth of the Western World". *The Economic History Review*, Vol. 23, No. 1, 1970, pp. 1-17; North D. C., Thomas R. P. "The Rise and Fall of the Manorial System: A Theoretical Model". *The Journal of Economic History*, Vol. 31, No. 4, 1971, pp. 777 - 803; Davis L. E., North D. C., Smorodin C. *Institutional Change and American Economic Growth*. CUP Archive, Cambridge, 1971.

[3]　Nelson R. R. *Institutions Supporting Technical Change in the United States*. 1987.

[4]　Freeman C. *The Economics of Hope: Essays on Technical Change, Economic Growth, and the Environment*. Thomson Learning, London, 1992.

[5]　路甬祥主编《创新与未来：面向知识经济时代的国家创新体系》，科学出版社，1998。

[6]　Solow R. M. "Technical Change and the Aggregate Production Function". *Review of Economics & Statistics*, Vol. 39, No. 3, 1957, pp. 554-562.

[7]　Romer P. M. "Increasing Returns and Long-Run Growth". *Journal of Political Economy*, Vol. 94, No. 5, 1986, pp. 1002-1037; Romer P. M. "Endogenous Technological Change". *Journal of Political Economy*, Vol. 98, No. 5, 1990, pp. 71-102.

[8]　Lucas R. E. "On the Mechanics of Economic Development". *Journal of Monetary Economics*, Vol. 22, No. 1, 1988, pp. 3-42.

[9]　Arrow K. J. "The Economic Implications of Learning by Doing". *The Review of Economic Studies*, Vol. 29, No. 3, 1962, pp. 155-173.

[10]　Uzawa H. "Optimum Technical Change in an Aggregative Model of Economic Growth". *International Economic Review*, Vol. 6, No. 1, 1965, pp. 18-31.

针对我国的技术进步，学者从技术水平提升的有效路径①、技术进步对经济增长的作用机制②以及技术进步的影响因素③三个方面做了大量的研究。

一　技术创新经典理论

技术创新的经典理论认为技术是外生的。自熊彼特提出技术创新是经济增长的动力以来，有关技术创新和经济增长的理论层出不穷。根据假设前提和研究思路的差异，由熊彼特技术创新衍生出的技术创新理论可以分为三个流派，分别是新熊彼特学派、制度创新学派和国家创新学派。

（一）熊彼特技术创新

19 世纪中叶，西方主流经济学家围绕资源配置和短期资源利用展开了一系列研究，并认为经济增长是静态循环的。然而，这一理论过于悲观，并且无法解释经济增长的现实。熊彼特在其《经济发展理论》一书中提出了经济增长的另一动力——创新。④ 他将"创新"（Innovation）定义为企

---

① Grossman G. M. , Helpman E. *Innovation and Growth in the Global Economy*. The MIT Press, Massachusetts, 1991；林毅夫、张鹏飞：《后发优势、技术引进和落后国家的经济增长》，《经济学》（季刊）2005 年第 4 期；周燕：《南北贸易对发展中国家技术进步的两面性效应探讨：一个文献综述》，《国际贸易问题》2010 年第 12 期；蒋仁爱、冯根福：《贸易、FDI、无形技术外溢与中国技术进步》，《管理世界》2012 年第 9 期；赵伟、古广东、何元庆：《外向 FDI 与中国技术进步：机理分析与尝试性实证》，《管理世界》2006 年第 7 期。

② 郭金龙：《经济增长方式转变的国际比较》，中国发展出版社，2000；刘国光、李京文主编《中国经济大转变——经济增长方式转变的综合研究》，广东人民出版社，2001；吴敬琏：《中国增长模式抉择》，上海远东出版社，2006；林毅夫、苏剑：《论我国经济增长方式的转换》，《管理世界》2007 年第 11 期；魏枫：《资本积累、技术进步与中国经济增长路径转换》，《中国软科学》2009 年第 3 期；宋东林、付丙海：《再论我国高校科技成果转化——借鉴美国、加拿大等国家经验》，《科技管理研究》2010 年第 8 期。

③ Lichtenberg F. R. , Pottelsberghe de la Potterie B. "International R&D Spillovers：A Comment". *European Economic Review*, Vol. 42, No. 8, 1998, pp. 1483–1491；李平、孙灵燕：《国外专利申请对技术进步的影响——基于中国各地区面板数据的分析》，《经济经纬》2007 年第 1 期；范黎波、郑建明、江琳：《技术差距、技术扩散与收敛效应：来自 134 个国家技术成就指数的证据》，《中国工业经济》2008 年第 9 期；池仁勇、杨潇：《行业集聚度、集聚结构类型与技术进步的动态关系研究：以浙江省制造业为实证》，《经济地理》2010 年第 12 期；夏良科：《人力资本与 R&D 如何影响全要素生产率——基于中国大中型工业企业的经验分析》，《数量经济技术经济研究》2010 年第 4 期；姚耀军：《金融中介发展与技术进步——来自中国省级面板数据的证据》，《财贸经济》2010 年第 4 期；罗翔、卢新海、姜国麟、项歌德：《金融发展、技术进步与中国非正规经济——来自中国微观企业的经验证据》，《科学学研究》2014 年第 5 期。

④ 〔美〕约瑟夫·熊彼特：《经济发展理论》，何畏、易家祥等译，商务印书馆，1990。

业家对生产要素的新组合，即把一种从来没有过的生产要素和生产条件的新组合引入生产体系之中"建立一种新的生产函数"，其目的是获取潜在的利润。这一新组合的含义包含五个方面：开发新产品、采用新生产方法、开辟新市场、开拓新的原材料供应源以及构建新的企业组织。熊彼特认为创新是运用于经济活动的发明，因此实质上讲的是技术创新。此后，熊彼特还讨论了创新与企业家、经济发展、经济周期之间的关系，构建了技术创新的分析框架。随后，经济学分为新熊彼特学派和制度创新学派两派对技术创新进行了拓展和深化。

（二）新熊彼特学派

新熊彼特学派从技术推广、扩散和转移以及技术创新和市场结构之间的关系等方面对技术创新理论进行了拓展和补充。曼斯菲尔德就新技术推广问题对熊彼特的技术创新理论进行了补充。[①] 他提出，除了技术创新，企业还可以通过模仿创新来实现学习。当模仿中包含增量创新时，就能获得新的技术。卡米恩和施瓦茨提出，在完全竞争的市场，企业规模较小，无法保障有足够的资金、物资和市场用于技术创新。[②] 而垄断企业由于缺乏竞争对手，没有技术创新的动力。因此，介于垄断和完全竞争之间的市场结构最适宜于技术创新。卡斯纳斯和斯通曼提出技术创新的扩散理论，强调市场上的技术创新者会通过贝叶斯学习来调整其对创新效果、不确定性和风险的预期，进而做出是否进行创新的决策。[③]

（三）制度创新学派

制度创新理论是制度经济学与熊彼特创新理论结合的产物，主要研究制度的变革与企业的经济效益之间的关系。诺斯分析了世界海洋运输生产率的变化与制度变革之间的关系，开了制度创新理论研究的先河。[④] 诺

---

① Mansfield E. *Technology Transfer*, *Innovation and Public Policy*. DC Heath, Lexington, 1982.

② Kamien M. I. , Schwartz N. L. "Market Structure and Innovation: A Survey". *Journal of Economic Literature*, Vol. 13, No. 1, 1975, pp. 1-37.

③ Karshenas M. , Stoneman P. L. *Rank*, *Stock*, *Order and Epidemic Effects in the Diffusion of New Process Technologies*: *An Empirical Modle*. University of Warwick, Department of Economics, 1990.

④ North D. C. "Sources of Productivity Change in Ocean Shipping, 1600-1850". *Journal of Political Economy*, Vol. 76, No. 5, 1968, pp. 953-970.

斯和托马斯指出，提供适当的个人刺激的有效制度是经济增长的关键。[1] 1971 年，戴维斯和诺斯在《制度变革与美国经济增长》一书中，系统地研究了制度创新和经济增长的关系，提出包括所有制、分配、机构、管理、法律政策等相关制度在内的创新，能够通过产权的保护促进整体经济的增长；若现有制度已不能促进经济增长，就应当酝酿建立新制度，否则，经济就会处于停滞状态。[2]

（四）国家创新学派

尼尔森[3]和弗里曼[4]等通过对美国、日本等国家和地区创新活动特征进行实证分析后，提出技术创新的国家创新学派。该学派认为，技术创新不仅仅是企业的孤立行为，国家对创新的推动也至关重要。国家创新系统（NIS）是指参与和影响创新资源的配置及其利用效率的行为主体、关系网络和运行机制的综合体系。在该系统中，企业和其他组织等创新主体，通过国家制度的安排及其相互作用，推动知识的创新、引进、扩散和应用，使整个国家的技术创新取得更好绩效。路甬祥进一步拓展了国家创新体系的内涵，指出 NIS 是由科研机构、大学、企业以及政府等组成的网络，它能够有效提升企业创新能力和创新效率，使得技术与社会经济发展相互融合。[5]

二　内生技术进步理论

技术进步在经济增长中的作用逐步得到重视。20 世纪中叶，以索洛为代表的经济学家将技术进步作为一个外生变量引入经济发展模型，从而产

---

① North D. C., Thomas R. P. "An Economic Theory of the Growth of the Western World". *The Economic History Review*, Vol. 23, No. 1, 1970, pp. 1 – 17; North D. C., Thomas R. P. "The Rise and Fall of the Manorial System: A Theoretical Model". *The Journal of Economic History*, Vol. 31, No. 4, 1971, pp. 777–803.

② Davis L. E., North D. C. *Institutional Change and American Economic Growth*. CUP Archive, Cambridge, 1971.

③ Nelson R. R. *Institutions Supporting Technical Change in the United States*. 1987.

④ Freeman C. *The Economics of Hope: Essays on Technical Change, Economic Growth, and the Environment*. Thomson Learning, London, 1992.

⑤ 路甬祥主编《创新与未来：面向知识经济时代的国家创新体系》，科学出版社，1998。

生了新古典主义的经济增长理论。[1] 该学派在构建技术进步与经济增长理论模型的基础上，通过余值法测算了技术进步对经济增长的贡献。然而，该理论的缺点在于假设经济增长依赖人为设定的外生变量，并不符合经济发展的事实。

20 世纪 60 年代以来，越来越多的经济学家如阿罗[2]、罗默[3]、宇泽弘文[4]、卢卡斯[5]等开始挑战技术进步外生的假定，提出技术进步内生与要素积累的论断，从而开启了内生技术进步理论研究的先河。20 世纪 80 年代后期，以罗默和卢卡斯为代表的新经济增长理论发展起来，主要讨论技术知识的内生化以及如何在模型中体现技术知识的问题。该理论可分为两派，一派是以罗默为代表的知识积累模型；另一派是以卢卡斯为代表的人力资本模型。

（一）知识积累模型

阿罗提出了技术进步内生化的一条可能路径，该著名论断被称为"干中学"理论。阿罗发现，对厂商来说，学习主要来源于生产实践，而衡量生产实践多寡的变量是投资，因而技术可能是投资的副产品。由此，"干中学"理论假设知识是由投资派生出来的，人们可以在产品生产过程中不断积累与生产相关的知识。在这种意义上，知识的来源及积累的原因可以看作内生的。

1986 年，借鉴阿罗的"干中学"模型，罗默在《收益递增与长期增长》一文中首次运用内生技术进步的概念，并将其引入经济增长模型构建了知识溢出模型。该模型沿用了技术进步派生于投资的观点，因此可以用

[1] Solow R. M. "Technical Change and the Aggregate Production Function". *Review of Economics & Statistics*, Vol. 39, No. 3, 1957, pp. 554–562.

[2] Arrow K. J. "The Economic Implications of Learning by Doing". *The Review of Economic Studies*, Vol. 29, No. 3, 1962, pp. 155–173.

[3] Romer P. M. "Increasing Returns and Long-Run Growth". *Journal of Political Economy*, Vol. 94, No. 5, 1986, pp. 1002–1037.

[4] Uzawa H. "Optimum Technical Change in an Aggregative Model of Economic Growth". *International Economic Review*, Vol. 6, No. 1, 1965, pp. 18–31.

[5] Lucas R. E. "On the Mechanics of Economic Development". *Journal of Monetary Economics*, Vol. 22, No. 1, 1988, pp. 3–42.

资本存量的积累表征。① 罗默把技术分为一般技术和专有技术两类。前者指社会生产实践积累下来的、为每个厂商都熟知的一般技术，而后者则必须通过厂商的生产实践才能获得。通过将这两类技术引入 C-D 生产函数并求解可得以下结论：由于专有技术的边际报酬递增性抵消甚至压倒了传统要素的边际报酬递减倾向，因此考虑了技术进步的物质资本转变为规模报酬递增。厂商增加投资的动力增强，又刺激新技术的产生，从而形成投资和技术之间的正反馈。经济增长在投资和技术进步的双重作用下，实现持续性增长。1990 年，罗默构建了一个扩展的知识积累模型，也称知识外溢性增长模型，该模型依然将技术分为一般技术和专有技术两类，并把技术进步定义为中间产品的增加。② 通过引入研发部门，罗默把中间产品的生产投入分为专有技术和研发部门生产的技术两个部分，从而内生化技术的来源。

（二）人力资本模型

与阿罗不同，宇泽弘文提出了将技术进步内生化的另一条路径。他在原先仅包含生产部门的经济系统中引入了一个新的部门——教育部门。教育部门能够利用社会资源和原有技术存量生产新技术。新技术被生产部门使用就能提高生产率，从而增加产出。宇泽弘文的理论实际上是将人力资本视为技术进步的载体，通过教育提升人力资本，进而使技术进步实现内生化。

借鉴宇泽弘文的思想，卢卡斯尝试从人力资本的视角解释经济持续增长的问题以及不同国家间增长差异如何产生的问题。他假设每一个生产者都有 H 单位的人力资本。生产者可以自由决定用 u 比例的时间从事物质生产，剩下 $1-u$ 比例的时间用来进行自身人力资本的积累。人力资本的积累存在外部效应。对该模型进行效用最大化问题求解能够得出经济的微分动力系统。在经济平衡增长路径上，可得出以下结论：即使人口增长率为零甚至为负，长期平衡的经济增长仍是可能的，并且国家间的贫富差距会越来越大。

① Romer P. M. "Increasing Returns and Long-Run Growth". *Journal of Political Economy*, Vol. 94, No. 5, 1986, pp. 1002-1037.
② Romer P. M. "Endogenous Technological Change". *Journal of Political Economy*, Vol. 98, No. 5, 1990, pp. 71-102.

（三）内生技术进步理论的新发展

后期的内生技术进步经济学者通过引入创新的不确定性对内生技术进步模型进行了拓展。索洛认为，企业的研发过程存在风险，因此需要引入风险要素。在阿罗"干中学"模型的基础上，索洛按照创新依从泊松分布进行了改进。索洛的模型引入了非连续性创新，保证在每次创新出现时要素的边际生产率都提升，从而保证了经济增长的持续性。阿吉翁和豪伊特沿用了索洛的创新不确定性的思想，并在模型中引入"创造性毁灭"的概念。[①] 该模型认为，新的创新会对原有的知识产生替代，创新的作用在于产生新的中间品以替代原有的中间品。希罗普拉斯和迪诺普洛斯的模型则将知识的增加描述为在位厂商和潜在竞争者的研发成果总和。[②] 在位厂商希望不断通过研发提高其产品的质量，并且力图拓展其专利范围，以便维护自己的市场势力。由于专利的实现被假定为泊松过程，因此在位者和潜在进入者的研发竞争类似于最优 R&D 文献中所描述的专利竞争的随机微分博弈。

三　发展中国家技术创新理论研究

20 世纪 90 年代初期，众多国内外学者针对发展中国家企业对外直接投资的母公司创新效应进行了相关的理论研究，主要包含创新路径研究、经济增长效应研究和影响因素研究。

（一）创新路径研究

格罗斯曼和赫尔普曼指出，发展中国家的技术研发能力非常有限，通过跨国公司进行技术购买和模仿是其技术进步的主要渠道。考寇对发展中国家外资对技术进步影响的实证研究表明，外资通过技术溢出对发展中国家技术进步产生促进作用。[③] 林毅夫和张鹏飞也指出，技术落后国家可以利用后发优势和技术引进获得技术进步。[④]

---

① Aghion P., Howitt P. "A Model of Growth through Creative Destruction". *Econometrica*, Vol. 60, No. 2, 1992, pp. 323-351.

② Syropoulos C., Dinopoulos E. *Multi Country Tariff Wars and Trade Agreements*. Mimeo, 2012.

③ Kokko A. "Technology, Market Characteristics and Spillovers". *Journal of Development Economics*, Vol. 43, No. 2, 1994, pp. 279-293.

④ 林毅夫、张鹏飞：《后发优势、技术引进和落后国家的经济增长》，《经济学》（季刊）2005 年第 4 期。

　　周燕指出，南北贸易对发展中国家的技术进步的影响具有两面性。[①] 一方面，南北贸易降低了发展中国家技术模仿的成本，通过产业转移促进发展中国家的模仿创新并为发展中国家带来"后发优势"；另一方面，由于发达国家先进技术所需要素与发展中国家不匹配、防御性技术限制发展中国家模仿以及成熟产业转移并无技术进步潜力等原因，南北贸易抑制发展中国家技术进步。蒋仁爱和冯根福构建了贸易 R&D 外溢的测算模型，提出无形技术外溢和贸易技术外溢促进了本国技术进步。[②] 江小涓以汽车、移动通信设备和洗涤用品行业为例，研究了外商直接投资企业的竞争行为，认为 FDI 促进了中国竞争型市场结构的形成，加速了先进技术的转移。[③] 但蒋仁爱和冯根福认为这一效应并不显著。赵伟等通过构建国内全要素生产率对 OFDI 投资存量、OFDI 研发存量的回归模型，揭示了中国对外直接投资能显著地促进本国技术进步。[④]

（二）经济增长效应研究

　　关于技术进步的经济增长效应，刘国光和李京文指出技术进步是经济增长的根本动力。[⑤] 郭金龙和王宏伟[⑥]、吴敬琏[⑦]分别从加大科研投入力度和体制改革力度两个角度给出了中国技术进步促进经济发展的政策建议。林毅夫和苏剑指出，需要将经济增长方式从自然资源投入密集型增长转变为人力资本密集型增长。[⑧] 魏枫通过将资本积累和技术进步同时内生化于增长模型中，提出资本积累和技术进步的动态融合是中国经济发展的可行

---

① 周燕：《南北贸易对发展中国家技术进步的两面性效应探讨：一个文献综述》，《国际贸易问题》2010 年第 12 期。

② 蒋仁爱、冯根福：《贸易、FDI、无形技术外溢与中国技术进步》，《管理世界》2012 年第 9 期。

③ 江小涓：《跨国投资、市场结构与外商投资企业的竞争行为》，《经济研究》2002 年第 9 期。

④ 赵伟、古广东、何元庆：《外向 FDI 与中国技术进步：机理分析与尝试性实证》，《管理世界》2006 年第 7 期。

⑤ 刘国光、李京文主编《中国经济大转变——经济增长方式转变的综合研究》，广东人民出版社，2001。

⑥ 郭金龙、王宏伟：《中国区域间资本流动与区域经济差距研究》，《管理世界》2003 年第 7 期。

⑦ 吴敬琏：《中国增长模式抉择》，上海远东出版社，2006。

⑧ 林毅夫、苏剑：《论我国经济增长方式的转换》，《管理世界》2007 年第 11 期。

路径的观点。[①]

宋东林和付丙海提出，中国的经济增长并不来源于全要素生产率的提高，而在于要素积累带来的技术效率提升。[②] 该研究指出，我国技术进步通过引致技能型劳动需求增长、劳动力市场技能溢价来促进经济增长。资本体现式技术进步对经济增长的促进尤为明显。

（三）影响因素研究

技术进步的影响因素研究主要从三个方面展开。一是区域技术创新集聚带来的学习、竞争和平台共享；二是国内研发投入和金融发展带来的宏观环境改善；三是国外技术带来的研发投入溢出。池仁勇和杨潇通过对不同类型行业集聚现象的研究提出产业集聚影响技术进步的观点。[③] 行业集聚能促进垂直产业链内技术、信息和知识的传播，并通过横向竞争形成企业持续的创新动力。集聚地产业共同的地域文化也加深了其对技术的理解。同类企业集聚形成的地域生产网络，成为区域技术创新的交流平台，从而带动技术进步。吕岩威和孙慧进一步研究发现，企业规模和产业集聚对战略性新兴产业技术效率提升具有显著的正向作用。[④]

范黎波等分析了研发投入、技术进步和经济增长之间的关系，得出技术进步促进经济增长，而 R&D 投入是技术进步基础的观点。[⑤] 郭国峰和杨金璐对中国中部六省技术创新能力及其影响因素进行分析，认为科研机构对中部地区科技进步具有显著的正向作用。[⑥] 夏良科研究发现，人力资本和研发投入共同作用于技术效率的提升。[⑦] 伴随金融的发展，金融对技术

① 魏枫：《资本积累、技术进步与中国经济增长路径转换》，《中国软科学》2009 年第 3 期。
② 宋东林、付丙海：《再论我国高校科技成果转化——借鉴美国、加拿大等国家经验》，《科技管理研究》2010 年第 8 期。
③ 池仁勇、杨潇：《行业集聚度、集聚结构类型与技术进步的动态关系研究：以浙江省制造业为实证》，《经济地理》2010 年第 12 期。
④ 吕岩威、孙慧：《中国战略性新兴产业技术效率及其影响因素研究》，《数量经济技术经济研究》2014 年第 1 期。
⑤ 范黎波、郑建明、江琳：《技术差距、技术扩散与收敛效应：来自 134 个国家技术成就指数的证据》，《中国工业经济》2008 年第 9 期。
⑥ 郭国峰、杨金璐：《中部六省工业化水平的综合比较研究》，《经济问题》2008 年第 11 期。
⑦ 夏良科：《人力资本与 R&D 如何影响全要素生产率——基于中国大中型工业企业的经验分析》，《数量经济技术经济研究》2010 年第 4 期。

进步的影响开始显现。金融通过对私营企业和高技术企业的支持,促进了这些企业的技术进步。

珀特锐和利希滕贝格提出,企业对外直接投资和外商直接投资带来的国外资本,与国内研发投入一样能促进技术进步。[①] 李平和孙灵燕借鉴 C-H 模型,就国外专利申请对中国技术进步的影响进行实证分析,结果发现国外专利申请对中国技术进步具有促进作用。[②]

第三节　跨国投资促进企业创新研究

对外直接投资的母国技术进步效应研究比较丰富,主要集中在对外直接投资的母国逆向技术溢出效应和母国吸收效应两个方面。自麦克杜格尔[③]提出国际资本流动存在技术溢出效应以来,大量的西方学者对对外直接投资的逆向技术溢出效应进行了研究。这些研究主要分为三个方面:一是针对对外直接投资技术寻求现象的探究,代表人物有考格特和常[④]、蒂斯[⑤]、杰夫等[⑥]、内文和塞奥提斯[⑦]、海德等[⑧];二是发展中国家对外直接

① Potterie B. V. P. D. L., Lichtenberg F. "Does Foreign Direct Investment Transfer Technology across Borders?" *Review of Economics and Statistics*, Vol. 83, No. 3, 2001, pp. 490-497.

② 李平、孙灵燕:《国外专利申请对技术进步的影响——基于中国各地区面板数据的分析》,《经济经纬》2007 年第 1 期。

③ MacDougall G. "The Benefits and Costs of Private Investment from Abroad: A Theoretical Approach". *Economic Record*, Vol. 36, No. 73, 1960, pp. 13-35.

④ Kogut B., Chang S. J. "Technological Capabilities and Japanese Foreign Direct Investment in the United States". *The Review of Economics and Statistics*, Vol. 73, No. 3, 1991, pp. 401-413.

⑤ Teece D. J. "Foreign Investment and Technological Development in Silicon Valley". *California Management Review*, Vol. 34, No. 2, 1992, pp. 88-106.

⑥ Jaffe A. B., Trajtenberg M., Henderson R. "Geographic Localization of Knowledge Spillovers as Evidenced by Patent Citations". *The Quarterly Journal of Economics*, Vol. 108, No. 3, 1993, pp. 577-598.

⑦ Neven D., Siotis G. "Foreign Direct Investment in the European Community: Some Policy Issues". *Oxford Review of Economic Policy*, Vol. 9, No. 2, 1993, pp. 72-93; Neven D., Siotis G. "Technology Sourcing and FDI in the EC: An Empirical Evaluation". *International Journal of Industrial Organization*, Vol. 14, No. 5, 1996, pp. 543-560.

⑧ Head C. K., Ries J. C., Swenson D. L. "Attracting Foreign Manufacturing: Investment Promotion and Agglomeration". *Regional Science and Urban Economics*, Vol. 29, No. 2, 1999, pp. 197-218.

投资逆向技术溢出研究，代表人物有布兰施泰特[①]、利希滕贝格和珀特锐[②]、福奥斯福锐和莫塔[③]等；三是针对发展中国家对外直接投资逆向技术溢出吸收效应的研究，代表人物有库马尔等[④]、瓦赫特和马索[⑤]等。在经典理论框架的基础上，国内学者构建了中国 OFDI 的逆向技术溢出的理论。

针对众多发展中国家逆向技术溢出不明显的现象，有学者提出了技术吸收能力的概念并验证了技术吸收效应在国际资本流动过程中的存在性。之后，学者从技术吸收国的研发投入和人力资本两个方面验证了吸收能力在国际资本流动过程中的重要作用，并提出了国际资本流动存在门槛这一观点。

一 跨国投资的母国技术进步经典理论

关于对外直接投资逆向技术溢出效应的研究由来已久。麦克杜格尔第一次明确提出国际资本流动具有技术外溢效应[⑥]，之后国内外学者对其展开了大量的理论和实证分析。然而，大部分研究结果都围绕 FDI 展开。20世纪 90 年代初期，对外直接投资的逆向技术溢出开始受到经济学界的关注。考格特和常在研究日本企业在美国的直接投资问题时，最先系统地研究了对外直接投资的逆向技术溢出效应。[⑦] 他们发现，日本企业对美国的

① Branstetter L. G. "Looking for International Knowledge Spillovers: A Review of the Literature with Suggestions for New Approaches". *Annales Déconomie Et De Statistique*, Vol. 49, No. 49, 2000, pp. 517-540.

② Lichtenberg F., Potterie B. V. P. D. L. "International R&D Spillovers: A Re-examination". *National Bureau of Economic Research*, 1996.

③ Fosfuri A., Motta M. "Multinationals without Advantages". *Sandinavian Journal of Economics*, Vol. 101, No. 4, 1999, pp. 617-630.

④ Kumar N., Dunning J. H., Lipsey R. E., et al. *Globalization, Foreign Direct Investment, and Technology Transfers: Impacts on and Prospects for Developing Countries*. Routledge, New York, 1998.

⑤ Vahter P., Masso J. "Home versus Host Country Effects of FDI: Searching for New Evidence of Productivity Spillovers". *Bank of Estonia Working Papers*, Vol. 53, No. 2, 2005, pp. 165-196.

⑥ MacDougall G. "The Benefits and Costs of Private Investment from Abroad: A Theoretical Approach". *Economic Record*, Vol. 36, No. 73, 1960, pp. 13-35.

⑦ Kogut B., Chang S. J. "Technological Capabilities and Japanese Foreign Direct Investment in the United States". *The Review of Economics and Statistics*, Vol. 73, No. 3, 1991, pp. 401-413.

直接投资集中于研发密集型产业，并倾向于采用合资的形式开展投资。进一步的研究发现，日本的电子制造企业会有步骤地进入美国市场，其主要动机是提高自身的技术能力。随后，大量的西方学者对这一现象进行了研究。

（一）跨国投资的技术寻求特征

早期的学者对国际资本流动的技术寻求现象进行了阐述。蒂斯发现外资科研机构在硅谷有聚集现象，指出外资企业在硅谷设立研发机构的主要目的是融入硅谷的信息渠道和创新网络，从而获取当地特有的信息和知识资产。[①] 杰夫等从知识、技术具有地理集中性这一假设出发，指出没有特定竞争优势的跨国公司可以通过向技术要素密集的国家或地区进行投资，直接获取技术或者间接吸收技术溢出。[②] 内文和塞奥提斯[③]采用与考格特和常[④]类似的方法研究了投向西欧国家的 FDI，发现这些国际资本大多集中于技术密集度非常高的领域。内文和塞奥提斯的研究进一步证实了美国、日本企业对法国、德国、英国和意大利的直接投资存在技术寻求行为。海德等实证研究了日本制造业企业在美国投资的产业集聚关联度，发现日本跨国公司往往投向产业集聚的地区，也即技术创新的活跃地。[⑤] 海德等的研究结果也显示，日本对外直接投资对国内技术进步产生了积极的效应。

（二）发达国家跨国投资技术溢出效应的研究

在证明对外直接投资具有技术寻求的动机后，众多学者对这一动机的母国效应进行了研究，最具代表性的就是逆向技术溢出效应。利希滕贝格

---

① Teece D. J. "Foreign Investment and Technological Development in Silicon Valley". *California Management Review*, Vol. 34, No. 2, 1992, pp. 88–106.

② Jaffe A. B., Trajtenberg M., Henderson R. "Geographic Localization of Knowledge Spillovers as Evidenced by Patent Citations". *The Quarterly Journal of Economics*, Vol. 108, No. 3, 1993, pp. 577–598.

③ Neven D., Siotis G. "Foreign Direct Investment in the European Community: Some Policy Issues". *Oxford Review of Economic Policy*, Vol. 9, No. 2, 1993, pp. 72–93.

④ Kogut B., Chang S. J. "Technological Capabilities and Japanese Foreign Direct Investment in the United States". *The Review of Economics and Statistics*, Vol. 73, No. 3, 1991, pp. 401–413.

⑤ Head C. K., Ries J. C., Swenson D. L. "Attracting Foreign Manufacturing: Investment Promotion and Agglomeration". *Regional Science and Urban Economics*, Vol. 29, No. 2, 1999, pp. 197–218.

和珀特锐首次将 OFDI 作为溢出渠道引入 C-H 模型，并对美国、日本和欧盟 11 个国家的进口、引进外贸和对外投资技术溢出进行了测算，发现 OF-DI 渠道所溢出的外国研发资本对母国全要素生产率提高有促进作用。[①] 布兰施泰特采用日本与美国的企业层面数据分析证实了双向外溢效应的存在，即两国之间的相互投资都存在知识外溢，而且分支机构的类型也影响着技术外溢效应。[②] 也有学者认为各国的对外直接投资是为了获取东道国的先进技术，他们区分了技术获取型和技术利用型两种外商直接投资，研究发现不同动机驱动的外商直接投资会产生不同的效应。但也有学者的研究显示，对外直接投资并不存在逆向技术溢出效应。比策和克莱克斯对 17个 OECD 国家的研究结果显示，OFDI 逆向技术溢出对本国生产率的提升并没有显著作用，非"G7"国家的 OFDI 甚至还有显著负面效应。[③]

（三）发展中国家跨国投资技术溢出效应研究

对外直接投资的逆向技术溢出效应并非发达国家的专利，随着发展中国家对外直接投资的增加，针对这些国家如何通过 OFDI 获取逆向技术溢出的研究开始兴起。库马尔等在其专著《全球化、对外直接投资和技术转移：发展中国家的影响和展望》中研究了正在兴起的发展中国家企业的对外直接投资行为，揭示了亚洲新兴工业化国家企业对发达国家的投资更多追求产品的非价格竞争力，包括建立品牌、获取先进技术以及构建营销网络等。[④] 瓦赫特和马索则对爱沙尼亚海外投资进行了类似的研究。[⑤]

---

① Potterie B. V. P. D. L. , Lichtenberg F. "Does Foreign Direct Investment Transfer Technology across Borders?" *Review of Economics and Statistics*, Vol. 83, No. 3, 2001, pp. 490-497.

② Branstetter L. G. "Looking for International Knowledge Spillovers: A Review of the Literature with Suggestions for New Approaches". *Annales Déconomie Et De Statistique*, Vol. 49, No. 49, 2000, pp. 517-540.

③ Bitzer J. , Kerekes M. "Does Foreign Direct Investment Transfer Technology across Borders? New Evidence". *Economics Letters*, Vol. 100, No. 3, 2008, pp. 355-358.

④ Kumar N. , Dunning J. H. , Lipsey R. E. , et al. *Globalization, Foreign Direct Investment, and Technology Transfers: Impacts on and Prospects for Developing Countries*. Routledge, New York, 1998.

⑤ Vahter P. , Masso J. "Home versus Host Country Effects of FDI: Searching for New Evidence of Productivity Spillovers". *Bank of Estonia Working Papers*, Vol. 53, No. 2, 2005, pp. 165-196.

二　发展中国家 OFDI 的逆向技术溢出效应研究

（一）OFDI 逆向技术溢出理论机制研究

国内学者从实践出发，对 OFDI 逆向技术溢出的机制和方式进行了诸多探讨。冼国明和杨锐从技术累积、竞争策略方面对发展中国家的国际投资进行了深入的探讨，构建了发展中国家对外直接投资的"学习型 FDI"模型。① 马亚明和张岩贵引入技术单向扩散与双向扩散模型，解释了技术落后的厂商进行对外直接投资是为了在地理上靠近技术先进厂商，以最大限度地获取发达国家企业先进的知识和技术，并证明了发展中国家的跨国公司可以通过对发达国家的直接投资吸收技术扩散效应。② 姜萌萌和庞宁提出发展中国家弥补技术缺口不能只靠外资，而应积极发展对外直接投资，并且中国对外直接投资获取逆向技术溢出具有其独特的传递机理。③ 茹玉骢从技术寻求型对外直接投资的决定因素、前提条件以及对母国经济影响等方面进行了研究，指出技术寻求型对外直接投资行为加强了跨国公司的内部化能力，有助于投资母国缩小同其他国家和地区的技术差距，形成新的富有竞争力的产业，打破在原有国际分工体系中建立在比较优势基础上的产业发展路径依赖。④ 尹华和朱绿乐提出了对外直接投资反向技术溢出的四条获取渠道，分别为企业的模仿效应、联系效应、人员流动效应以及平台效应。⑤ 陈菲琼和虞旭丹通过案例研究得出海外研发反馈机制、收益反馈机制、子公司本土化反馈机制和对外投资的公共效应 4 种主要的反馈途径。⑥

① 冼国明、杨锐：《技术累积、竞争策略与发展中国家对外直接投资》，《经济研究》1998年第 11 期。
② 马亚明、张岩贵：《技术优势与对外直接投资：一个关于技术扩散的分析框架》，《南开经济研究》2003 年第 4 期。
③ 姜萌萌、庞宁：《技术缺口与技术寻求型对外直接投资——发展中国家对外直接投资分析》，《黑龙江对外经贸》2006 年第 5 期。
④ 茹玉骢：《技术寻求型对外直接投资及其对母国经济的影响》，《经济评论》2004 年第 2 期。
⑤ 尹华、朱绿乐：《企业技术寻求型 FDI 实现机理分析与中国企业的实践》，《中南大学学报》（社会科学版）2008 年第 3 期。
⑥ 陈菲琼、虞旭丹：《企业对外直接投资对自主创新的反馈机制研究：以万向集团 OFDI 为例》，《财贸经济》2009 年第 3 期。

（二）OFDI 逆向技术溢出的实证研究

赵伟等梳理了对外直接投资逆向溢出的四个机制，并分别构建了国内全要素生产率对 OFDI 投资存量、OFDI 研发存量的回归模型，结果显示：中国对外直接投资有显著的逆向技术溢出效应。[①] 林青和陈湛匀研究表明，投资国的对外直接投资对获取知识技术的反向流动影响较为显著。[②] 周春应利用我国 1991～2007 年对外直接投资的相关数据研究发现，我国对外直接投资存在显著的逆向技术溢出效应。[③] 刘伟全运用 1987～2008 年中国对外直接投资的数据研究 OFDI 对国内技术创新的研发投入和产出水平的影响，发现我国的 OFDI 对国内技术创新活动有正面影响，但效果并不显著。[④] 陈菲琼和傅秀美运用 OFDI 和区域内部学习网络的多主体仿真，动态模拟了地理邻近性、知识异质性和吸收转化能力三大影响因素在区域企业进行技术学习及知识创造过程中的作用效果，得出以下结论：进行对外直接投资的区域自主创新主体较多，而不进行对外直接投资的区域自主创新主体较少。[⑤]

但也有学者认为，我国的对外直接投资并不存在逆向技术溢出效应。邹玉娟和陈漓高利用 VAR 模型研究发现，我国对外直接投资增长率和全要素生产率增长率之间存在同步关系，但前者对后者的作用不显著。[⑥] 王英和刘思峰在 LP 模型基础上对对外直接投资、外商直接投资、国际贸易和国内研发四条渠道的技术进步作用进行了研究，研究结果并不支持存在

① 赵伟、古广东、何元庆：《外向 FDI 与中国技术进步：机理分析与尝试性实证》，《管理世界》2006 年第 7 期。
② 林青、陈湛匀：《中国技术寻求型跨国投资战略：理论与实证研究——基于主要 10 个国家 FDI 反向溢出效应模型的测度》，《财经研究》2008 年第 6 期。
③ 周春应：《对外直接投资逆向技术溢出效应吸收能力研究》，《山西财经大学学报》2009 年第 8 期。
④ 刘伟全：《我国 OFDI 母国技术进步效应研究——基于技术创新活动的投入产出视角》，《中国科技论坛》2010 年第 3 期。
⑤ 陈菲琼、傅秀美：《区域自主创新能力提升研究——基于 ODI 和内部学习网络的动态仿真》，《科学学研究》2010 年第 1 期。
⑥ 邹玉娟、陈漓高：《我国对外直接投资与技术提升的实证研究》，《世界经济研究》2008 年第 5 期。

OFDI 逆向技术溢出效应。① 白洁采用国际 R&D 溢出回归方法研究发现，中国对外直接投资产生的逆向技术溢出能够对全要素生产率产生积极影响，但是在统计上不显著。②

三 OFDI 的母国技术吸收能力研究

技术的国际扩散研究显示，跨国公司本身的知识储备和人力资源与其对溢出知识的利用存在密切关联，科恩和利文索尔将这种能力称为"吸收能力"。③ 戴尔和辛格从组织学习的视角对科恩和利文索尔的定义进行了补充，认为吸收能力是一种建立在组织间伙伴关系上的互相学习过程。④ 萨拉和乔治将吸收能力分为潜在吸收能力和实际吸收能力两个部分，前者包含知识、技术的获取和消化，后者包含知识、技术的转化和开发，组织的先验知识、组织相似性、组织架构和能力等均是吸收能力的重要影响因素。⑤

吸收效应普遍存在于国际资本流动的过程中，并且潜在地影响技术溢出的效果。外商直接投资的技术溢出效应并不总是能带动东道国的技术进步，外溢效应是否有效关键在于当地企业是否具有技术吸收能力。科和赫尔普曼在 C-H 模型的基础上，验证了吸收能力对进口贸易技术溢出的影响。⑥ 李梅提出吸收能力在对外直接投资的逆向技术溢出过程中起到关键作用。⑦ 李梅和金照林进一步研究发现，对外直接投资逆向技术溢出在省

---

① 王英、刘思峰：《国际技术外溢渠道的实证研究》，《数量经济技术经济研究》2008 年第 4 期。
② 白洁：《对外直接投资的逆向技术溢出效应——对中国全要素生产率影响的经验检验》，《世界经济研究》2009 年第 8 期。
③ Cohen W., Levinthal D. "The Implications of Spillovers for R&D Investment and Welfare: A New Perspective". *Administrative Science Quarterly*, Vol. 35, No. 1, 1990, pp. 128–152.
④ Dyer J., Singh H. "The Relational View: Cooperative Strategy and Sources of Interorganizational Competitive Advantage". *Academy of Management Review*, Vol. 23, No. 4, 1998, pp. 660–679.
⑤ Zahra S. A., George G. "Absorptive Capacity: A Review, Reconceptualization, and Extension". *Academy of Management Review*, Vol. 27, No. 2, 2002, pp. 185–203.
⑥ Coe D. T., Helpman E. "International R&D Spillovers". *European Economic Review*, Vol. 39, No. 5, 1995, pp. 859–887.
⑦ 李梅：《人力资本、研发投入与对外直接投资的逆向技术溢出》，《世界经济研究》2010 年第 10 期。

份间的差异可以用吸收能力差异进行解释。[①]　对于吸收能力，学者们提出了技术差距和人力资本差异两个视角。

（一）基于技术差距的吸收能力研究

科恩和利文索尔指出，研发投入能够培育企业技术创新能力，缩小企业与外部企业的技术差距，从而促进其对外来技术的吸收、学习和模仿。[②]考寇[③]、格拉斯和萨吉[④]认为，技术差距小的经济体之间，能够通过学习模仿和消化吸收对方的先进技术，获得技术溢出。渥斯培根也指出，在技术落后国家对技术先进国家的技术赶超过程中，吸收能力能够缩小两国的技术差距，实现技术的条件收敛。[⑤]

我国学者对研发投入、吸收能力和技术溢出的研究也证明了以上观点。吕世生和张诚通过研究天津 103 家企业的研发支出和内向技术引进发现，研发投入能够缩小本国企业与外商跨国公司间的技术差距，增强技术的吸收能力，从而获得技术溢出的好处。[⑥]吴晓波等从大中型工业企业的万人技术开发人员数、万人科技经费内部支出和万人消化吸收经费三个方面对研发投入进行了测算，指出外资引进和国内研发投入均能缩小国内企业与先发国家跨国公司的技术差距，从而提高其对国外技术的吸收能力。[⑦]黄静指出，我国现阶段内外资间的技术差距过大，阻碍了外资技术向本国的扩散，为此需要加大本国的研发投入力度，提高本国企业的吸收能力。[⑧]

---

① 李梅、金照林：《国际 R&D、吸收能力与对外直接投资逆向技术溢出——基于我国省际面板数据的实证研究》，《国际贸易问题》2011 年第 10 期。
② Cohen W. , Levinthal D. "The Implications of Spillovers for R&D Investment and Welfare: A New Perspective". *Administrative Science Quarterly*, Vol. 35, No. 1, 1990, pp. 128-152.
③ Kokko A. "Technology, Market Characteristics and Spillovers". *Journal of Development Economics*, Vol. 43, No. 2, 1994, pp. 279-293.
④ Glass A. , Saggi K. "International Technology Transfer and the Technology Gap". *Journal of Development Economics*, Vol. 55, No. 2, 1998, pp. 369-398.
⑤ Verspagen B. "Endogenous Innovation in Neoclassical Growth Models: A Survey". *Journal of Macroeconomics*, Vol. 14, No. 4, 1992, pp. 631-662.
⑥ 吕世生、张诚：《当地企业吸收能力与 FDI 溢出效应的实证分析——以天津为例》，《南开经济研究》2004 年第 6 期。
⑦ 吴晓波、黄娟、郑素丽：《从技术差距、吸收能力看 FDI 与中国的技术追赶》，《科学学研究》2005 年第 3 期。
⑧ 黄静：《吸收能力对 FDI 技术外溢的影响——基于工业层面及生产力非参数估计方法的研究》，《财贸经济》2007 年第 5 期。

（二）基于人力资本差异的吸收能力研究

科恩和利文索尔指出，人力资本和研发投入一样，是影响企业吸收能力的重要因素。[①] 伯伦斯坦恩等将人力资本和外商直接投资纳入内生增长模型，证明了东道国丰富的人力资本存量有助于吸收 FDI 的技术外溢。[②] 徐对美国对外直接投资的研究发现，只有人力资源较为丰富的发达国家才具有获取 FDI 技术溢出的能力。[③] 也有学者认为，发展中国家在达到一定的人力资本门槛后，也能获得国际技术溢出。

国内学者对人力资本产生的吸收能力做了诸多研究。沈坤荣和耿强运用 1987～1998 年的地区面板数据，检验了人力资本对外商直接投资技术溢出的影响，发现人力资本存量更高的东部地区，技术溢出更为显著。[④] 赖明勇等则发现，人力资本和贸易开放均有助于增强技术溢出对经济增长的正向作用。[⑤] 刘和巴克分析 1997～2002 年中国高新技术产业创新能力变迁后发现，只有在将人力资本作为吸收能力的代理变量引入模型后，才能证明技术引进对高新技术产业创新起到正向调节作用。[⑥] 李梅和金照林将人力资本作为吸收能力的代理变量，研究了中国对外直接投资逆向技术溢出在省份间的差异，得出人力资本水平高的地区，逆向技术溢出也更为明显的结论。[⑦]

技术进步一直是经济增长研究的重要话题。学者对技术进步的来源、技术进步与技术创新的关系以及技术进步对经济增长的作用机制进行了多

[①] Cohen W., Levinthal D. "The Implications of Spillovers for R&D Investment and Welfare: A New Perspective". *Administrative Science Quarterly*, Vol. 35, No. 1, 1990, pp. 128-152.

[②] Borensztein E., De Gregorio J., Lee J. W. "How Does Foreign Direct Investment Affect Economic Growth?" *Journal of International Economics*, Vol. 45, No. 1, 1998, pp. 115-135.

[③] Xu B. "Multinational Enterprises, Technology Diffusion, and Host Country Productivity Growth". *Journal of Development Economics*, Vol. 62, No. 2, 2000, pp. 477-493.

[④] 沈坤荣、耿强：《外国直接投资技术外溢与内生经济增长——中国数据的计量检验与实证分析》，《中国社会科学》2001 年第 5 期。

[⑤] 赖明勇、包群、彭水军、张新：《外商直接投资与技术外溢：基于吸收能力的研究》，《经济研究》2005 年第 8 期。

[⑥] Liu X., Buck T. "Innovation Performance and Channels for International Technology Spillovers: Evidence from Chinese High-tech Industries". *Research Policy*, Vol. 36, No. 3, 2007, pp. 355-366.

[⑦] 李梅、金照林：《国际 R&D、吸收能力与对外直接投资逆向技术溢出——基于我国省际面板数据的实证研究》，《国际贸易问题》2011 年第 10 期。

样化的研究。针对技术进步来源这一问题，学者提出主要有内生技术创新、外部技术引进以及技术扩散和外溢三条路径。近年来，伴随我国国际投资的增加，通过对外直接投资获得发达国家先进技术的议题得到了持续关注，大量的研究讨论了对外直接投资的动机、区位选择和母国效应。针对对外直接投资的母国技术进步效应，学者的研究主要集中于对外直接投资的技术寻求动机和由此带来的逆向技术溢出。部分学者从母国吸收能力的视角探讨了对外直接投资带动母国技术进步的问题。然而，这些研究并没有得出统一的结论，对外直接投资的母国技术进步框架也未建立。

内生技术进步理论认为，技术进步主要依赖知识和人力资本的积累，对外直接投资也通过这两条路径促进本国的技术进步。"干中学"理论提出，人们会在生产实践中不断积累知识，而生产实践主要取决于投资。知识积累模型将专业化技术从一般技术中独立出来，提出专业化技术投资的增加是技术进步的来源。人力资本积累模型则认为，教育部门的学习能带来人力资本的积累，而人力资本积累则能通过外部性促进生产部门的技术进步。对外直接投资通过逆向技术溢出，直接带动生产部门专业化技术投资的增加，并通过人才交流使生产部门获得人力资本的积累。对外直接投资的母国技术吸收效应，则相当于以本国已有的研发投入和人才素质为基础，以现有技术水平接轨国际技术溢出。可惜的是，现有对外直接投资的母国技术进步效应研究，大多停留在讨论是否存在技术溢出的阶段，较少有文献针对其机制进行研究。

第二章　跨国投资与企业创新历史沿革

我国的对外直接投资经历了四个重要阶段。在发展初期，我国的对外直接投资是一种政策性行为，国有企业是跨国经营的主力。这一时期的对外直接投资并没有非常明确的经济目的和技术寻求动机。2003 年以来，政府加快实施"走出去"战略，国务院和国家外汇管理局出台了多项促进企业对外直接投资的政策，鼓励有比较优势的民营企业进行对外投资。投资主体的多元化迅速带动了中国对外直接投资的流量和存量增长，尤其是沿海民营企业的加入，直接促使中国的对外直接投资流量从 2003 年的 28.5 亿美元上涨到 2016 年 1961.5 亿美元，流量首次超过全球一成。在全部 2.44 万家投资者中，非国有经济体占比超过九成，且仍有上升趋势。[①] 然而，从投资存量占比上来说，国有企业占据了半壁江山，且略高于非国有企业。非国有企业在投资数量上的优势和投资体量上的劣势，反映出中国企业对外直接投资的特殊性。一方面，中国的对外直接投资在初始阶段就是政策主导行为，国有企业的对外直接投资行为不仅具有经济动机，还具有政治动机；另一方面，中国的经济金融体系存在不对称性，国有企业更加容易进行低成本的间接融资，从而在对外直接投资过程中具有资金成本上的比较优势。2008 年是中国企业对外直接投资的一个重要节点，受全球性金融危机影响，海外企业普遍处于资金链紧缩状态，为中国企业海外并购创造了有利条件。2008 年，中国企业海外并购金额高达 302.0 亿美元，

---

① 　根据 2003~2016 年《中国对外直接投资统计公报》整理。

占到全年对外直接投资流量的 54.0%，且较上年同期增长 379.4%，几乎增加了 4 倍。[①] 同年，中海油服以 171 亿美元整体收购挪威海上钻井公司（Awilco Offshore ASA），创下中国企业并购的历史新高。[②] 自 2008 年后，中国企业海外并购成为风潮，包括中海油服、五矿集团、中国化工集团在内的国有企业通过对外并购的方式，获取了多宗海外资产标的。以电子制造业和互联网软件为代表的大型民营企业，也成为海外并购的主力军。[③]《中国民营企业海外直接投资指数 2017 年度报告——基于中国民企 500 强的数据分析》显示，中国民营企业海外投资项目从 2005 年的 7 件增加到 2016 年的 211 件，2016 年投资金额高达 600 多亿美元。[④] 可以说，中国企业对跨国并购模式的偏好，是中国企业对外直接投资的另一重要特征。第四个阶段，新冠疫情发生，全球范围内的国际投资增速放缓，甚至出现了跨国投资的负增长。由于绿地投资需要在东道国进行建设，在对疫情进行严格防控的背景下，诸多绿地投资项目被迫暂停，新增绿地投资项目也被迫停止，这就使得绿地投资在全球跨国投资中的占比变得更低且有进一步下降的趋势。

第一节 国企当先——政策性外投

中国企业的对外直接投资是在改革开放后逐步兴起的，这一时期中国正处于经济体制市场化改革的探索期。[⑤] 1979 年，国务院提出 15 条经济改革措施，其中一条就是要出国办企业。国内大多数企业的经营规模小，资金储备匮乏，经营自主权也较低，且为国有、集体所有制企业，对于出国

---

① 中华人民共和国商务部、中华人民共和国国家统计局、国家外汇管理局编《2009 年度中国对外直接投资统计公报》，中国统计出版社，2010。

② 中华人民共和国商务部、中华人民共和国国家统计局、国家外汇管理局编《2009 年度中国对外直接投资统计公报》，中国统计出版社，2010。

③ 杨德明、毕建琴：《"互联网+"、企业家对外投资与公司估值》，《中国工业经济》2019 年第 6 期。

④ 薛军等：《中国民营企业海外直接投资指数 2017 年度报告——基于中国民企 500 强的数据分析》，人民出版社，2017。

⑤ 仇怡：《改革开放以来中国研发投入的现状及国际比较（1978—2003 年）》，《中国经济史研究》2009 年第 1 期。

办企业存在疑虑，对外投资的积极性和主动性较低。这一时期的对外直接投资大多是政府主导的，对外直接投资企业也以国有企业为主。由于这一时期中国企业海外投资处于中央高度集中的严格审批之下，企业对外投资的额度有限，参与对外直接投资的企业也是以前有进出口业务和涉外经营经验的大型贸易集团和综合性集团。鉴于对外直接投资尚处于发展的初期，企业对外投资大多采用设立海外代表处或者与其他企业合资经营的方式展开。投资领域较为狭窄，主要集中在餐饮、建筑工程和咨询服务等服务类行业。

1986~1991年，我国对外开放程度不断深化。为了扩大企业参与全球竞争的规模，政府放宽了非贸易类企业投资海外市场的限制，下放了部分企业海外投资的审批权限，简化了审批程序，这就鼓励了一批非贸易类企业参与跨国投资。随着对外直接投资主体经营领域的多元化，海外企业数量获得了一定的增长，对外投资的区域分布也得以扩大。这一时期企业对外投资的区域较前一时期的45个国家和地区扩大到90个国家和地区，投资目的地数量增加了一倍。对外投资的行业也逐渐多元化，从原先的单一服务行业拓展为包含资源开发、加工装配、交通运输、医疗卫生等一系列行业。

1992年，邓小平同志的南方谈话，把中国经济体制改革和对外开放推向了一个新的发展阶段。伴随经济体制市场化改革的不断推进和对外开放程度的不断加深，国家外贸改革也加快了步伐。1999年2月，国务院办公厅转发了外经贸部、国家经贸委和财政部《关于鼓励企业开展境外带料加工装配业务的意见》。随着一系列政策出台，企业对外投资规模不断扩大。截至1998年底，我国非贸易类境外投资企业的数量达到了2396家，投资区域遍布全球100多个国家和地区，投资领域也进一步多元化，投资主体逐步从贸易公司向大中型生产企业转变。

这一时期，企业对外直接投资发展较为迅速，并呈现出诸多特征。1992~2003年，企业对外直接投资呈现出"有增有减"的特征，对外直接投资总量并不稳定（见图2-1）。1992年，我国对外直接投资总额达到40.0亿美元，较上一年增加了3倍以上。但是到2000年，对外直接投资总额又下滑到9.2亿美元，回到1991年的水平。从这一"有增有减"的投资额可以看出，这一阶段的对外直接投资仍然以国有企业为主，随着国有企业逐步获得经营的自主权，国有企业对对外直接投资进行了诸多的尝试和探索，积累了很多宝贵的经验。第二个特征是企业对外直接投资开始尝试与企业发展目标相结合。为了打开国际市场，国有企业尝试扩大对外投资的规模，开始尝试将对外投资与企业的发展目标进行结合。但是遗憾的是，由于大多数国有企业并没有将对外直接投资纳入企业长期生产和经营的战略中，所以在制定对外直接投资目标的时候存在一定的"盲目性"，缺乏明确的投资目标和战略定位，对投资区位的选择也主要是集中于资源丰富的国家和地区。企业对外直接投资仍然取决于偶然性的因素以及基于企业的短期利益考虑。

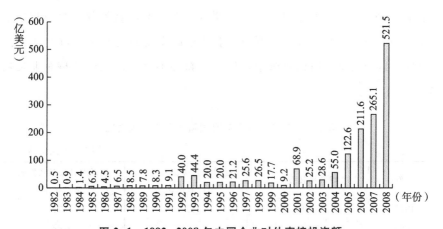

图 2-1　1992~2008 年中国企业对外直接投资额
资料来源：国家统计局。

　　由于这一时期企业对外直接投资尚处于初期阶段，企业投资动机也以政策性外投为主，企业进行对外直接投资的主要目的并不明确，企业对外直接投资服务于企业发展以及促进企业创新的能力较弱。另外，这一时期企业自身的创新能力和创新动力也不足，因而企业不太可能通过海外投资提升自身的自主创新能力和水平。

　　从财政科技支出水平也可以看出，这一阶段政府对企业创新的投入较少，占国内生产总值的比重也较低。如表 2-1 所示，受统计数据限制，我国 1990 年以前没有有关 R&D 经费投入的统计，而是只统计了财政科技投入，我们从财政科技投入的金额来看这一阶段企业的创新投入。从财政科技投入的绝对数据看，改革开放以来，这一数据呈现增长的趋势，财政研发投入的力度不断加大。1978年，我国财政科技支出仅为52.89亿元，到2003年，这一数据达到了975.54亿元，增加了17倍。我国在这一阶段的企业创新支持力度是不断加大的。然而，改革开放后，我国经济迅速发展，政府财政支出和国内生产总值每年都以较快的速度增长。剔除经济增长之后的政府财政科技投入才能更真实地反映我国的企业创新投入状况。从财政科技拨款占国内生产总值比重来看，这一数据呈现波动下降的趋势（见图2-2）。1978年，我国财政用于科研的支出占国内生产总值的比重为1.46%，而到2003年，这一比重却下降到了0.83%，且1996年这一比重下降到了最低值0.51%。这说明我国政府在这一时期对企业的科技投入并没有满足经济快速增长对创新投入的需求。从财政科技拨款占财政支出的比重来看，1978~2003年财政科技拨款占财政支出的比重从4.71%下降到3.96%，这说明这一阶段刺激企业进行创新并不是我国政府支持企业发展的重点。

表2-1 1978~2003年我国财政科技投入情况

单位：亿元，%

年份	财政科技拨款	财政科技拨款占国内生产总值比重	财政科技拨款占财政支出比重
1978	52.89	1.46	4.71
1979	62.29	1.54	4.86
1980	64.59	1.43	5.26
1981	61.58	1.27	5.41
1982	65.29	1.23	5.31
1983	79.10	1.33	5.61
1984	94.72	1.32	5.57
1985	102.59	1.14	5.12
1986	112.57	1.10	5.11
1987	113.79	0.95	5.03
1988	121.12	0.81	4.86
1989	127.87	0.76	4.53
1990	139.12	0.75	4.51

续表

年份	财政科技拨款	财政科技拨款占国内生产总值比重	财政科技拨款占财政支出比重
1991	160.69	0.74	4.74
1992	189.26	0.71	5.06
1993	225.61	0.65	4.86
1994	268.25	0.57	4.63
1995	302.36	0.52	4.43
1996	348.63	0.51	4.39
1997	408.86	0.55	4.43
1998	438.60	0.56	4.06
1999	543.85	0.66	4.12
2000	575.62	0.64	3.62
2001	703.26	0.73	3.72
2002	816.22	0.78	3.70
2003	975.54	0.83	3.96

资料来源：1979~2004 年《中国统计年鉴》。

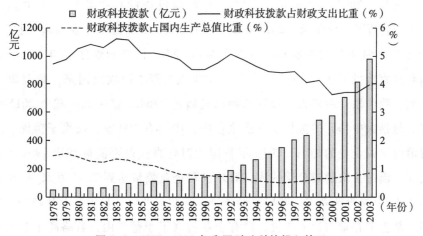

图 2-2 1978~2003 年我国财政科技投入情况

资料来源：1979~2004 年《中国统计年鉴》。

　　总的来说，改革开放之后的 25 年，中国企业对外直接投资和企业创新均处于初级阶段。国内企业对外直接投资的金额有所增加，但总体来看并没有大的突破。对外直接投资的主体以国有企业为主，并出现由贸易型企业向多元化的大中型企业转变的趋势。企业进行跨国投资的目的并不明确，大多数企业并未将对外直接投资作为企业长期经营的战略。在这样的跨国投资背景下，企业对外直接投资的母公司创新反馈较弱。与此同时，这一阶段政府对企业的创新投入有所增加，但并不能满足改革开放后企业快速发展对于创新投入的需求，且这一阶段增加企业的创新投入也不是政府财政支出的主要目的。因此，这一阶段的企业的创新能力较弱，企业的对外直接投资行为以政策性导向为主，企业对外直接投资和企业创新并没有明确的计划和方向。这一阶段的对外直接投资和企业创新并未有明显的突破，可以说仍然处于初级阶段。

第二节 民企解禁——爆发式增长

2003 年以来，政府加快实施"走出去"战略，国务院和国家外汇管理局出台了多项促进企业对外直接投资的政策，鼓励有比较优势的民营企业进行对外投资。投资主体的多元化迅速带动了中国对外直接投资的流量和存量增长。2005～2014 年，我国对外直接投资的年平均增长速度达到 32%，创造了历史纪录。2013 年底，我国共有 1.53 万家企业在境外投资，设立了 2.54 万家境外机构，分布在全球 184 个国家和地区；2014 年，我国对外直接投资超过 1400 亿美元，首次成为资本净输出国家。截至 2014 年底，我国累计对外直接投资总额已经超过 7764.8 亿美元。截至 2015 年底，包括大中华区的世界 500 强企业中，中国有 100 家，仅次于美国。随着沿海民营企业的加入，2016 年我国的对外直接投资流量高达 1961.5 亿美元，流量首次超过全球一成，对外投资企业数量达到 2.44 万家。[①] 在全部 2.44 万家投资者中，非国有经济体占比超过九成，且仍有上升趋势。然而，从投资存量占比来说，国有企业占据了半壁江山，且略高于非国有企业。

民营企业在对外直接投资中大放异彩。相对于国有企业而言，民营企

---

① 中华人民共和国商务部、中华人民共和国国家统计局、国家外汇管理局编《2016 年度中国对外直接投资统计公报》，中国统计出版社，2017。

业具有更强的市场活力，对市场环境的变化更敏锐。在意识到对外开放带来的机会和权衡海外投资的利弊后，民营企业毅然决然地投入跨国投资的行列。《中国民营企业海外直接投资指数 2017 年度报告——基于中国民企 500 强的数据分析》统计显示，2016 年，民营企业海外投资项目达到 211 件，而 2005 年仅为 7 件，增加了 29 倍。从投资金额上来看，2005 年民营企业对外投资额为 1.2 亿美元，2016 年则上涨到了 658.5 亿美元，增加了 548 倍。[①] 民营企业 OFDI 在整体规模上呈现了跨越式增长。

相对于国有企业而言，民营企业对外直接投资的模式更为多样化，投资区域更为集中。鉴于民营企业较小的规模和较低的抗风险能力，大多数有实力的民营企业更倾向于选择跨国并购作为走出去的主要方式。这一方式有利于民营企业更为迅速地进入海外市场，有目的地获取海外市场的战略性资产，如研发资本、专利技术、管理团队、销售网络等。相对于国有企业，民营企业对外投资的区域也较为集中，据普华永道统计，我国民营企业进行海外并购时，首选目标为美国的企业占到一半以上，其次为欧洲地区。

民营企业对外直接投资的动机更加多元化。除了资源寻求动机，相当一部分民营企业对外直接投资的最终目的是通过有效占有国际市场份额获取较大的利润。由于中国民营企业的快速发展，有的行业在国内市场已经呈现饱和状态，并且采取国内生产再出口的方式成本过高、利润较低，所以民营企业倾向于将出口国变成投资国，掌握被投资国市场信息，把比较成熟的、具备条件的行业放在海外进行投资。除了市场寻求，部分民营企业还通过跨国并购进行高新技术资源的获取。通过对外投资，民营企业可以合法合规地掌握一定的国外先进技术，这是一个既降低成本，又缩短周期的有效方法。由于民营企业已经意识到可以利用跨国并购合法获得先进技术、学习先进经营管理经验，从而增强竞争力，因而该阶段企业对外直接投资已经能够初步增强企业的创新能力，但是这一阶段的创新仍然是以引进创新为主。

---

① 薛军等：《中国民营企业海外直接投资指数 2017 年度报告——基于中国民企 500 强的数据分析》，人民出版社，2017。

随着对外直接投资规模的攀升，有实力的民营制造业企业不断涌现。著名的民营企业海尔、联想、美的等，通过在境外投资办厂，利用境外资源生产和组装自己的产品，在海外市场建立自己的营销网络，培育自己的品牌，在海外市场上占有了一席之地。这些企业的跨国经营，形成了有效的国际化经营模式，为其他非国有经济体对外直接投资提供了宝贵的经验。①

以海尔集团为例，海尔集团创立于 1984 年，是中国民营股份制企业。从 1984 年创业至 2012 年，海尔集团走上了发展的快车道。根据经营策略的不同，概括起来说，海尔集团历经了名牌战略发展、多元化战略发展、国际化战略发展、全球化品牌战略发展四个发展阶段。为了跟上信息化发展的步伐，2012 年 12 月，海尔集团宣布进入网络化战略阶段，即第五个发展阶段。20 世纪 90 年代末，海尔集团作为我国优质民营企业的代表，开始一步步进行对外投资。进入发达国家市场后，在市场竞争的压力下，海尔集团根据当地市场的需求，利用自己的技术条件，生产了竞争优势比较大的当地化产品，从而在国外创立了自己的品牌。在我国经济发展还未成熟时，海尔集团就投资发达国家市场，而非投资发展中国家市场。海尔集团通过海外并购，获得了先进的生产技术和现代化的管理经验，并在全球范围内实现有机融合，形成了生产协同效应。通过并购，海尔同时建立了美洲（美国）、大洋洲（新西兰）、欧洲（德国）、亚洲（日本）等十大海外研发中心。海外并购也使海尔产品线宽度和深度不断延伸，从最初的冰箱生产拓展到黑色家电、米色家电的生产。这样一种多元化的扩张和多元化的生产，使海尔拥有了品牌效应。②

这一阶段企业的创新投入依然呈现不断增长的趋势，与此同时，R&D 支出占国内生产总值的比重也出现了缓慢增长（见表 2-2）。2003 年，我国 R&D 支出为 1539.6 亿元，而 2008 年的 R&D 支出为 4616.0 亿元，短短五年时间，R&D 支出的金额增加了近 2 倍。不过，R&D 支出的绝对金额

① 马锦伟：《中国民营企业对外投资动因分析——以海尔集团为例》，《企业改革与管理》2019 年第 22 期。

② 明秀南：《海外并购与企业创新》，载李平、石磊主编《21 世纪数量经济学》（第 19 卷），经济管理出版社，2018，第 226~256 页。

并不能完整展示我国企业的创新投入情况。从 R&D 支出占国内生产总值比重的相对值来看，这一投入的增长依旧保持在较低的水平。

表 2-2　2003~2008 年科研经费投入情况

单位：亿元，%

年份	R&D 支出	R&D 支出占国内生产总值比重
2003	1539.6	1.12
2004	1966.3	1.22
2005	2450.0	1.31
2006	3003.1	1.37
2007	3710.2	1.37
2008	4616.0	1.45

资料来源：2004~2009 年《中国统计年鉴》。

随着统计方法的不断完善和统计资料的增加，企业创新投入和产出的指标得以拓展。R&D 人员全时当量、R&D 经费投入和专利拥有数量可以从不同维度对企业科技创新投入和产出进行统计。其中，R&D 人员全时当量可以反映企业的科研人员投入情况。如表 2-3 所示，从 R&D 人员全时当量数据来看，2006~2008 年企业 R&D 人员全时当量逐年增加。按照企业所有制类型进行划分后可以看出，不同所有制企业的 R&D 人员全时当量存在差异。国有及国有控股企业的 R&D 人员数最多。私营企业的 R&D 人员数在 2006~2008 年三年的数量分别是 52040 人年、68324 人年和97150.21 人年，无论是从人员数量还是从增长幅度来看，都是研发人员投入的重要主体。另外，这一阶段由于"引进来"战略的实施，外商投资企业的 R&D 人员数量也较多，2006~2008 年分别为 92527 人年、128673 人年、161415.3 人年。

表 2-3　2006~2008 年按企业类型划分 R&D 人员全时当量

单位：人年

企业类型	2006 年	2007 年	2008 年
国有及国有控股企业	374435	426523.8	477495.9
内资企业	553558	657374	767295.7

续表

企业类型	2006 年	2007 年	2008 年
国有企业	93889	101793	115427.2
集体企业	8206	8127	8157.46
股份合作企业	3220	3506	3111.39
联营企业	2394	1793	1423.04
国有联营企业	1921	1414	1261.56
有限责任公司	273193	312422	349231.4
国有独资公司	98853	96537	89298.88
股份有限公司	119909	156206	190748
私营企业	52040	68324	97150.21
其他企业	707	5204	2047.01
港、澳、台商投资企业	49583	71602	85512.08
合资经营企业	20177	27856	36766.46
合作经营企业	1481	1968	945.58
独资经营企业	22991	35125	40330.89
投资股份有限公司	4934	6654	7469.15
外商投资企业	92527	128673	161415.3
中外合资经营企业	39863	57537	74980.1
中外合作经营企业	760	1149	1192.15
外资企业	39507	56353	67818.34
外商投资股份有限公司	12397	13633	17424.75
合计	695668	857649	1014223.08

资料来源：2007～2009 年《中国统计年鉴》。

如表 2-4 所示，从 R&D 经费投入来看，2006～2008 年企业 R&D 经费投入逐年增加。国有及国有控股企业的 R&D 经费投入仍然是最高的，2006～2008 年三年的 R&D 经费投入分别是 789 亿元、1006 亿元和 1252 亿元。私营企业的 R&D 经费投入表现良好，2006～2008 年分别为 105 亿元、148 亿元和 234 亿元。外商投资企业的 R&D 经费投入逐年增长，2006～2008 年分别为 299 亿元、432 亿元和 506 亿元。

表 2-4 2006~2008 年按企业类型划分 R&D 经费投入

单位：万元

企业类型	2006 年	2007 年	2008 年
国有及国有控股企业	7890315	10055351	12521834.6
内资企业	11857649	14972444	19520725.4
国有企业	1649808	1820905	2691952.4
集体企业	382390	390743.7	386657.6
股份合作企业	62517	113940.1	107764.9
联营企业	137099	118523.7	109446.8
国有联营企业	130032	110253.7	107210.5
有限责任公司	5648069	7095938	8734621.6
国有独资公司	1945024	2501971	2363456.2
股份有限公司	2916028	3777023	5070522.6
私营企业	1052648	1476612	2339684.7
其他企业	9090	178758.3	80074.8
港、澳、台商投资企业	1456934	1833414	2235950.7
合资经营企业	560266	766590.1	987192.6
合作经营企业	36221	38313.9	14816.5
独资经营企业	700728	809003.9	1022192.1
投资股份有限公司	159719	219505.9	211749.5
外商投资企业	2987327	4318703	5056433.4
中外合资经营企业	1498878	2363226	2966217.6
中外合作经营企业	23088	51671.5	25508.2
外资企业	1096495	1467684	1649379.2
外商投资股份有限公司	368866	436120.9	415328.4

资料来源：2007~2009 年《中国统计年鉴》。

　　如表 2-5 所示，从专利拥有数量来看，2006~2008 年企业专利拥有数量逐年增加。国有及国有控股企业的专利拥有数量仍然是最多的，2006~2008 年三年的专利拥有数量分别是 9178 件、14277 件和 51564 件。私营企业的专利拥有数量，2006~2008 年分别为 4613 件、5154 件和 9762 件。外商投资企业的专利拥有数量逐年增长，2006~2008 年分别为 4984 件、7899件和 13592 件。

表 2-5 2006~2008 年按企业类型划分专利拥有数量

单位：件

企业类型	2006 年	2007 年	2008 年
国有及国有控股企业	9178	14277	51564
内资企业	21232	29556	81535
国有企业	2257	3077	14918
集体企业	1451	1985	1463
股份合作企业	117	172	379
联营企业	14	54	133
国有联营企业	12	24	107
有限责任公司	7008	11269	35519
国有独资公司	1546	1799	9203
股份有限公司	5714	7621	19088
私营企业	4613	5154	9762
其他企业	58	224	273
港、澳、台商投资企业	2960	6197	8107
合资经营企业	1421	1830	3522
合作经营企业	44	154	92
独资经营企业	1255	3864	3730
投资股份有限公司	240	349	763
外商投资企业	4984	7899	13592
中外合资经营企业	2262	4402	7661
中外合作经营企业	66	89	101
外资企业	2341	3017	4368
外商投资股份有限公司	315	391	1462

资料来源：2007~2009 年《中国统计年鉴》。

　　从上述的分析可以看出，2006~2008 年，中国企业的创新投入和创新产出均有所增加，但是增长的速度较为缓慢。这一阶段企业开始意识到创新的重要性，也有许多企业通过海外投资获取了一些创新技术，但是这一阶段大多数企业采用引进创新和二次创新的方式进行创新，自主创新的能力并不强。与同时期其他国家的科研投入和科研产出相比，中国企业的创新投入和产出仍然有很大的提升空间。

　　这一时期企业通过引进创新获得创新能力的案例不胜枚举，以万向集团为例。万向集团成立于 1969 年，主要经营范围是汽车零部件的制造与销售。截至 2002 年底，万向集团拥有 10000 多名员工，100 多亿元资产，是中国机械行业十大杰出企业、国务院 120 家试点企业集团以及 520 家国家重点企业之一。综合实力居中国汽车零部件工业第 1 位。2001 年，万向集团实现营业收入 87 亿元，出口创汇 1.78 亿美元。[①]

　　随着改革开放的不断推进，万向集团开始将其产品的销售进行全球化布局。1984 年，万向集团的万向节产品正式销往美国，成为国内首家将产品销往美国的企业。1992 年，万向集团开始思考投资美国市场。然而，当时的万向集团面临资金无法汇往境外的难题。为了开拓美国的市场，"以赚外国人的钱为荣，以使万家致富为乐"，在美国市场上的工作人员通过向朋友借钱来开展工作和维持生活。即使这样，万向集团当时的产品仍然只能通过中间商转销的方式到达美国，没法推广万向集团的品牌，这一阶段万向集团主要是整合中间商的资源。1994 年，经外经贸部批准，万向美国公司正式成立，万向集团正式将资本投向了美国市场。万向美国公司的建立，给万向集团的产品生产提供了明确的思路。它们直接利用当地资源，以最直接、最快捷的方式，将技术、质量、价格等国际市场信息，源源不断地传递至国内，国内再根据这些信息，有针对性地组织开发生产。此外，万向美国公司还以"股权换市场""设备换市场""让利换市场"等多种灵活的方式，获得了大量的美国市场订单，帮助母公司摆脱了被动等待订单的局面，促进了母公司主导产业在美国市场以及其他海外市场上的扩张。

　　在美国市场上有一个万向集团的同行叫舍勒公司，舍勒公司原本是万向集团在美国市场上的经销商。1983 年，舍勒公司成为第一个考察万向集团的企业，1987 年舍勒公司提出独家代理万向集团产品在美国的销售，遭到万向集团的拒绝，因为这样做万向集团会失去在美国市场上的控制权，而这与万向集团的目标相悖。这一次拒绝使得万向集团失去了舍勒公司这一个合作经销商。但是，由于万向集团产品在美国市场上极具竞争力，一

---

　　① 根据万向集团年报和东方财富网数据整理。

年后舍勒公司又重新与万向集团签订了销售协议。在与舍勒公司合作的过程中，万向集团的盈利能力与舍勒公司逐渐拉开了差距，这就促成了万向集团在美国市场上的第一次跨国并购。

2000 年 4 月，万向集团收购了美国舍勒公司。通过利用舍勒公司原有的渠道，万向集团加大了对美国和欧洲地区产品的出口力度。有了第一次成功收购的经验，2001 年 8 月，万向美国公司又收购了一家在美国纳斯达克上市的公司——UAI（Universal Automotive Industries）公司。位于美国芝加哥的 UAI 公司成立于 1981 年，其主要业务是制造和销售制动器。这一次收购使得万向集团直接成为一众知名车企和汽车大主机生产集团的零部件供应商，包括美国通用汽车公司以及福特、克莱斯勒和大众等国际大主机厂商。通过这两次跨国并购，万向集团成功在海外市场占有一席之地。

从以上两次并购可以看出，万向集团对外直接投资的动机非常明确，那就是利用海外的营销渠道。舍勒公司是美国三大汽车零部件经销商之一，利用舍勒公司的销售渠道，万向集团快速布局美国市场，占领了美国市场汽车零部件销售的大量渠道。UAI 公司是美国维修市场上制动器的主要供应商之一，其客户涵盖所有美国汽车零部件连锁店及采购集团。对 UAI 公司的收购使万向集团每年至少新增 7000 万美元的市场份额。而 UAI 的制造企业，每年则至少获得 2000 万美元的订单。万向集团海外并购的第二个动机是学习和利用国外先进的生产技术。UAI 公司拥有世界上最先进的制造制动器等汽车零部件的技术，通过对其进行收购，万向集团可以学习和消化其技术，提高自身的技术能力。万向集团海外并购的第三个动机是利用国外知名的品牌。UAI 公司的"UBP"品牌在美国的美誉度较高，万向集团通过收购拥有了对"UBP"品牌这一无形资产的控制权和收益权。借助这一品牌，万向集团不仅用很低的成本打开了美国市场，还进一步拓展至世界市场。

万向集团的海外并购还有利用国际市场收集前沿信息和获取廉价资金的功能。在海外建立分公司，可以快速地把世界上最新的信息传递给集团本部，从而促进集团的创新及核心竞争力提升。另外，接近当地市场，可以帮助母公司根据当地市场的特点生产满足当地市场需求的产品，从而获得产品差异化优势。通过与国内市场的融资成本进行比较，万向集团还可以选择在成本更为低廉的市场上进行融资，这进一步降低了万向集团的融资难度和融资成本。除此之外，万向集团在打开美国之门，建立自己的产品质量信誉之后，引起了国内市场的关注，获得了国内市场的青睐，国际化不仅使万向集团拓展了海外市场，还促进了万向集团在本国市场的发展。

从以上的分析中我们可以看到，中国民营企业国际化的动机并不是单一的，且大多数并购都与企业未来的发展规划相适应，呈现较强的目的性。除此之外我们也要看到，民营企业家坚韧不拔的毅力和独到的眼光，中国政府在民营企业对外直接投资政策方面的放开，也是这一阶段民营企业海外并购成功的两个关键因素。

第三节　国际金融危机——投资模式转换

2008 年是中国企业对外直接投资的一个重要节点，受全球性金融危机影响，海外企业普遍处于资金链紧缩状态，为中国企业海外并购创造了有利条件。2008 年，中国企业海外并购金额高达 302.0 亿美元，占到全年对外直接投资流量的 54.0%，且较上年同期增长 379.4%，几乎增加了 4 倍。[①] 同年，中海油服以 171 亿美元整体收购挪威 Awilco Offshore ASA 公司，创下中国企业并购的历史新高。自 2008 年后，中国企业海外并购成为风潮，包括中海油服、五矿集团、中国化工集团在内的国有企业通过对外并购的方式，获取了多宗海外资产标的。以电子制造业和互联网软件为代表的大型民营企业，也成为海外并购的主力军。《中国民营企业海外直接投资指数 2017 年度报告——基于中国民企 500 强的数据分析》显示，中国民营企业海外投资项目从 2005 年的 7 件增加到 2016 年的 211 件，2016 年投资金额高达 600 多亿美元。

绿地投资与跨国并购是企业对外直接投资最重要的两种形式，二者存在本质的差异。绿地投资（Greenfield Investment）也被称为新建投资，是指跨国公司等投资主体在东道国境内依照东道国的法律设置的部分或全部

---

① 中华人民共和国商务部、中华人民共和国国家统计局、国家外汇管理局编《2009 年度中国对外直接投资统计公报》，中国统计出版社，2010。

资产所有权归外国投资者所有的企业。绿地投资有两种形式，一是建立国际独资企业；二是建立国际合资企业。无论哪一种方式，绿地投资都存在建设周期长、进入市场慢、较为依赖母公司的实力等问题。而跨国并购（Cross-border Mergers&Acqusitions，M&A）是指跨国公司等投资主体通过一定的程序和渠道，取得东道国某个现有企业的全部或部分资产的所有权的投资行为。按照联合国贸易和发展会议（UNCTAD）的定义，跨国并购包括外国企业和境内企业合并；收购境内企业的股权达 10%以上，使境内企业的资产和经营管理控制权转移至外国企业。相对于绿地投资而言，跨国并购有市场进入速度快、建设周期短、可以利用东道国相关战略性资产的好处。但是，由于跨国并购为东道国创造的就业不如绿地投资多，往往不太受到东道国的欢迎，且跨国并购的成败非常依赖境内外企业管理架构、管理理念、文化差异等的整合。

国际金融危机为中国企业跨国并购创造了有利条件，主要表现在以下几个方面。①国际金融危机使得大量的海外企业面临资金链断裂的风险，海外企业寻求合作的意愿强烈；②国际金融危机使得海外投资标的被严重低估，中国企业可以以较低的价格获得海外资产，节约并购成本；③尽管国际金融危机使得美国及众多发达国家的经济受到严重冲击，但是由于中国政府及时的救市政策，中国市场上的企业受到危机的冲击较小，企业用于海外并购的资金充足；④中国民营企业跨国投资进一步深化，民营企业海外投资占比进一步上升，而且民营企业更为偏好采用跨国并购的方式参与海外竞争。由于上述因素的推动，国际金融危机后中国企业跨国投资的模式从以绿地投资为主导，逐渐转换为以跨国并购为主导，并且跨国并购占比提升的趋势在不断加强。中国企业在国际金融危机发生时，与海外急需资金注入的优质品牌企业达成并购意愿，在为对方注入资金的同时收获了本企业所需的战略性资产，形成了双赢的局面。

非国有企业在这一阶段的对外直接投资存量占存量总额的比例也有所上升（见图 2-3）。2006 年，国有企业对外直接投资存量占比为 81.0%，到 2017 年，这一占比仅为 49.1%。2017 年，非国有企业对外直接投资存量占比超过了一半，达到了 50.9%。从细分类型看，中国对外非金融类直接投资存量中，国有企业占到 49.1%，非国有企业中，有限责任公司和股份有限公司的占比分列第二位和第三位，分别占到了 16.4% 和 8.7%。个体经营和私营企业的对外直接投资存量占比分别为 7.4% 和 6.9%（见图 2-4）。可见，这一阶段民营企业的对外投资活动活跃，对外投资项目和投资金额不断增加。

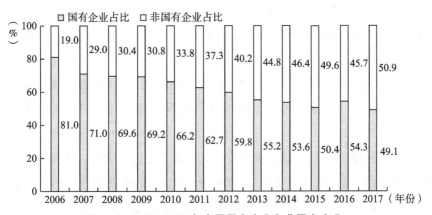

图 2-3　2006～2017 年中国国有企业和非国有企业
对外直接投资存量占比情况

资料来源：《2018 年度中国对外直接投资统计公报》。

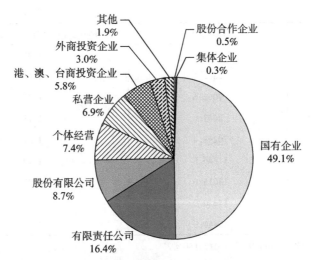

图 2-4　2017 年中国对外非金融类直接投资存量按境内
投资者注册类型分布情况

资料来源：《2018 年度中国对外直接投资统计公报》。

国际金融危机后跨国投资模式向跨国并购转换，企业跨国投资过程中的技术寻求动机得到加强。跨国并购可以帮助企业迅速获得海外战略性资产，这些资产主要包括技术专利、优质的管理团队、知名品牌、海外研发投入、海外研发团队等。跨国并购的增加意味着企业对外投资的目的更为明确，对创新技术的寻求意图更为明显。伴随国际金融危机后的企业海外并购潮，中国企业的整体创新能力得到了提升，开始逐渐从引进创新向自主创新转变。

从这一阶段的科研经费投入情况也可以看出，全社会的科研经费投入正在迅速增加（见表2-6）。2008年，中国全社会的科研经费投入为4616.0亿元，到2016年，这一数据增加到了15440.0亿元，增加了2.3倍。尤其是2012年，科研经费投入首次实现万亿元的突破。从科研经费投入占国内生产总值的比重来看，2008年全社会R&D支出占国内生产总值的比重为1.45%，2016年这一数据为2.08%。从这一相对值来看，我国科研经费的投入一直在增加，增长幅度则较为平稳。

表2-6　2008~2016年科研经费投入情况

单位：亿元，%

年份	R&D支出	R&D支出占国内生产总值比重
2008	4616.0	1.45
2009	5802.1	1.66
2010	7062.6	1.71
2011	8687.0	1.78
2012	10298.4	1.91
2013	11846.6	1.99
2014	13015.6	2.02
2015	14220.0	2.06
2016	15440.0	2.08

资料来源：2009~2017年《中国统计年鉴》。

2018年，从这一年不同所有制主体科技创新的投入和产出指标来看，有限责任公司和股份有限公司的排名依然靠前，但是私营企业在这一阶段的科研投入和产出已经超过这两类企业跃升为第一。集体企业、联营企业和国有联营企业的创新投入和产出较低，港、澳、台商投资企业的科研投入和产出低于股份有限公司。外商投资企业的科研投入和产出略高于港、澳、台商投资企业（见表2-7）。

表2-7　2018年按注册登记类型分规模以上工业企业R&D经费投入和发明专利情况

登记注册类型	R&D人员全时当量（人年）	R&D经费投入（万元）	R&D项目数（项）	专利申请数（件）	其中：发明专利（件）	有效发明专利数（件）
大中型工业企业	2016465	95426947	213215	541149	241854	692288
内资企业	2327232	102720472	395457	819575	321873	907856
国有企业	21624	834378	2632	10004	4771	12259
集体企业	2126	77889	336	373	147	340
股份合作企业	2175	69943	591	617	133	553
联营企业	108	2899	28	32	17	36
国有联营企业	40	1356	11	19	7	26
有限责任公司	862665	42793343	125602	277326	126831	365468
国有独资公司	125482	7107416	17052	50873	23494	57907
股份有限公司	442700	20251745	57178	150680	67621	206003
私营企业	993467	38516119	208855	380281	122242	322578
其他企业	2368	174157	235	262	111	619
港、澳、台商投资企业	319641	11307500	36250	68851	25946	89280
合资经营企业	107096	4118014	14127	24945	9070	33172
合作经营企业	3130	112452	434	498	131	430
独资经营企业	182142	6090516	19336	38234	14420	48713
投资股份有限公司	25275	901197	1966	4805	2263	6642
外商投资企业	334362	15520292	40592	68872	23750	97064
中外合资经营企业	142701	8221204	18115	35122	11844	44918
中外合作经营企业	3653	164774	621	842	293	850
外资企业	166758	6177710	19461	27371	9215	42674
外商投资股份有限公司	17203	842015	1986	4820	2150	7997
合计	2981234	129548264	472299	957298	371569	1094200

资料来源：2019年《中国统计年鉴》。

再次以万向集团为例，截至2008年，除了并购舍勒和UAI，万向集团还在美国、英国等 8 个国家并购了近 30 家公司。通过并购这些企业，万向集团获得了收益反馈、技术溢出和本土化的网络支持等。具体来说，收益反馈是指，万向集团通过收购国外的企业，例如舍勒公司，将其所有产品全部搬到国内生产，在美国市场仍以舍勒的品牌销售，实现了国内低成本生产、国外高价格销售。技术溢出主要指，被收购的企业一般都是发达国家的行业领先企业，都拥有很多对口的专利技术，万向集团收购国外企业，例如舍勒公司，可拥有其专利技术。本土化的网络支持是指，通过收购这些国外的企业，万向集团可以同时获得该企业原有的上下游网络，特别是营销网络。例如，洛克福特和 PS 公司都是美国市场的一级供应商。

通过收益反馈，万向集团获得了成本节约和收益增值的好处，从而为万向集团的自主创新积累了资金。通过技术溢出，万向集团获得了海外高端技术人才和国外政府研发资金支持的溢出，并且与国外的研究机构、高等院校形成合作关系，从而获得了向海外学习新技术、与海外沟通新技术的渠道，增强了母公司的自主创新能力。通过本土化的网络支持，万向集团迅速地融入海外市场，获得了在海外市场的销售收益，并通过子公司的本土化促进母公司自主创新能力增强。

总的来说，万向对外直接投资对自主创新能力的反馈作用来自两个方面。一方面是直接通过海外研发中心、技术中心的建立，实现知识以及技术的逆向溢出，这种反馈机制的作用十分明显且直接。万向集团建立的海外研发中心主要是创新型的 R&D，它的目标就是借助国外的研发力量，开发新产品、新技术，而这些专利技术的产生意味着万向集团整体的自主创新能力的增强。另一方面是通过并购国外的企业，获得订单反馈、专利技术以及市场渠道。当然，在并购过程中，也会涉及吸纳其包含在内的研发中心。

第四节　新冠疫情——艰难徘徊

自新冠疫情发生以来，全球 OFDI 总量从 2019 年的 1.5 万亿美元下降到 2020 年的 1 万亿美元，下降幅度高达 33%。发展中国家在低迷的投资局势中首当其冲，2020 年，发展中国家新宣布绿地投资项目数量下降了 42%，国际项目融资交易的数量则下降了 14%。① 从中国企业跨国并购的金额来看，企业跨国并购金额在 2015~2018 年四个季度均呈现较为平稳的状态，而在 2019 年则出现了较为明显的下降。2020 年，中国企业跨国并购的金额更是迅速下降，2020 年第一季度到第三季度企业跨国并购金额分别为 67 亿美元、99 亿美元和 78 亿美元，前三个季度总体较 2019 年下降了一半（见表 2-8）。在对外投资持续低迷的状况下，发展中国家需要寻找新的经济增长点。UNCTAD 在 2021 年《世界投资报告 2021》中指出："为了缓解疫情对经济的冲击，大多数国家选择投资基础设施领域，其中，数字基础设施是全球投资的三个重要方面之一。"②

表 2-8　2015~2020 年四个季度中国跨国并购金额

单位：亿美元

年份	第一季度	第二季度	第三季度	第四季度
2015	262	222	269	243
2016	997	429	386	528
2017	278	355	500	321
2018	239	285	310	236
2019	165	79	249	239
2020	67	99	78	—

资料来源：中华人民共和国商务部。

新冠疫情的发生，首先冲击了全球价值链。全球价值链是以跨国公司主导的全球生产、全球投资、全球贸易以及全球化资源配置为基础，通过不断将产品生产和服务的链条进行细分并向全球范围铺展，形成的链条。按照全球不同区域生产要素的优势，将生产的各个环节和阶段配置于不同的国家和地区，是全球价值链的主要特征。③ 新冠疫情的发生，对全球价值链的多阶段细分、多工序、多任务、跨国生产、跨国销售形成了挑战。

---

①　中华人民共和国商务部、国家统计局、国家外汇管理局编《2020 年度中国对外直接投资统计公报》，中国商务出版社，2021。

②　UNCTAD. "World Investment Report 2021". 2021.

③　佟家栋、盛斌、蒋殿春等：《新冠肺炎疫情冲击下的全球经济与对中国的挑战》，《国际经济评论》2020 年第 3 期。

因为任何一个国家价值链供求的变化都会影响上下游的供给需求关系,导致上下游企业尤其是上游企业生产和销售的混乱。具体而言,多阶段细分、多工序、多任务、跨国生产、跨国销售会产生大量的中间产品。一个国家在全球价值链中有两种行为:一是向其他国家出口中间品;二是从其他国家进口中间品。一般来说,价值链中上游的厂商需要维持比下游厂商更高的库存水平,以应对订单需求的不确定性。新冠疫情的发生使得下游的需求市场萎缩,这种需求萎缩通过全球价值链层层放大,使得最上游的中间品供应商面临巨大的生产、供应、库存和销售风险。价值链上游厂商为了应对库存风险,会转而减少中间产品的供应,造成的一个结果就是全球对外直接投资规模的萎缩。除此之外,为了减少对其他国家价值链的依赖,各个国家会调整本国的产业结构,从而使得全球产业结构重构。为了应对新冠疫情给投资带来的冲击,各国政府和企业转而将资金投向了基础设施领域,包含交通电力基础设施建设,公共卫生体系建设,高技术、先进通信、网络经济相关的通信基础设施建设。

新冠疫情使得各国将部分产业链转移到国内。疫情发生初期,中国制造业企业的生产突然陷入停顿,跨国公司切实感受到了全球价值链过度相互依赖带来的生产风险。外来冲击促使投资者及其母公司重新考虑使制造业多元化分布。疫情发生后,跨国公司开始思考将各国的生产环节转移到企业内部,形成企业内的分工,从而牢牢掌握重要的生产环节。与此同时,中国需求结构开始从外需型转向内需型,许多企业无须通过海外投资来进行生产,而是转而关注满足本土市场的需求。通过创新提高产品的质量,满足国内市场需求成为跨国公司的新选择。

尽管新冠疫情影响了我国企业的对外直接投资,但是企业的创新投入仍在增加,创新能力仍在增强。[①] 2018 年,我国 R&D 经费投入总量为 19677.9 亿元,比上年增长 11.8%,连续 3 年保持两位数增长。R&D 经费投入强度(R&D 经费占国内生产总值的比重)为 2.19%,比上年提高 0.04 个百分点,连续 5 年超过 2%,再创历史新高。疫情发生后,2019 年

---

① 杨挺、陈兆源、韩向童:《2019 年中国对外直接投资特征、趋势与展望》,《国际经济合作》2020 年第 1 期。

我国 R&D 经费投入总量为 22143.6 亿元，比上年增加 2465.7 亿元，增长 12.5%；R&D 经费投入强度为 2.23%，比上年提高 0.04 个百分点。按 R&D 人员全时工作量计算的人均经费为 46.1 万元，比上年增加 1.2 万元。无论是从研究经费投入的绝对值、增长额，还是从增长速度来看，我国创新投入受到疫情的影响相对有限。分产业部门看，高技术制造业 R&D 经费投入总量为 3804.0 亿元，投入强度（与营业收入之比）为 2.41%，比上年提高 0.14 个百分点；装备制造业 R&D 经费投入总量为 7868.0 亿元，投入强度为 2.07%，比上年提高 0.16 个百分点。在规模以上工业企业中，R&D 经费投入总量超过 500 亿元的行业大类有 9 个，这 9 个行业的 R&D 经费投入总量占全部规模以上工业企业 R&D 经费投入总量的比重为 69.3%。这表明，疫情之后中国企业的创新投入更加往高端技术制造业集中。从 2020 年的数据来看，2020 年 R&D 经费支出为 24426 亿元，比上年增长 10.3%，占国内生产总值的 2.40%，其中基础研究经费为 1504 亿元。相对于 2019 年，2020 年企业创新投入增速有所放缓，企业研究更为关注基础研究。

总而言之，由于新冠疫情的影响，中国企业的对外直接投资受到了冲击，尤其是绿地投资的规模急速缩减，企业对外直接投资更多向基础设施建设领域流动，主要包括公共医疗卫生、交通电力设施建设以及数字基础设施建设。尽管对外直接投资的减少并没有对创新的投入产出造成太大的冲击，但是企业的创新逻辑发生了改变，企业创新更为关注基础研究领域，为满足本土消费者需求进行创新，企业更加注重自主创新能力，未来企业的创新对海外技术引进的依赖度会不断降低。

第三章 OFDI 驱动母国技术创新研究

第一节 OFDI 驱动母国技术创新理论模型

企业对外直接投资的母国技术进步模型，是技术进步理论研究重要的组成部分。自阿罗提出"干中学"理论以来[1]，有关内生技术进步的理论模型研究层出不穷。罗默延续阿罗"干中学"的思想，将技术外部性和知识溢出效应作为经济增长的根本动力，并将技术进步内生，建立了"阿罗-罗默"模型。[2] 罗默将产品生产部门分为中间产品生产部门和最终产品生产部门两个部门，提出了用中间产品增长代表技术增长的两部门技术进步模型，开创了内生技术进步模型研究的先河。[3] 企业对外直接投资涉及两个经济主体，因而研究对外直接投资的母国技术进步效应，需要将罗默模型拓展为开放环境下两个主体、两个部门的内生技术进步模型。本节正是基于这一理论基础，建立了企业对外直接投资的母国技术进步分析框架，并通过将企业异质性内化到逆向技术溢出中，构建了异质性企业对外直接投资

① Arrow K. J. "The Economic Implications of Learning by Doing". *The Review of Economic Studies*, Vol. 29, No. 3, 1962, pp. 155-173.

② Romer P. M. "Increasing Returns and Long-Run Growth". *Journal of Political Economy*, Vol. 94, No. 5, 1986, pp. 1002-1037.

③ Romer P. M. "Endogenous Technological Change". *Journal of Political Economy*, Vol. 98, No. 5, 1990, pp. 71-102; Romer P. M. "Human Capital and Growth: Theory and Evidence". *Social Science Electronic Publishing*, Vol. 32, No. 1, 1990, pp. 251-286.

的母国技术进步模型。

内生技术进步理论表明，一个国家的技术进步依赖劳动力增长和资本积累，对外直接投资的母国技术进步路径也不例外。一国企业对外直接投资的形式主要有设立代表处、开拓营销点和营销渠道、创建加工和研发类子公司、创建综合类子公司以及兼并收购等。[①] 通过对外直接投资，母国企业能够获得国外市场新兴技术。母国企业可以通过子公司研发成果向其反馈获得技术溢出，也可以通过共享东道国的研发资本和研发人才，获得国外技术间接溢出。对这些溢出渠道进行分析，可以发现国际资本和技术型劳动力跨国转移是对外直接投资促进母国技术进步的核心路径。然而，对不同国家而言，或者对一国内部不同类型对外直接投资者而言，母国技术进步效应是存在差异的。在宏观上，对外直接投资母国吸收能力理论提出，人力资本存量决定的先验知识库会影响逆向技术溢出的母国吸收过程，从而造成母国技术进步效应存在差异。在微观上，企业的所有制、企业对外直接投资模式的差异，也会造成企业的人力资源、资本获取能力和资本占用情况等存在异质性，从而使对外直接投资对母国企业的生产率产生不同的影响。综合分析两个视角，可以发现母国和母国企业在资本、技术型劳动力方面的先验差异，是其对外直接投资母国技术进步效应和母国企业生产率产生差异的本质来源。因此，对外直接投资的母国技术进步效应和母公司生产率异质性效应研究，本质上是开放环境下企业内生技术进步效应的延伸研究。

内生技术进步模型可以很好地解释企业对外直接投资的母国技术进步效应。这类模型认为，企业的研究开发行为具有极强的外部性，可以促进技术的长期进步和产品生产的持续扩张。通过将新产品划分为最终消费品和作为生产要素投入的中间产品，内生技术进步模型将技术进步的路径归结为中间产品的增加，而不是最终产品的增加。运用中间产品和最终产品两个市场的均衡，内生技术进步模型可以给出技术进步率与劳动力、资本

---

① 葛顺奇、罗伟：《中国制造业企业对外直接投资和母公司竞争优势》，《管理世界》2013年第 6 期。

间的相互影响关系。① 在开放环境下，企业还可以通过国际贸易、外商直接投资和对外直接投资等方式获得国际 R&D 溢出的好处。在此基础上，将罗默模型拓展为两国交易模型，可以构建国外劳动力和技术溢出影响母国技术进步的模型。

本书基于罗默的内生技术进步模型，构建两个国家间产品交易的技术溢出和劳动力溢出模型，以解释对外直接投资的母国技术进步效应。为了便于解释，假设存在国家 D 和国家 F，国家 D 向国家 F 开展对外直接投资。与罗默模型一致，技术进步主要来源于中间产品的增加，而不是最终产品的增加，因而有必要将产品市场划分为中间产品市场和最终产品市场。相应地，生产中间产品需要消耗资本品和普通劳动力，生产最终产品则需要消耗中间产品和研发型劳动力。由于对外直接投资的逆向技术溢出大致有研发人员的转移和研发资本的转移两个途径，因而分别针对这两个途径构建模型。

一 对外直接投资的人力资本溢出模型

在不存在对外直接投资的情况下，也即对于一个封闭国家而言，技术进步主要来源于本国中间产品的生产，研发型劳动力来源于本国的人口，不存在劳动力的国际转移。与罗默模型一致，假设国家 D 的最终产品生产函数为：

$$Y^D = \int_0^A k(i)^\alpha \mathrm{d}i \times H_Y^{1-\alpha} \tag{3-1}$$

其中，A 表示中间产品的种类数，$k(i)$ 为生产一单位最终产品所需的中间产品，H_Y 则表示生产最终产品所需的劳动力。最终产品的生产函数为规模效应不变的函数。为了便于计算，假设最终消费品可以以一比一的比例换算为资本，也即最终消费品的价值为 1，则最终产品生产厂商需要解决以下最大化问题：

① Romer P. M. "Increasing Returns and Long-Run Growth". *Journal of Political Economy*, Vol. 94, No. 5, 1986, pp. 1002–1037; Romer P. M. "Endogenous Technological Change". *Journal of Political Economy*, Vol. 98, No. 5, 1990, pp. 71–102.

$$\text{Max } \pi_Y = \int_0^A \left[k(i)^\alpha - \chi(i)k(i) \right] \mathrm{d}i \times H_Y^{1-\alpha} - w_Y H_Y \qquad (3\text{-}2)$$

其中，中间产品的价格为 $\chi(i)$，劳动力的工资为 w_Y，A 表示中间产品的种类数。对中间产品求一阶导，可以求出中间产品的价格为：

$$\chi(i) = \alpha H_Y^{1-\alpha} k(i)^{\alpha-1} \qquad (3\text{-}3)$$

对于中间产品生产部门而言，其收入主要来源于中间产品的销售，而成本则在于生产中间产品需要消耗的资本，假设生产 1 单位中间产品需要消耗 r 单位资本品，则中间产品生产企业的利润函数如下：

$$\pi_i = k(i)[\chi(i) - r] = k(i)[\alpha H_Y^{1-\alpha} k(i)^{\alpha-1} - r] \qquad (3\text{-}4)$$

依据利润最大化可以得出：

$$k(i) = r^{1-\alpha} \alpha^{\frac{2}{1-\alpha}} H_Y \qquad (3\text{-}5)$$

$$\chi(i) = \frac{1}{\alpha} \qquad (3\text{-}6)$$

假设研究部门在时期 t 研发出新中间产品，其使用期限是无限的，且在均衡时，掌握技术带来的回报是常量，可得：

$$P_A = \int_t^\infty \mathrm{e}^{\int_t^\tau r(s)\,\mathrm{d}s} \pi(\tau)\,\mathrm{d}\tau = \frac{\pi_i}{r} = \frac{(1-\alpha)\alpha^{\frac{1+\alpha}{1-\alpha}} H_Y}{r} \qquad (3\text{-}7)$$

P_A 为中间产品的价值，w_A 为中间产品的劳动力工资。假设所有研发人员都能自由使用知识，也即技术是非排他的，则有：

$$w_Y = \frac{\partial \pi_Y}{\partial H_Y} = (1-\alpha)A\alpha^{\frac{2\alpha}{1-\alpha}} \qquad (3\text{-}8)$$

$$w_A = P_A \times A = P_A \times \frac{\dot{A}}{H_A} = A \times \frac{(1-\alpha)\alpha^{\frac{1+\alpha}{1-\alpha}} H_Y}{r} \qquad (3\text{-}9)$$

均衡时，$w_Y = w_A$，可得：

$$r = \alpha H_Y \qquad (3\text{-}10)$$

为了得到技术进步的均衡解，还需要考虑消费者最优化问题，假设消费者效用函数为常相对风险规避效用函数，函数形式为：

$$\int_0^\infty \frac{C(t)^{1-\theta}}{1-\theta} \mathrm{e}^{-\rho t} \mathrm{d}t \qquad \theta > 0 \text{且} \theta \neq 1 \tag{3-11}$$

其中，$C(t)$ 为消费函数。

资本的积累方程为：

$$C(t) + \dot{K}(t) = Y(t) \tag{3-12}$$

均衡时，$\dot{K}(t) = 0$，构建汉密尔顿方程，可解出欧拉方程：

$$\frac{\dot{C}(t)}{C(t)} = \frac{r(t) - \rho}{\theta} \tag{3-13}$$

考虑到劳动力总量 $H = H_A + H_Y$，均衡时的技术进步率为：

$$H_A = \frac{\dot{A}}{A} = \frac{\alpha H - \rho}{\alpha + \theta} \tag{3-14}$$

其中，α 表示资本的边际产出，ρ 为资本的贴现率，θ 代表消费者偏好。

在存在对外直接投资的情况下，母国 D 的最终产品产出分为国内产出和国外产出两个部分，国外研发型劳动力会通过多种渠道向母国转移，使得母国的科技进步决定方程转变为 $\dot{A} = A \times (H_A^d + \delta H_A^f)$。其中，对外直接投资的逆向溢出率为 δ，δ 是对外直接投资量的函数，定义为 $\delta(I_{OFDI})$，则母国的最终产品生产函数变为：

$$Y_D = (H_Y)^{1-\alpha} \left[\int_0^{A^d} k^d(i)^\alpha \mathrm{d}i + \delta \int_0^{A^f} k^f(i)^\alpha \mathrm{d}i \right] \tag{3-15}$$

首先，考虑两个国家最终消费品市场的均衡。假设最终消费品价格为 1，生产最终消费品需要消耗中间产品，两个国家中间产品的价格分别为 $\chi_d(i)$ 和 $\chi_s(i)$，则母国最终产品生产厂商需解决以下利润最大化问题：

$$\pi_Y^d = \int_0^{A^d} \left[(H_Y)^{1-\alpha} k^d(i)^\alpha - \chi_d(i) k^d(i) \right] \mathrm{d}i +$$

$$\delta \int_0^{A^f} \left[(H_Y)^{1-\alpha} k^f(i)^\alpha - \chi_f(i) k^f(i) \right] \mathrm{d}i \tag{3-16}$$

最大化母国的利润可得中间产品的需求函数：

$$\chi_D(i) = \frac{\partial Y_D}{\partial k^d(i)} = \alpha H_Y^{1-\alpha} k^d(i)^{\alpha-1} \tag{3-17}$$

考虑中间产品市场的均衡，可得：

$$\chi_D(i) = \frac{1}{\alpha} \tag{3-18}$$

母国掌握技术 $k^d(i)$ 的价值为：

$$P_A^D = \int_t^{\infty} e^{\int_t^{r(s)ds}} \pi(\tau)\,d\tau = \frac{1+\delta}{r}(1-\alpha)\alpha^{\frac{1+\alpha}{1-\alpha}} H_Y \tag{3-19}$$

均衡时，最终商品生产部门的普通劳动力的工资水平为：

$$w_Y^d = (1-\alpha)\alpha^{\frac{2\alpha}{1-\alpha}}(A^d + \delta A^f) \tag{3-20}$$

对于研究人员的劳动回报，考虑对外直接投资劳动力流动的两种情况，第一种情况下，劳动力不存在流动，即不存在人力资本方面的技术溢出，则母国技术进步的决定方程为 $\dot{A}^d = H_A A^d$，研究人员的劳动回报决定方程为：

$$w_A^d = P_A^d \frac{\dot{A}^d}{H_A} = \frac{(1+\delta)^2 A^d}{r}(1-\alpha)\alpha^{\frac{1+\alpha}{1-\alpha}} H_Y \tag{3-21}$$

第二种情况下，劳动力存在国际流动，即存在人力资本方面的技术溢出，则母国技术进步的决定方程为 $\dot{A}^d = H_A(A^d + \delta A^f)$，研究人员的劳动回报决定方程为：

$$w_A^d = P_A^d \frac{\dot{A}^d}{H_A} = \frac{1+\delta}{r}(A^d + \delta A^f)(1-\alpha)\alpha^{\frac{1+\alpha}{1-\alpha}} H_Y \tag{3-22}$$

在均衡时，普通劳动力的工资给付和科技人员的工资给付相等，结合欧拉方程进行分析。

不存在劳动力流动时：

$$g_A = H_A = \frac{\alpha H - \rho}{\alpha + \theta} \tag{3-23}$$

存在劳动力流动时：

$$g'_A = H_A = \frac{\alpha(1+\delta)H - \rho}{\alpha(1+\delta) + \theta} \tag{3-24}$$

比较两种情况下的技术进步率，在不存在人力资本流动的情况下，对外直接投资并不对母国的技术进步产生影响。在存在人力资本流动的情况下，由于资本的边际产出大于等于零，所以对外直接投资的母国技术进步效应取决于人力资本的逆向溢出率 δ。可以证明，当 $\delta < 0$ 时，对外直接投资的母国技术进步效应为负；当 $\delta = 0$ 时，对外直接投资的母国技术进步效应与劳动力不存在流动的情况一致，即不存在影响；当 $\delta > 0$ 时，对外直接投资的母国技术进步效应为正。由于前提假设是对外直接投资存在劳动力流入，因而符合 $\delta > 0$ 的情况，也即对外直接投资对母国技术进步存在正向影响。本节为了简便起见，假设两个国家是同等的。在更为一般的情况下，东道国人力资本水平可能高于母国或者低于母国。按照本节模型的结论，只要东道国人力资本对母国的溢出率为正，对外直接投资对母国技术进步的正向影响就存在。只是对于人力资本存量较低的国家而言，其逆向技术溢出水平也会相应较低。

二　对外直接投资的研发资本溢出模型

一国技术进步的另一大来源是研发资本投入。在考虑研发资本驱动技术进步时，仍然假设存在中间产品生产和最终产品生产两个部门，最终产品和中间产品的生产函数、一阶最优条件均与人力资本溢出模型一致。不同的是，技术进步被定义为研发投入的函数，即 $\dot{A} = \dfrac{X}{\mu}$。其中，X 为研发投入，μ 为常数。最终产品生产部门均衡和中间产品生产部门均衡可以得出，掌握技术的价值为：

$$P_A = \int_t^\infty e^{\int_t^\tau r(s)\,\mathrm{d}s} \pi(\tau)\,\mathrm{d}\tau = \frac{\pi_i}{r} = \frac{(1-\alpha)\alpha^{\frac{1+\alpha}{1-\alpha}} H_Y}{r} \tag{3-25}$$

均衡时，$P_A = \dfrac{X}{\dot{A}}$，结合欧拉方程，可以算出技术进步率为：

$$g_A = \frac{1}{\theta}\left[\frac{(1-\alpha)\alpha^{\frac{1+\alpha}{1-\alpha}} H}{\mu} - \rho\right] \tag{3-26}$$

在存在对外直接投资的情况下，技术进步的决定方程变为 $\dot{A} = \dfrac{X^d + \delta X^f}{\mu}$。

如果对外直接投资不存在研发资本的流动，则对外直接投资后的技术进步率并不产生变化，仍为：

$$g'_A = \frac{1}{\theta}\left[\frac{(1-\alpha)\alpha^{\frac{1+\alpha}{1-\alpha}}H}{\mu} - \rho\right] \qquad (3-27)$$

如果对外直接投资能使东道国研发资本向母国逆向溢出，则进行对外直接投资后的技术进步率为：

$$g''_A = \frac{1}{\theta}\left[(1+\delta) \times \frac{\frac{1-\alpha}{\alpha}\alpha^{\frac{2}{1-\alpha}}H}{\mu} - \rho\right] \qquad (3-28)$$

由于资本的边际产出 α 的取值范围为 $0<\alpha<1$，因此，母国对外直接投资带来的技术进步效应的正负，仍取决于研发资本逆向技术溢出率 δ。在研发资本存在正的逆向溢出的情况下，企业对外直接投资的母国技术进步效应为正。

第二节　OFDI 驱动母国技术创新效应假说

跨国公司通过获取国外先进技术、获得国外子公司研发成果反馈以及共享海外研发资本和研发人才的方式获得逆向技术溢出的好处。然而，逆向技术溢出能否促进母国的技术进步，不仅取决于逆向技术溢出效应的有效性，还取决于母国企业对逆向技术溢出的吸收能力。母国的人力资本存量是影响逆向技术溢出效应的重要因素之一。人力资本存量高的国家或地区，其科研人员的先验知识更为丰富，能够更好地吸收国外溢出的新知识和新技术。同时，研发资本存量也是影响逆向技术溢出效应的重要因素之一。研发资本投入高的国家或地区，逆向技术溢出的吸收将获得更多的资金支持。

我国的对外直接投资在国际投资中的比重日益上升，正逐步超越外商直接投资，成为我国企业获取国外研发溢出的首要途径。2015 年，中国对外直接投资流量首次超过外商直接投资流量，位列全球第二。2016 年，伴随政府积极推动"一带一路"建设，企业对外直接投资量稳步增长，达到 1961.5 亿美元的历史高点，并蝉联全球第二。随着对外直接投资的加速增长，对外直接投资能否促进母国技术进步？逆向技术溢出效应和母国吸收效应在中国是否存在？其机制是什么？对于这些问题进行研究有助于推进我国实施更高质量"走出去"，保证中国稳健健康地融入全球技术创新体系。

本章试图探讨中国 OFDI 的母国技术进步效应的存在性，并从以下几个方面对现有研究进行扩展：①分析中国对外直接投资逆向技术溢出效应的影响机制，并检验对外直接投资逆向技术溢出机制的存在性；②分析中国对外直接投资母国吸收效应的调节机制，利用人力资本和研发资本作为母国吸收能力的两个表征，探讨两类吸收能力的存在性及其对 OFDI 逆向技术溢出效应的调节；③依据经验研究结果，归纳中国对外直接投资的母国逆向技术溢出和吸收能力特征。

对于发展中国家而言，外向型投资是获取优势技术资源的重要途径之一。中国企业的对外直接投资，是否从宏观上促进了母国的技术进步，这在学术界并未取得一致的结论。[①] 近年来，非常多的学者支持中国对外直接投资存在宏观技术进步效应，提出企业对外直接投资的重要目的之一即获取先进厂商的先进技术，新技术的引入理论上必然促进母国技术进步。对外直接投资可以实现国外先进技术转移、海外研发成果反馈、研发资本共享和研发人才流入，从而企业可以直接或间接地获取新知识、新技术，以推动母国技术进步。反对方的主要观点在于，中国的对外直接投资动机偏向于资源寻求，技术获取效率低下，且从实证检验结果上来看，并不总是存在显著的母国技术进步效应。为了解释这一矛盾，部分学者提出，对外直接投资是否存在母国技术进步效应，还取决于母国企业的技术吸收能力。研发资本和研发人员存量高的企业，对新技术的消化会好于相对劣势的企业，因而其技术进步效应会更为明显。在宏观上，技术吸收能力的调

---

① 朱荃、张天华：《中国企业对外直接投资存在"生产率悖论"吗——基于上市工业企业的实证研究》，《财贸经济》2015 年第 12 期。

整效应体现在两个方面：一方面，东部地区企业的技术吸收能力普遍强于中西部地区，因而东部地区对外直接投资的技术进步效应更为明显；另一方面，众多学者通过门槛模型检验发现，只有研发资本和研发人员存量高于一定门槛值之后，对外直接投资才会产生母国技术进步效应。

综合学者们的研究成果，中国企业对外直接投资是否能促进本国的技术进步，取决于以下两种效应是否真实存在。

一　逆向技术溢出效应

逆向技术溢出的提法与技术溢出相对应。最初学者在研究国际资本流动的过程中发现，在一国吸引外资的过程中，外资企业通过在本地设厂或合资经营，能够将创新的技术、优质的人才和先进的管理理论以"溢出"的方式带到东道国，从而促进东道国的技术进步。[①] 逆向技术溢出与技术溢出的含义非常接近，但不同的是，逆向技术溢出的本体是投资国，阐述的是投资国通过对东道国的外向型投资，反向获取东道国的技术溢出。[②] 从宏观上来说，这种获取反向技术溢出的方式，主要通过以下四种机制实现。

一是逆向技术转移机制。这一机制主要是指，跨国公司通过对外并购的方式直接获得国外先进的专利技术、研发机构，或者与东道国企业联合开发以获得新技术，加速新技术向国内转移。逆向技术转移机制是企业对外直接投资促进母国技术进步的一种较为直接和快速的方式，通过新技术的转移，母公司能够迅速地实现技术效率提升，并通过垂直产业链和区域间技术扩散，进一步促进母国技术进步。万向集团收购美国 A123 系统公司就是逆向技术转移机制的典型。通过并购，万向集团迅速获得了美国 A123 系统公司所有的技术，并在行业内抢占了相关技术的制高点，获得了持续的新技术溢价红利。万向集团并购新能源技术公司，从整个行业层面来看也加剧了国内新能源技术研发的压力，促进了行业内其他企业的新技

---

① 赖明勇、包群、彭水军等：《外商直接投资与技术外溢：基于吸收能力的研究》，《经济研究》2005 年第 8 期。

② 戴翔：《"走出去"促进我国本土企业生产率提升了吗?》，《世界经济研究》2016 年第 2 期。

术研发。通过垂直产业链合作，万向集团并购获得的新能源技术，也给关联企业提供了新的知识。

二是研发成果反馈机制。这一机制主要是指，母公司在海外设立的子公司，通过本土化的研究开发出新技术，并将这一技术回馈给母公司和其他下属子公司。跨国公司在海外建立的子公司，能够直接获取海外市场的要素禀赋和消费者偏好等信息，因而能够更快地研发出更具比较优势的产品。子公司研发的新产品能够以较低的成本转移回母公司，从而直接促进母公司的技术水平提升。除了直接反馈，有关新产品的研发信息也能够在母公司和其他下属子公司之间低成本转移，为母公司二次创新提供更多知识。库马尔等对大型跨国企业的专利申请数据进行研究后，指出跨国企业对外直接投资的研发成果反馈机制确实存在。[①] 跨国公司在设立海外子公司后，母国企业的专利项目数明显增加。

三是研发资本共享机制。这一机制主要是指，母国公司设立海外子公司后，子公司获取东道国的研发资本，并与母公司共享研发资本。海外研发资本主要包括东道国政府的研发经费、合作企业的专项研发资金以及科研机构的专项研发资金等。海外子公司通过获取东道国政府部门、研究机构、教育机构的研发资本支持，减轻母公司研发投入的压力。尤其是研发资源导向型的对外直接投资，母公司可以将部分研究项目安排在跨国子公司进行，母公司仅需关注核心项目的开发。如果跨国子公司负责的项目为母公司研发项目的子项目，东道国的研发资本也可以通过反馈和共享运用到母公司项目中，从而实现研发资本的共享。另外，海外子公司也在一定程度上增强了母公司的规模效应，降低了单位产品的研发费用，实现了研发费用共摊，节约了母公司的研发资本。

四是研发人才流动机制。这一机制主要是指，在跨国公司与东道国科研机构合作的过程中，研发人员会在跨国公司内部流动，产生知识外溢，从而提高母公司的技术能力。人才流动是知识传播的重要途径，技术创新

---

① Kumar N., Dunning J. H., Lipsey R. E., et al. *Globalization*, *Foreign Direct Investment*, *and Technology Transfers*: *Impacts on and Prospects for Developing Countries*. Routledge, New York, 1998.

知识和创新管理经验的传播，只有通过技术人员间的交流才能实现。跨国公司的科研导向型对外直接投资，能够为其母公司技术人员提供与海外技术人员交流的机会，从而帮助其迅速获取国际领先的专业领域创新知识。与此同时，母国公司技术人员在国内生产链中的流动，也能进一步将创新知识扩散到产业链中，从而提升产业链的整体技术水平。海外人才的直接引进也能够直接增加国内高技术人才的储备，促使母国人才结构的调整和完善。另外，海外研发人员的引入，也有助于创造良好的人才竞争氛围，激励科研人员加速创新，从而提升母国的技术创新能力。对外直接投资促进母国技术进步的机理如图3-1所示。

图3-1　对外直接投资促进母国技术进步的机理

综合以上分析，可以提出如下假设1。

假设1：中国企业对外直接投资可以通过逆向技术转移、研发成果反馈、研发资本共享和研发人才流动机制实现母国的技术进步。

二　母国吸收效应

对外直接投资的母国逆向技术溢出效应能否带来母国技术进步，还取决于母国对新技术的消化吸收能力。有关吸收能力的研究由来已久，科恩和利文索尔[①]指出，企业通过积累人力资本和研发资本，提升自身的技术创新能力，从而促进其对外来技术的吸收、学习和模仿，加速吸收新知识、新技术的过程。之后的学者对这一定义进行了补充，指出吸收能力是一种建立在组织间伙伴关系上的互相学习过程。吸收能力包含潜在吸收能

---

① Cohen W., Levinthal D. "The Implications of Spillovers for R&D Investment and Welfare: A New Perspective". *Administrative Science Quarterly*, Vol. 35, No. 1, 1990, pp. 128-152.

力和实际吸收能力两个部分，前者包含知识、技术的获取和消化，后者包含知识、技术的转化和开发。组织的先验知识、组织相似性、组织架构和能力等均是吸收能力的重要影响因素。然而，以往研究的关注点仅限于东道国对投资国的技术吸收，较少有研究关注投资国的技术吸收能力。事实上，母国丰富的人力资本和研发资本，能够缩小母公司与东道国企业间的技术差距，从而有助于逆向技术溢出后，企业对新技术的消化和吸收。吸收效应的提出，有助于解释部分发展中国家对外直接投资逆向技术溢出效应在实证上不显著的问题。只有在人力资本存量和研发资本存量达到一定门槛后，企业的对外直接投资带来的逆向技术溢出才会促进母国技术进步。换句话说，对外直接投资的逆向技术溢出效应取决于母国企业的吸收能力，只有拥有较强吸收能力的母国公司才能获得逆向技术溢出的好处。从宏观上看，母国吸收效应对逆向技术溢出的影响机制主要表现在以下两个方面：一是人力资本对知识的吸收机制；二是研发资本对研究的支撑机制。

一是人力资本对知识的吸收机制。企业人力资本存量高意味着掌握更丰富的先验知识。一般来说，企业会倾向于学习和接受与其已有知识相关的外部知识，而较难理解不相关的外部知识，形成知识学习的"路径依赖"。拥有优质人力资本的企业，先验知识库更为庞大，因而对新知识的消化吸收能力也更为强大。在企业对外直接投资的过程中，新知识会通过溢出、获取、消化、吸收四个环节为母公司所用。前两个环节通过技术人员的流动或者技术交流的"外溢效应"实现，但母公司如何加工消化获取的新知识，则取决于母公司的先验知识库。一国内部地理区域相近的企业，往往共享科研资源，其先验知识库相对比较接近；同一行业的上下游企业间，也能够通过产业链实现知识交流，因而也具有相近的先验知识库。对外直接投资逆向技术溢出效应往往存在区域集中和行业集中特征，这与先验知识库的区域集中、行业集中有重要联系。

二是研发资本对研究的支撑机制。企业的研发资本对于其技术能力形成至关重要，充足的研发资本可以保证企业研发顺利进行，从而积累更多先验知识。一般来说，研发资本充足的企业，对新技术的研究也更为重视，可通过运用研发资本招揽优质人才、聘请科研机构，提升企业研究能力。因此，研发资本充足的母公司，对反向外溢的新技术和新知识具有更强的消化吸收能力。对外直接投资的母国吸收效应机理如图 3-2 所示。

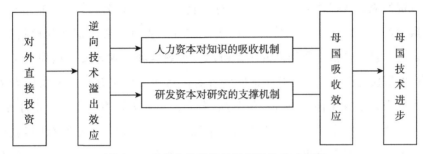

图 3-2　对外直接投资的母国吸收效应机理

综合以上分析，可以提出如下假设 2。

假设 2：中国对外直接投资的逆向技术溢出效应是否存在受到母国吸收效应的人力资本吸收机制和研发资本支撑机制影响。

第三节　OFDI 驱动母国技术创新效应检验

一　样本选择与模型设计

我国的对外直接投资在 2003 年之后开始有较快速的增长，对外直接投资较为系统的统计工作也从 2003 年开始进行。2002 年底，依据外经贸部和国家统计局共同制定的《对外直接投资统计制度》，《中国对外直接投资统计公报》开始发布。对外直接投资的东道国数据主要由 OECD 和联合国教科文组织进行整理公布，大部分数据的统计始于 1996 年。出于数据可得性考虑，本章选取 2003~2014 年我国 30 个省区市（不含西藏和港澳台地区）的面板数据作为样本，并选取 34 个主要贸易伙伴国作为我国对外直接投资的主要流向国。这 34 个国家包括：美国、日本、澳大利亚、英国、加拿大、德国、法国、瑞典、意大利、爱尔兰、比利时、波兰、荷兰、捷克、匈牙利、西班牙、巴基斯坦、韩国、哈萨克斯坦、马来西亚、蒙古国、泰国、新加坡、伊朗、印度、印度尼西亚、南非、俄罗斯、巴西、赞比亚、哥伦比亚、墨西哥、土耳其、阿根廷。我国对以上国家的 OFDI、

FDI、进口额分别占到各自投资、贸易总额的 72.74%、71.16% 和 65.30%，样本极具代表性。中国各省区市对外直接投资的流量数据和分国别对外直接投资的流量数据均来源于《中国对外直接投资统计公报》，用于计算全要素生产率的国内生产总值、全社会固定资产投资、居民消费物价指数、固定资产投资价格指数均来源于国研网经济数据和各省区市《国民经济和社会发展统计公报》。用于计算国内各省区市研发资本存量的研发经费支出数据来源于《中国科技统计年鉴》，各省区市人力资本变量涉及的小学、初中、高中、大专及以上入学率数据来源于《中国人口和就业统计年鉴》。各东道国研发经费支出、创新人力资本、专利技术成果、创新产品产量数据来源于联合国教科文组织数据库，并通过与 OECD 数据库比对进行整理，各国国内生产总值和消费物价指数来源于世界银行数据库。控制变量各省区市外商直接投资和各省区市进口额数据来源于《中国贸易外经统计年鉴》。

理论分析指出，中国的对外直接投资逆向技术溢出效应通过逆向技术转移、研发成果反馈、研发资本共享、研发人才流动四个机制实现。对外直接投资的逆向技术溢出效应受到母国吸收能力的影响，吸收能力包含人力资本和研发资本两个方面。利希滕贝格和珀特锐运用扩展的 C-H 模型，研究了进口、利用外资和对外投资三种途径产生的国外 R&D 外溢效应。[1]这一模型首次将对外直接投资作为技术溢出的渠道之一引入模型。但是，该模型在研究对外直接投资的逆向技术溢出时，并未对逆向技术溢出的机制进行阐述。本章将在 L-P 模型的基础上，引入对外直接投资四类机制对应的逆向技术溢出变量，并通过引入国内人力资本、研发资本与对外直接投资的交叉项研究母国吸收效应的存在性。为此，经验模型构建如下。

模型 1：

$$\ln(TFP) = \alpha_0 + \alpha_1\ln(TE^{OFDI}) + \alpha_2\ln(NEW^{OFDI}) + \alpha_3\ln(S^{OFDI}) +$$
$$\alpha_4\ln(H^{OFDI}) + \alpha_5\ln(S^{FDI}) + \alpha_6\ln(S^{IM}) + \alpha_7\ln(H^D) +$$
$$\alpha_8\ln(S^D) + \varepsilon \qquad (3-29)$$

① Lichtenberg F., Potterie B. V. P. D. L. "International R&D Spillovers: A Comment". *European Economic Review*, Vol. 42, No. 8, 1998, pp. 1483-1491.

模型2：

$$\ln(TFP) = \alpha_0 + \alpha_1 \ln(TE^{OFDI}) + \alpha_2 \ln(NEW^{OFDI}) + \alpha_3 \ln(S^{OFDI}) + \alpha_4 \ln(H^{OFDI}) + \alpha_5 \ln(S^{FDI}) + \alpha_6 \ln(S^{IM}) + \alpha_7 \ln(H^D) + \alpha_8 \ln(S^D) + \alpha_9 \ln(TE^{OFDI}) \times \ln(H^D) + \alpha_{10} \ln(NEW^{OFDI}) \times \ln(H^D) + \alpha_{11} \ln(S^{OFDI}) \times \ln(H^D) + \alpha_{12} \ln(H^{OFDI}) \times \ln(H^D) + \alpha_{13} \ln(TE^{OFDI}) \times \ln(S^D) + \alpha_{14} \ln(NEW^{OFDI}) \times \ln(S^D) + \alpha_{15} \ln(S^{OFDI}) \times \ln(S^D) + \alpha_{16} \ln(H^{OFDI}) \times \ln(S^D) + \varepsilon \qquad (3-30)$$

模型3：

$$\ln(TFP) = \beta_{it0} + \beta_{it1} \ln(TE^{OFDI}) + \beta_{it2} \ln(NEW^{OFDI}) + \beta_{it3} \ln(S^{OFDI}) + \beta_{it4} \ln(H^{OFDI}) + \beta_{it5} \ln(S^{FDI}) + \beta_{it6} \ln(S^{IM}) + \beta_{it7} \ln(H^D) + \beta_{it8} \ln(S^D) + \varepsilon_{it} \qquad (3-31)$$

模型4：

$$\ln(TFP) = \beta_{it0} + \beta_{it1} \ln(TE^{OFDI}) + \beta_{it2} \ln(NEW^{OFDI}) + \beta_{it3} \ln(S^{OFDI}) + \beta_{it4} \ln(H^{OFDI}) + \beta_{it5} \ln(S^{FDI}) + \beta_{it6} \ln(S^{IM}) + \beta_{it7} \ln(H^D) + \beta_{it8} \ln(S^D) + \beta_{it9} \ln(TE^{OFDI}) \times \ln(H^D) + \beta_{it10} \ln(NEW^{OFDI}) \times \ln(H^D) + \beta_{it11} \ln(S^{OFDI}) \times \ln(H^D) + \beta_{it12} \ln(H^{OFDI}) \times \ln(H^D) + \beta_{it13} \ln(TE^{OFDI}) \times \ln(S^D) + \beta_{it14} \ln(NEW^{OFDI}) \times \ln(S^D) + \beta_{it15} \ln(S^{OFDI}) \times \ln(S^D) + \beta_{it16} \ln(H^{OFDI}) \times \ln(S^D) + \varepsilon_{it} \qquad (3-32)$$

其中，模型1和模型3用于检验逆向技术溢出在不考虑吸收效应时是否存在；模型2和模型4用于检验逆向技术溢出和吸收效应是否同时存在。模型1和模型2不考虑时间和地区差异，模型3和模型4考虑时间和地区差异。$\ln(TFP)$ 表示各省区市技术进步，$\ln(TE^{OFDI})$、$\ln(NEW^{OFDI})$、$\ln(S^{OFDI})$、$\ln(H^{OFDI})$ 分别表示对外直接投资逆向技术溢出的逆向技术转移量、研发成果反馈量、研发资本共享量和研发人才流动量。$\ln(S^{FDI})$ 和 $\ln(S^{IM})$ 分别表示外商直接投资和进口的逆向技术溢出量，此处并不着重考虑这一逆向技术溢出的机制，因而用研发资本溢出量代替。$\ln(H^D)$ 和 $\ln(S^D)$ 分别表示各省区市的人力资本存量和研发资本存量。交叉项用于检验吸收效应的存在性。

本章研究的被解释变量是技术进步，用全要素生产率作为代理变量，一般采用 DEA-Malmquist 方法计算得到。本章选取各省区市当期的实际国内生产总值数据作为产出变量，选取各省区市当期实际全社会固定资产投资和三次产业就业人员总数作为投入变量。实际国内生产总值使用名义国内生产总值按照本省区市消费价格指数平减为 2003 年为基期的不变价格，实际全社会固定资产总值使用名义全社会固定资产投资按照固定资产投资价格指数平减为 2003 年为基期的不变价格。

研究的主要解释变量有四个，分别是对外直接投资的逆向技术转移量 [$\ln(TE^{OFDI})$]、研发成果反馈量 [$\ln(NEW^{OFDI})$]、研发资本共享量 [$\ln(S^{OFDI})$] 和研发人才流动量 [$\ln(H^{OFDI})$]。参考利希滕贝格和珀特锐对国外知识溢出的计算方法，采用以下公式计算：

$$S_{it}^{OFDI} = \sum_j \frac{OFDI_{jt}}{GDP_{jt}} X_{jt}^{OFDI} \times \frac{OFDI_{it}}{\sum_i OFDI_{it}} \qquad (3-33)$$

其中，X 代指国外技术存量（TE）、研发成果存量（NEW）、研发资本存量（S）和研发人才存量（H）。第一项权重表示国外相应存量通过对外直接投资渠道溢出的总量，用于测算中国企业对外直接投资总共获得的溢出量；第二项权重表示各省区市历年对外直接投资总量占全国对外直接投资总量的比例，用于计算各省区市获得的技术溢出量。基于指标选取科学性和数据可得性考虑，本章选取东道国与国外合作专利存量作为技术存量的代理变量，选取各东道国综合创新实力指数作为研发成果存量的代理变量，选取每一千个工作人员中的科技人员数为研发人才存量的代理变量。由于各国研发经费只有流量数据，采用永续盘存法计算存量。永续盘存法的计算公式为：

$$S_{it}^{OFDI} = I_{it} + (1 - \delta) S_{it-1}^{OFDI} \qquad (3-34)$$

第一项为每年研发经费流量，S_{it-1}^{OFDI} 为上一年研发经费存量，δ 为折旧率，按照国际惯例 δ 取 0.05。2003 年的国内研发资本存量计算采用 2003 年 R&D 经费支出除以折旧率和研发经费的平均增长率之和计算得到。

控制变量中，各省区市通过 FDI 和进口贸易获得的逆向技术溢出 S^{FDI}

和 S^{IM}，参照对外直接投资逆向技术溢出的公式计算得到。国内研发资本存量 S^D 采用永续盘存法进行测算。各省区市人力资本存量的计算参考 Barro 和 Lee[①] 的方法，采用各省区市小学入学率、初中入学率、高中入学率以及大专及以上入学率，赋予不同教育阶段由高到低的权重，计算国内人力资本存量值，计算公式如下：

$$H=小学比重×6+初中比重×9+高中比重×12+大专及以上比重×16 \quad (3-35)$$

二　回归结果与经验分析

为了获得对样本数据的初步了解，对各变量进行描述性统计和相关性研究，描述性统计和相关系数矩阵分别如表 3-1 和表 3-2 所示。

表 3-1　各变量描述性统计

变量	均值	标准差	中位数	最大值	最小值	样本量
$\ln(TFP)$	-0.024	0.100	-0.015	0.430	-0.412	360
$\ln(TE^{OFDI})$	-3.747	2.239	-3.392	0.952	-11.771	360
$\ln(NEW^{OFDI})$	-10.814	2.110	-10.336	-6.569	-18.522	360
$\ln(S^{OFDI})$	-3.853	3.333	-3.098	2.167	-14.401	360
$\ln(H^{OFDI})$	-10.106	2.963	-9.593	-4.440	-20.195	360
$\ln(S^{FDI})$	-5.331	2.294	-5.041	0.660	-13.444	360
$\ln(S^{IM})$	-1.117	1.904	-1.093	3.360	-6.506	360
$\ln(H^D)$	1.915	0.020	1.915	1.974	1.860	360
$\ln(S^D)$	1.803	0.133	1.828	2.015	1.542	360

表 3-2　各变量相关系数矩阵

变量	$\ln(TFP)$	$\ln(TE^{OFDI})$	$\ln(NEW^{OFDI})$	$\ln(S^{OFDI})$	$\ln(H^{OFDI})$	$\ln(S^{FDI})$	$\ln(S^{IM})$	$\ln(H^D)$	$\ln(S^D)$
$\ln(TFP)$	1.000								
$\ln(TE^{OFDI})$	0.257*	1.000							

① Barro R. J., Lee J. W. "International Comparisons of Educational Attainment". *Journal of Monetary Economics*, Vol. 32, No. 3, 1993, pp. 363-394.

续表

变量	ln (TFP)	ln (TE^OFDI)	ln (NEW^OFDI)	ln (S^OFDI)	ln (H^OFDI)	ln (S^FDI)	ln (S^IM)	ln (H^D)	ln (S^D)
$\ln(NEW^{OFDI})$	0.240*	0.996*	1.000						
$\ln(S^{OFDI})$	0.277*	0.949*	0.929*	1.000					
$\ln(H^{OFDI})$	0.284*	0.968*	0.951*	0.989*	1.000				
$\ln(S^{FDI})$	0.098*	0.401*	0.406*	0.419*	0.410*	1.000			
$\ln(S^{IM})$	0.295*	0.894*	0.899*	0.830*	0.850*	0.48*	1.000		
$\ln(H^{D})$	0.354*	0.605*	0.606*	0.561*	0.566*	0.250*	0.657*	1.000	
$\ln(S^{D})$	0.053*	-0.082	-0.089	-0.034	-0.049	-0.052	-0.102	-0.128	1.000

注：* 表示在 5% 的显著性水平下存在相关性。

表 3-2 给出了变量间的相关性检验，检验结果显示，各个解释变量与被解释变量均存在显著的相关性，除国内研发资本存量外，其余自变量之间也存在较强相关性。

对前文所述的四个模型进行回归检验和分析，可以探讨对外直接投资逆向技术溢出效应的存在性、影响机制，以及母国吸收能力异质性对逆向技术溢出效应的影响。为了消除异常值带来的偏差，本节首先进行 0.5% 的缩尾处理，即对样本中小于 0.5% 和大于 99.5% 分位数的数值，用临界分位数值代替。本节研究所用数据为平衡面板数据，模型 1 和模型 2 将采用最小二乘法进行回归，模型 3 和模型 4 将采用固定效应（随机效应）方法进行研究，固定效应和随机效应的取舍取决于 Hausman 检验的结果，回归结果如表 3-3 所示。

表 3-3 对外直接投资的母国技术进步效应回归结果

变量	模型 1	模型 2	模型 3	模型 4
$\ln(TE^{OFDI})$	0.101*** (2.59)	15.648*** (3.48)	0.146*** (3.50)	15.633*** (3.57)
$\ln(NEW^{OFDI})$	0.126*** (3.62)	13.413*** (3.37)	0.128*** (3.16)	13.301*** (3.43)
$\ln(S^{OFDI})$	0.021** (2.06)	0.678*** (3.63)	0.043*** (3.61)	0.673*** (3.63)

续表

变量	模型 1	模型 2	模型 3	模型 4
$\ln(H^{OFDI})$	0.031 ** (2.26)	1.884 *** (3.28)	0.018 (1.30)	1.907 (1.35)
$\ln(S^{FDI})$	0.010 *** (3.70)	0.010 *** (4.40)	0.011 ** (2.14)	0.004 *** (3.13)
$\ln(S^{IM})$	0.015 *** (2.36)	0.012 * (1.90)	0.045 *** (2.79)	0.014 * (1.81)
$\ln(H^{D})$	1.509 *** (3.61)	56.773 *** (3.62)	1.897 *** (3.81)	56.183 *** (3.68)
$\ln(S^{D})$	0.068 * (1.86)	0.529 (0.27)	0.083 ** (2.01)	0.493 (0.26)
$\ln(TE^{OFDI}) \times \ln(H^{D})$		7.934 *** (3.48)		7.931 *** (3.58)
$\ln(NEW^{OFDI}) \times \ln(H^{D})$		6.803 *** (3.38)		6.751 *** (3.45)
$\ln(S^{OFDI}) \times \ln(H^{D})$		2.744 *** (3.50)		2.751 *** (3.51)
$\ln(H^{OFDI}) \times \ln(H^{D})$		1.040 (1.40)		1.048 (1.46)
$\ln(TE^{OFDI}) \times \ln(S^{D})$		0.160 (0.56)		0.152 (0.55)
$\ln(NEW^{OFDI}) \times \ln(S^{D})$		0.114 (0.45)		0.107 (0.43)
$\ln(S^{OFDI}) \times \ln(S^{D})$		0.071 (0.91)		0.067 (0.88)
$\ln(H^{OFDI}) \times \ln(S^{D})$		0.044 (0.42)		0.041 (0.41)
常数项	-3.774 *** (-5.60)	-11.082 *** (-3.57)	-1.248 (-0.97)	-10.96 *** (-3.63)
调整 R^2	0.186	0.212		
Hausman 检验			14.38	13.47

注：***、**、*分别表示在 1%、5% 和 10% 的显著性水平下显著，括号里的为 t 值。

　　根据 Hausman 检验结果，模型 3 和模型 4 选择固定效应模型进行回归。从回归结果看，模型 1 和模型 3 的回归结果验证了假设 1。回归系数显示，对外直接投资的逆向技术溢出效应显著地促进了母国的全要素生产率提升。逆向技术溢出效应的逆向技术转移机制、研发成果反馈机制、研发资本共享机制和研发人才流动机制均显著存在，说明对外直接投资能够帮助母国企业获得国外技术、研发成果、研发经费和研发人才，帮助母国尽快融入全球科研体系，从而提升母国的技术能力。在考虑不同地区对外直接投资的特征差异后，除研发人才流动机制外，其他三类机制依然显著存在。研发人才流动机制在地区间存在差异，可能的原因是不同地区对国外人才的引进政策和引进待遇存在差异，引进待遇差的地区，跨国投资溢出的人力资本无法很好地为当地服务。

模型2和模型4的回归结果部分验证了假设2。回归系数显示，在考虑吸收效应后，对外直接投资的逆向技术溢出效应被放大，并且显著性未受到影响。这一回归结果说明，对外直接投资的逆向技术溢出效应确实受到母国吸收效应的影响，且四类逆向技术溢出机制均不同程度地受到母国吸收效应的影响。与模型3相似，在考虑对外直接投资的地区特征差异后，研发人才流动机制变得不显著，原因仍可能是地区间国外人才引进政策存在差异。对交叉项的分析显示，母国人力资本吸收对其对外直接投资逆向技术溢出存在显著的正向调节效应，而母国研发资本支撑的调节效应并不显著。对外直接投资逆向技术溢出的母国吸收效应更多地体现在人力资本吸收方面，这一结果与沈坤荣和耿强[1]、赖明勇等[2]、李梅和金照林[3]的研究结果一致

由于全要素生产率更高的企业更倾向于进行对外直接投资，且对对外直接投资逆向技术溢出的吸收能力也更强，因此模型存在较强的内生性。为了消除内生性的影响，本章引入滞后一期的全要素生产率 [l. ln（TFD）]，构建动态效应模型以消除内生性的影响，回归结果如表3-4所示。

[1]　沈坤荣、耿强：《外国直接投资、技术外溢与内生经济增长——中国数据的计量检验与实证分析》，《中国社会科学》2001年第5期。

[2]　赖明勇、包群、彭水军等：《外商直接投资与技术外溢：基于吸收能力的研究》，《经济研究》2005年第8期。

[3]　李梅、金照林：《国际R&D、吸收能力与对外直接投资逆向技术溢出——基于我国省际面板数据的实证研究》，《国际贸易问题》2011年第10期。

表 3-4　对外直接投资的母国宏观技术进步效应内生性检验

变量	模型 1	模型 2	模型 3	模型 4
l. $\ln(TFP)$	0.244 *** (4.64)	0.275 *** (5.15)	0.123 ** (2.22)	0.160 *** (2.83)
$\ln(TE^{OFDI})$	0.139 *** (3.52)	19.510 *** (4.35)	0.161 *** (3.70)	16.855 *** (3.76)
$\ln(NEW^{OFDI})$	0.158 *** (4.57)	15.557 *** (3.97)	0.153 *** (3.66)	12.506 *** (3.18)
$\ln(S^{OFDI})$	0.024 ** (2.40)	0.497 *** (3.46)	0.042 *** (3.40)	0.698 *** (3.62)
$\ln(H^{OFDI})$	0.026 ** (1.74)	3.386 ** (2.03)	0.017 (1.16)	3.094 * (1.90)
$\ln(S^{FDI})$	0.016 *** (3.64)	0.011 *** (4.40)	0.011 ** (2.14)	0.006 *** (3.08)
$\ln(S^{IM})$	0.017 *** (2.63)	0.016 *** (2.36)	0.050 *** (2.98)	0.050 *** (2.93)
$\ln(H^D)$	1.114 *** (3.21)	68.915 *** (4.36)	0.744 *** (3.10)	53.768 *** (3.35)
$\ln(S^D)$	0.080 ** (2.16)	0.364 ** (2.19)	0.085 *** (2.98)	0.521 ** (2.27)
$\ln(TE^{OFDI}) \times \ln(H^D)$		10.016 *** (4.40)		8.526 *** (3.74)
$\ln(NEW^{OFDI}) \times \ln(H^D)$		7.986 *** (4.04)		6.314 *** (3.16)
$\ln(S^{OFDI}) \times \ln(H^D)$		0.167 *** (3.00)		2.273 *** (3.48)
$\ln(H^{OFDI}) \times \ln(H^D)$		1.845 *** (2.18)		1.660 ** (2.01)
$\ln(TE^{OFDI}) \times \ln(S^D)$		0.054 (0.19)		0.165 (0.60)
$\ln(NEW^{OFDI}) \times \ln(S^D)$		0.017 (0.07)		0.112 (0.45)
$\ln(S^{OFDI}) \times \ln(S^D)$		0.083 (1.09)		0.075 (0.98)
$\ln(H^{OFDI}) \times \ln(S^D)$		0.073 (0.65)		0.043 (0.39)
常数项		-13.293 *** (-4.25)	-1.239 (-0.89)	-10.53 *** (-3.34)
调整 R^2	0.230	0.267		
Hausman 检验			104.86	86.44

注：***、**、* 分别表示在 1%、5% 和 10% 的显著性水平下显著，括号里的为 t 值。

考虑内生性影响后，模型的显著性和拟合情况较原模型有较大改善。内生性检验的回归结果进一步支持了 OFDI 逆向技术溢出效应的存在以及母国吸收能力对逆向技术溢出具有正向调节作用。考虑内生性后，研发人才流动机制显著性增强，即使在考虑地区特征差异的情况下，研发人才流动机制仍然显著存在。母国人力资本吸收机制的显著性也得到了改善，通过母国人力资本吸收国外研发人才流动溢出的吸收效应显著增强。不过，即使在考虑内生性以后，通过国内研发资本吸收国外专利技术、研发成果、研发资本和研发人才的机制仍未显著成立。研发资本对逆向技术溢出的支撑效应不显著，可能的原因是国内研发资本的配置效率不高，因此无法较好地运用于逆向技术溢出更为集中的地区或者企业。总的来说，考虑内生性的影响后，回归结果仍然支持假设 1，且部分支持假设 2。

本章以 2003 ~ 2014 年中国 30 个省区市（除西藏和港澳台地区）对外直接投资的面板数据为样本，区分对外直接投资逆向技术溢出的四类机制，即逆向技术转移机制、研发成果反馈机制、研发资本共享机制和研发人才流动机制。同时，区分两类母国吸收效应，即通过母国人力资本吸收国外溢出和通过母国研发资本支撑国外溢出在国内的吸收转化。本章研究结果主要有以下几个。

一是我国对外直接投资逆向技术溢出对母国全要素生产率有显著的正向影响。对外直接投资的逆向技术转移机制、研发成果反馈机制、研发资本共享机制和研发人才流动机制是逆向技术溢出提升母国全要素生产率的主要途径。考虑地区特征差异后，对外直接投资的逆向技术溢出效应和机制并未发生根本性改变，说明对外直接投资的逆向技术溢出效应较为稳定地存在。

二是我国对外直接投资逆向技术溢出效应受到母国吸收效应的显著影响。母国人力资本对于四类逆向技术溢出机制均存在显著的正向调节作用，说明母国优质的人力资本有助于对国外溢出技术的吸收和转化。母国研发资本对国外逆向技术溢出机制并不存在显著的调节作用，可能的原因是国内研发资本的配置存在效率低下的问题，无法较好地支持对国外逆向技术溢出的吸收转化。

三是我国对外直接投资逆向技术溢出存在母国吸收效应，说明母国企业人才存量异质性可能会影响企业对外直接投资的母国技术进步效应。与此同时，母国研发资本对逆向技术溢出的支撑作用不明显，说明国内研发资本的配置效率可能较低。这是不是由于不同投资主体获取研发资本的能力存在异质性，或者是不是由于不同投资模式的逆向技术溢出效率存在异质性，且存在研发资本错配的现象，进一步的研究还需要微观机制支撑。下文的研究将针对对外直接投资逆向技术溢出的微观机制进行分析。

第四章　OFDI 驱动母公司技术创新及其异质性研究

对外直接投资的主体在劳动力和资本方面存在先验的差异，通过将这种差异内化到企业对外直接投资逆向技术溢出方程中，可以构建异质性企业对外直接投资的母国技术进步模型。对于劳动力和资本更为丰富的企业而言，由于有足够的资源支撑，其对外直接投资的难度会相应降低。与此同时，丰富的资本和劳动力也保证了企业有足够的能力吸收对外直接投资的逆向技术溢出。通过将母公司在资本和劳动力等方面的异质性融合到企业对外直接投资的逆向技术溢出率中，可以考察这两类异质性在对外直接投资的母国技术进步效应中发挥的调节作用，从而构建异质性企业对外直接投资的母国技术进步模型。

第一节　异质性主体 OFDI 的母公司生产率效应模型与机制

一　异质性主体 OFDI 的母公司生产率效应模型构建

基于文献研究结论可知，母公司的人力资本和研发资本存量，决定了企业吸收新知识和新技术的能力，进而影响企业对外直接投资的逆向技术溢出效率。在不考虑企业异质性的情况下，对外直接投资的逆向技术溢出率 δ 只与企业的对外直接投资量有关；在考虑企业异质性的情况下，δ 是企业对外直接投资量、母公司资本存量和母公司人力资本存量的函数，即 $\delta = \delta[I_{OFDI}, k^d(i), H_Y]$。设对外直接投资溢出率对资本的一阶导数为 $\delta' = \dfrac{\partial \delta}{\partial k^d(i)}$，二阶导数为 0。

考虑对外直接投资的母国人力资本和资本存量异质性，在存在异质性的情况下，对外直接投资企业的利润最大化问题变为：

$$\text{Max } \pi_Y^d = \int_0^{A^d} \left[(H_Y)^{1-\alpha} k^d(i)^\alpha - \chi_d(i) k^d(i) \right] \mathrm{d}i +$$

$$\delta[k^d(i)] \int_0^{A^f} \left[(H_Y)^{1-\alpha} k^f(i)^\alpha - \chi_f(i) k^f(i) \right] \mathrm{d}i \qquad (4\text{-}1)$$

最大化企业的利润可以得出中间产品的供需函数为：

$$\chi_d(i) = \alpha k^d(i)^{\alpha-1} H_Y^{1-\alpha} + \delta' \Omega \qquad (4\text{-}2)$$

其中，$\Omega = \int_0^{A^f} \left[(H_Y)^{1-\alpha} k^f(i)^\alpha - \chi_f(i) k^f(i) \right] \mathrm{d}i$。

考虑中间产品市场的均衡，可以得出 $\chi_d(i) = \dfrac{1}{\alpha}$，由此可以得出掌握一项技术的价值为：

$$P_D(i) = \frac{1+\delta}{r}(1-\alpha)\alpha^{\frac{1+\alpha}{1-\alpha}}(1-\alpha\delta'\Omega)^{\frac{1}{\alpha-1}} H_Y \qquad (4\text{-}3)$$

在存在异质性的情况下，母国技术进步的决定方程为 $\dot{A}^d = H_A\{A^d + \delta[k^d(i)]A^f\}$，因而普通劳动力和研究人员的工资决定方程分别为：

$$w_Y^d = (1-\alpha)\alpha^{\frac{2\alpha}{1-\alpha}}(A^d + \delta A^f) \qquad (4\text{-}4)$$

$$w_A^d = P_d^d \frac{\dot{A}^d}{H_A} = \frac{(1+\delta)^2 A^d}{r}(1-\alpha)\alpha^{\frac{1+\alpha}{1-\alpha}}(1-\alpha\delta'\Omega)^{\frac{1}{\alpha-1}} H_Y \qquad (4\text{-}5)$$

均衡时，$w_Y = w_A$，可得：

$$r = \alpha(1-\alpha\delta'\Omega)^{\frac{1}{\alpha-1}}(1+\delta) H_Y \qquad (4\text{-}6)$$

考虑消费者最优化问题，可得到欧拉方程和人力资本方程，从而可以得出母国的技术进步率决定方程为：

$$g_A = H_A = \frac{\alpha(1+\delta)(1-\alpha\delta'\Omega)^{\frac{1}{\alpha-1}}H - \rho}{\alpha(1+\delta)(1-\alpha\delta'\Omega)^{\frac{1}{\alpha-1}} + \theta} \qquad (4-7)$$

母公司本身拥有资本的异质性对企业对外直接投资母国技术进步率影响的异质性系数为 $(1-\alpha\delta'\Omega)^{\frac{1}{\alpha-1}}$。由于 g_A 是 $(1+\delta)(1-\alpha\delta'\Omega)^{\frac{1}{\alpha-1}}$ 的单调递增函数，因此，如果 $(1-\alpha\delta'\Omega)^{\frac{1}{\alpha-1}}$ 大于 1，异质性对企业对外直接投资的母国技术进步效应影响为正；如果 $(1-\alpha\delta'\Omega)^{\frac{1}{\alpha-1}}$ 小于 1，则异质性对企业对外直接投资的母国技术进步效应影响为负；如果 $(1-\alpha\delta'\Omega)^{\frac{1}{\alpha-1}}$ 等于 1，则异质性对企业对外直接投资的母国技术进步效应没有影响。由于 α 取值范围为 $0 < \alpha < 1$，Ω 是正数，因此异质性取决于企业拥有资本对企业对外直接投资逆向技术溢出率的边际效应。

相似地，在考虑研发资本驱动技术进步路径的情况下，资本异质性对对外直接投资的母国技术进步影响方程如下：

$$g'_A = \frac{1}{\theta}\left[(1+\delta)(1-\alpha\delta'\Omega)^{\frac{1}{\alpha-1}} \times \frac{\frac{1-\alpha}{\alpha}\alpha^{\frac{2}{1-\alpha}}H}{\mu} - \rho\right] \qquad (4-8)$$

母公司本身拥有资本的异质性对企业对外直接投资母国技术进步率影响的异质性系数仍为 $(1-\alpha\delta'\Omega)^{\frac{1}{\alpha-1}}$，异质性取决于企业现存资本对企业 OFDI 逆向技术溢出的边际效应。人力资本存量对企业逆向技术溢出的调节效应体现为其对逆向技术溢出率的影响，且取决于人力资本影响逆向技术溢出的方式。如果逆向技术溢出率是企业人力资本存量的增函数，则企业人力资本存量对 OFDI 逆向技术溢出的调节效应为正；若为减函数，则调节效应为负。总的来说，母公司的异质性对企业对外直接投资的逆向技术溢出存在调节效应，进而会影响母国技术进步率。

二　异质性主体 OFDI 的母公司生产率影响机制研究

为进一步揭示对外直接投资母公司异质性及其与母公司生产率效应的关系，本节将从母公司异质性出发构建机制。所有制异质性和投资模式异质性是中国企业对外直接投资的两大特征。对于所有制异质性而言，国有企业由于在人才招募和外部融资方面存在优势，对外直接投资的母公司生产率效应会与其他所有制企业存在差异。对于投资模式异质性而言，绿地投资的建设周期往往较长，在前期占用资金较多，对母公司持续融资能力提出挑战，后期能否产生逆向技术溢出也取决于企业是否有足够实力进行外部融资。跨国并购成功与否则在很大程度上取决于企业对收购目标的整合，这就对企业的人力资本存量提出了较高的要求。人力资本存量丰富的企业，其跨国并购使母公司生产率提升的可能性更大。为此，本节将分别对不同所有制和不同投资模式企业对外直接投资的母公司生产率效应进行分析。

（一）所有制异质性与 OFDI 的母公司生产率效应

根据模型推导的结果，企业所有制异质性带来的差异可以从两个视角进行解读，分别是企业的物质资本存量和人力资本存量。物质资本存量降低企业对外直接投资的意愿，同时减少其研发的可用资金，从而影响企业对外直接投资的母公司生产率提升。人力资本存量则影响企业消化吸收外部知识，从而影响其对国外逆向技术溢出的吸收效率。

在物质资本存量方面，中国企业的融资约束一直以来是企业发展的瓶颈，所有制异质性带来的融资地位差异，对企业的国际投资行为产生影响。在以银行为主导的外部融资体系中，基于所有制性质的信贷融资歧视造成非国有企业的融资难度极大，"融资难"和"融资贵"的问题一直伴随非国有企业的成长过程。由于无法持续获得稳定的信贷融资，非国有企业的资本积累需要比国有企业付出更多的成本。已有研究表明，高昂的融资成本会影响企业对外直接投资和出口行为，融资成本高的企业其对外直接投资的难度也会加大。① 除了投资难度加大，企业融资成本高也会造成其研发资本投入的缩减。对于一家企业而言，可用于建设、流转和研发的资金总额取决于其外部融资能力。在外部融资不足的情况下，企业会优先将资金投入日常经营，这势必造成研发资金投入的不足。与此同时，技术

---

① Helpman E., Melitz M., Yeaple S. R. "Export versus FDI". *Social Science Electronic Publishing*, Vol. 94, No. 1, 2003, pp. 300-316.

研发是一个漫长的过程，对技术人员的培养也需要足够的时间，因而研发资金的占用是长期的。对于外部融资能力较弱的企业，其获取长期融资的难度也相应更大，缺乏长期资金的支持，企业的研发工作将难以开展，从而会影响企业对外部技术的消化吸收。

在人力资本存量方面，企业的人力资本存量决定其先验知识库，所有制异质性带来的人才聚拢效应差异，也会对企业的国际投资行为产生影响。一方面，基于工资、福利和工作稳定性的考虑，国有企业对人才的吸引力远远大于非国有企业。虽然近年来有不少非国有企业发展迅速，但总的来说国有企业的人才储备仍高于非国有企业。另一方面，如前所述，国有企业用于招募科研人员的研发资本也多于非国有企业，因而其人才储备会相对高于非国有企业。另外，国有企业作为掌握国家重要命脉产业的企业，对稀缺资源的占有和控制对于国家安全具有至关重要的作用。人才作为一种稀缺资源，存在向国有企业聚拢的现象是当前阶段发展的必然。由于知识的主要传播载体即为拥有知识的研究人员，因而较高的人才储备将有助于企业对国外逆向技术溢出的消化和吸收，进而提升母公司生产率。所有制异质性对 OFDI 的母公司生产率效应的影响机制如图 4-1 所示。

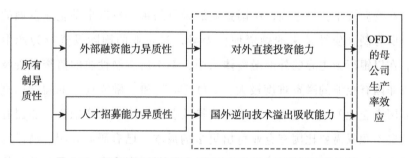

图 4-1　所有制异质性影响 OFDI 母公司生产率效应的机制

（二）投资模式异质性与 OFDI 的母公司生产率效应

根据模型推导的结果，企业投资模式异质性带来的差异也可以从企业的物质资本存量和人力资本存量两个视角进行解读。绿地投资对资金的占用较多，建设周期长，因而其对外直接投资对母公司生产率的提升存在滞后现象。跨国并购对母公司的整合能力要求较高，整合成败直接决定企业对外直接投资能否提升母公司的生产率。

根据标的物获得方式的不同，对外直接投资可以分为绿地投资和跨国并购两种类型。绿地投资是母公司通过投资建设海外子公司、研发机构、代表处等方式进入国外市场；跨国并购则是国内母公司在国外并购其他国外独立企业的行为。对于绿地投资而言，由于需要母公司新设立海外子公司或者代表处，因而其建设周期较长，建设前期的资金占用也较多。按照资金占用的多寡，绿地投资可以分为三种类型，分别为：①设立代表处以提供国外市场商贸服务；②建立子公司以进行产品的海外加工和销售；③设立研发机构以进行国内外科研合作等。[①] 这三种类型的绿地投资对资金的占用由少到多，对母公司 OFDI 的生产率效应会有差异化的影响。对于资金占用较少的绿地投资而言，由于其建设周期较短、资金占用较少，企业能够在较短的时间内获得对外直接投资逆向技术溢出的好处；而对于建设周期长、资金占用较多的绿地投资，对外直接投资的逆向技术溢出可能存在滞后。

与绿地投资相比，跨国并购往往是直接收购海外独立企业、生产线或专利技术，对资金的占用更为可控，且不存在建设周期的问题。然而，兼并收购对企业的整合能力有很高的要求。足够的管理类人才对于企业兼并收购的整合有重要的影响。管理层对新并入子公司采取正确的管理方式，则能将经营不善的海外子公司扭亏为盈，同时为母公司带来资产增长和技术提升的好处；管理层对新并入子公司采取错误的管理方式，可能直接造成新并入子公司破产，从而拖累母公司的发展。因此，企业管理类人力资源的存量对于母公司跨国并购的生产率效应具有至关重要的调节作用。

第二节　不同所有制主体 OFDI 的母公司
生产率效应检验

上一章从宏观上证明了中国对外直接投资的母国逆向技术溢出效应的

---

① 葛顺奇、罗伟：《中国制造业企业对外直接投资和母公司竞争优势》，《管理世界》2013年第 6 期。

存在以及母国人力资本吸收能力对逆向技术溢出的正向调节作用。本章将尝试从微观视角阐述逆向技术溢出效应的存在性，并探讨不同所有制主体对外直接投资逆向技术溢出特征差异及其产生原因。国外对于企业对外直接投资行为有大量研究。[①] 由于受数据限制，国内有关企业对外直接投资的微观研究相对较少。仅有的研究大多针对企业对外直接投资的动机和区位选择进行阐述，较少关注企业层面异质性带来的母公司生产率效应差异。尽管有学者提出国有企业的创新活动频繁，创新绩效也高于非国有企业，其对外直接投资相较于民营企业而言更能促进母公司生产率提升，但是有关生产率提升的路径却较少有人探讨。[②]

一 不同所有制主体 OFDI 的母公司生产率效应假说

中国对外直接投资的发展过程，是一个由国有企业政策性行为逐渐过渡到各类所有制企业的经济性行为的过程。由于在对外开放的初期，企业缺少对国外投资的经验，对外直接投资主要依赖国有企业的行政性外投。自 2003 年提出鼓励各类所有制经济进行对外直接投资后，中国的对外直接投资存量迅速增长，尤其是民营经济主体的加入，使得中国对外直接投资的体量和项目量实现了飞跃式增长。然而，由于对外直接投资的统计制度建立较晚，且《中国对外直接投资统计公报》仅对宏观数据进行统计，所以国内有关对外直接投资的微观研究一直处于停滞状态。近年来，利用国家统计局建立的中国工业企业数据库和商务部的中国境外投资企业（机构）名录的匹配数据进行微观研究成为主流。由于我国的非金融类投资活动中，制造业企业的投资一直占据重要地位，所以利用中国工业企业数据库的匹配数据进行研究具有代表性。以往针对对外直接投资的微观研究也

---

① Branstetter L. G. "Looking for International Knowledge Spillovers: A Review of the Literature with Suggestions for New Approaches". *Annales Déconomie Et De Statistique*, Vol. 49, No. 49, 2000, pp. 517-54; Helpman E., Melitz M. J, Yeaple S. R. "Export versus FDI with Heterogenous Firms". *American Economic Review*, Vol. 94, No. 1, 2004, pp. 300-316.

② 赵宸宇、李雪松：《对外直接投资与企业技术创新——基于中国上市公司微观数据的实证研究》，《国际贸易问题》2017 年第 6 期。

多利用制造业企业样本数据。① 中国工业企业数据库统计了全部国有企业和符合企业规模标准的非国有企业的大量财务指标的数据，并对企业的所有制形式进行了较为科学的区分，对国有资本占比也进行了统计，对于对外直接投资企业的所有制异质性研究具有重要的意义。本章将在理论分析的基础上，运用中国工业企业数据库的匹配数据检验不同所有制企业对外直接投资的母公司生产率效应，并检验所有制异质性对这一效应的影响路径。

有关微观企业对外直接投资的探讨，大多关注母公司层面异质性对其投资行为的影响，较少关注逆向技术溢出对母公司生产率的影响。由于数据获取困难，早期有关微观企业逆向技术溢出效应的研究大多聚焦于理论探讨和案例研究。② 后期学者运用大型国有企业数据库、中国工业企业数据库的制造业数据以及上市公司数据等多种数据对企业对外直接投资的逆向技术溢出效应进行了实证研究。这些研究指出，母公司对外直接投资能够提升母公司的生产率，但母公司的异质性可能造成母公司生产率提升效应存在差异。③ 从理论上来说，微观企业技术获取型对外直接投资，能够为企业带来内部化的好处，降低新技术和新知识的获取难度。通过国外子公司的模仿效应、联系效应和人员流动效应，企业能够加快技术反向流动的速度，加快母公司的外部技术学习。与宏观层面的机制相似，微观层面企业对国外研发资本溢出和研发人才溢出的吸收，可以帮助企业迅速提升生产效率。为此，可以提出如下假设1。

---

① 葛顺奇、罗伟：《中国制造业企业对外直接投资和母公司竞争优势》，《管理世界》2013年第6期。

② 尹华、朱绿乐：《企业技术寻求型 FDI 实现机理分析与中国企业的实践》，《中南大学学报》（社会科学版）2008年第3期；陈菲琼、虞旭丹：《企业对外直接投资对自主创新的反馈机制研究：以万向集团 OFDI 为例》，《财贸经济》2009年第3期。

③ 常玉春：《我国企业对外投资绩效的动态特征——以国有大型企业为例的实证分析》，《财贸经济》2011年第2期；蒋冠宏、蒋殿春：《中国工业企业对外直接投资与企业生产率进步》，《世界经济》2014年第9期；蒋冠宏：《企业异质性和对外直接投资——基于中国企业的检验证据》，《金融研究》2015年第12期；叶娇、赵云鹏：《对外直接投资与逆向技术溢出——基于企业微观特征的分析》，《国际贸易问题》2016年第1期；邱立成、刘奎宁：《融资异质性对企业对外直接投资倾向的影响——基于中国工业企业数据的检验》，《财贸研究》2016年第3期。

假设1：中国企业对外直接投资在微观上存在逆向技术溢出效应。

对于中国企业对外直接投资的逆向技术溢出效应，大多数学者探讨了所有制异质性带来的逆向技术溢出差异，但较少有研究探讨差异产生的原因。对于所有制异质性带来的逆向技术溢出效应差异，可以从两个角度进行探讨。

一方面，不同所有制企业对外直接投资的动机不同。对于国有企业而言，对外直接投资的动机一半是经济性的，一半是政策性的。国有企业对外直接投资的目的大多是获取廉价的海外资源或者保证国内能源体系、粮食体系等的安全。从这一角度来看，国有企业通过对外直接投资获取技术的意愿并不强烈。与此同时，国有企业具有所有权优势，对外直接投资的过程中更注重对这一优势的发挥，而不是学习国外的技术。也就是说，即使有新技术、新知识溢出，国有企业的吸收意愿可能也并不强烈。与国有企业不同，民营、外资类的企业对外直接投资的目的是最大化企业的利润，其对外直接投资的技术寻求动机强烈，且吸收国外技术溢出的目的性也更为明确。为此，可以提出如下假设2。

假设2：国有企业对外直接投资的动机以获取资源为主，学习技术的动机不强烈，因而其对外直接投资的逆向技术溢出效应可能弱于非国有企业。

另一方面，不同所有制企业在国内融资体系、人才招募体系中的地位存在差异，可能造成其对国外溢出技术的吸收能力存在差异。由于存在非平衡的融资体系，我国非国有企业，尤其是中小民营企业的融资能力在相当长的一段时间内是受到抑制的，这也导致非国有企业对外直接投资规模在长期低于国有企业。① 除了投资规模上的抑制，非国有企业出于可融资金的限制，用于科学研究的经费和用于招募科研人才的经费并不充裕，尤其是非国有企业在对外直接投资过程中还需要时刻关注国际经济波动带来的母公司资金链断裂风险，因而其对国外投资逆向技术溢出的吸收能力势必受到影响。为此，可以提出如下假设3。

---

① Child J., Rodrigues S. B. "The Internationalization of Chinese Firms: A Case for Theoretical Extension?" *Management & Organization Review*, Vol. 1, No. 3, 2005, pp. 381–410.

假设3：国有企业的融资能力强于非国有企业，可获取更多资金用于提高自身研发能力，拥有更充裕的研发资金和研发人才，因而其对外直接投资的逆向技术溢出效应可能会强于非国有企业。

二　样本选择与数据处理

考虑到指标统计的全面性，企业对外直接投资研究最常使用的数据库是中国工业企业数据库。该数据库的样本范围为全部国有及规模以上非国有工业企业。由于该数据库对规模以上工业企业的主营业务收入（销售额）标准在2011年从500万元及以上调整为2000万元及以上，样本范围发生较大变化，统计数据也存在较多重复，参照以往研究的样本选取方法，本章选取2003~2007年的工业企业数据进行研究。[①]参照前人的研究方法，本章将中国工业企业数据库与中国境外投资企业（机构）名录进行匹配。采用各个企业的代码和名称对两者进行匹配，获得既包含对外直接投资企业又包含非对外直接投资企业的非平衡面板数据。这样匹配可能存在的问题在于，在统计期间，中国有大量的国有企业转制，在转制的过程中企业代码和企业名称发生变化，造成部分匹配数据丢失。然而，在现阶段缺乏模糊匹配方法的情况下，这一匹配方法较为常用，因而本章继续采用这一匹配方法。

由于中国工业企业数据库存在统计数据缺失等问题，为了保证变量统计的科学性，参考毛其淋和许家云[②]的方法，本章对中国工业企业数据库样本进行了如下处理：考虑到企业的存续状况和经营现实，按照会计原理删除工业总产值小于等于0的企业、销售额小于等于0的企业和年平均从业人数少于15人的企业。为了保证变量计算的科学性，删除出口交货值、利息支出小于0的企业，删除固定资产、营业利润、实收资本和工业增加值小于等于0的企业。处理后的样本容量如表4-1所示。

---

① 聂辉华、江艇、杨汝岱：《中国工业企业数据库的使用现状和潜在问题》，《世界经济》2012年第5期。

② 毛其淋、许家云：《中国企业对外直接投资是否促进了企业创新》，《世界经济》2014年第8期。

表 4-1　处理后的中国工业企业数据库样本容量

单位：家

样本类型	2003 年	2004 年	2005 年	2006 年	2007 年
处理后的样本	48766	58832	66749	104889	104769
非 OFDI 企业	48759	58800	66575	104564	104258
OFDI 企业	7	32	174	325	511

　　为了测算企业对外直接投资对母公司生产率的影响，首先使用倾向得分匹配方法对进行对外直接投资和未进行对外直接投资的企业进行匹配，初步测算两类企业对外直接投资对企业全要素生产率的影响差异。然后使用两阶段最小二乘工具变量法和赫克曼两阶段法进一步探讨二者间的因果关系。

　　赫克曼等提出的倾向得分匹配法（PSM）可以用来检验企业对外直接投资的逆向技术溢出效应。[1] 这一方法考虑了企业全要素生产率和对外直接投资之间的"自选择效应"，能够在一定程度上减轻内生性的影响。该方法的原理如下：选取除是否进行对外直接投资之外其他特征均一致的企业进行对照研究，如果实验组企业在对外直接投资后，生产率较对照组有系统性的提升，就可以认为企业对外直接投资的生产率效应显著存在。因此，企业对外直接投资影响技术创新效率的处理效应如下：

$$E(inov_{im}^1 - inov_{im}^0) = E(inov_{im}^1 \mid OFDI_i = 1) - E(inov_{im}^0 \mid OFDI_i = 1) \quad (4-9)$$

　　其中，$inov^1$ 与 $inov^0$ 分别表示企业在对外直接投资和非对外直接投资两种状态下的研发投入。i 表示第 i 个企业，m 表示企业对外直接投资后的第 m 年，基期记为 0。$OFDI_i = 1$ 表示企业 i 进行过对外直接投资。

　　由于几乎无法观测到除了是否进行对外直接投资其他特征变量完全一致的企业，所以 $E(inov_{im}^0 \mid OFDI_i = 1)$ 是不可观测变量。赫克曼等提出可以

① Heckman J. J., Ichimura H., Todd P. E. "Matching as an Econometric Evaluation Estimator: Evidence from Evaluating a Job Training Program". *Review of Economic Studies*, Vol. 64, No. 4, 1997, pp. 605-654.

采用倾向得分匹配方法（PSM）来解决不可观测变量的问题。[1] 倾向得分匹配方法的本质是找到对外直接投资的一组对照组，使得除了是否进行 OFDI 外，其他企业特征变量差异最小，将这一对照组企业的技术创新效率与处理组进行对比。由于企业的对外直接投资行为存在"自我选择效应"，创新能力更强的企业也更有能力进行对外直接投资，如果直接用对照组的企业进行匹配，可能存在偏差。为此，需要假设企业是否进行对外直接投资只取决于外生的企业特征变量，并保证处理组和对照组的特征变量差异最小。假设企业的特征变量组为 X_i，企业对外直接投资影响技术创新效率的处理效应转化为：

$$E(inov_{im}^1 - inov_{im}^0) \cong E(inov_{im}^1 \mid OFDI_i = 1) - E(inov_{im}^0 \mid OFDI_i = 0)$$

$$\cong E[E(inov_{im}^1 \mid X_i, OFDI_i = 1) - E(inov_{im}^0 \mid X_i, OFDI_i = 0)] \qquad (4-10)$$

本节研究的因变量为企业的生产率。由于传统测算全要素生产率（TFP）的方法存在决策的"同时性偏差"和"样本选择的偏差"，本节将采用半参数的方法测算企业的 TFP。由于 OP 方法在测算过程中会损失较多样本，且测算结果与 LP 方法差异不大，所以采用 LP 方法计算全要素生产率作为企业生产率的代理变量。[2] 参考鲁晓东和连玉君的方法，企业生产的资本投入（lnK）使用企业的固定资产总值作为代理变量，并将其以 2003 年为基期按照工业品出厂价格指数进行平减。[3] 企业中间品产值（lnm），使用工业中间投入作为代理变量。劳动力投入（lnl）使用企业的从业人员数作为代理变量。企业产出（lnY）使用工业总产值作为代理变量，并将其以 2003 年为基期按照工业品出厂价格指数进行平减。

由于出口密集度、劳动生产率、资本密集度、企业规模、企业利润率、融资约束、企业年龄、所有制特征等都可能会影响企业的生产效率，

① Heckman J. J., Ichimura H., Todd P. E. "Matching as an Econometric Evaluation Estimator: Evidence from Evaluating a Job Training Program". *Review of Economic Studies*, Vol. 64, No. 4, 1997, pp. 605-654.

② Levinson J., Petrin A. "Estimating Production Functions Using Inputs to Control for Unobservables". *The Review of Economic Studies*, Vol. 2, 2003, pp. 317-341.

③ 鲁晓东、连玉君：《中国工业企业全要素生产率估计：1999—2007》，《经济学》（季刊）2012 年第 2 期。

本节选取这些变量作为模型特征变量组 X_i 的代理变量组。由于 2004 年中国工业企业数据库并未统计出口交货值，因而用 2003 年和 2005 年出口值的均值代替。变量的定义如表 4-2 所示。

表 4-2　变量的定义

变量	指标	定义
生产率	TFP	运用 LP 方法计算全要素生产率并取对数
出口密集度	EXP	出口交货值与企业销售额的比值
劳动生产率	LP	工业总产值与年末从业人员数的比值取对数。工业生产总值以 2003 年为基期按照工业品出厂价格指数进行平减
资本密集度	KLR	固定资产与年末从业人员数的比值取对数。固定资产以 2003 年为基期按照固定资产投资价格指数进行平减
企业规模	SIZE	企业固定资产存量取对数
企业利润率	PR	企业营业利润与企业总销售额的比值，2004 年销售额为其主营业务收入
融资约束	FIN	利息支出与固定资产的比值
企业年龄	AGE	当年年份与企业开业年份的差
所有制特征	OWNS	国有资本占企业实收资本的比例

　　根据变量定义，为了消除异常值的影响，进行 0.5% 的缩尾处理，即对小于 0.5% 和大于 99.5% 分位数的数值，用临界分位数值代替。各变量的描述性统计如表 4-3 所示。

表 4-3　各变量描述性统计

变量	均值	标准差	中位数	最大值	最小值	样本量
TFP	2.140	0.115	2.137	2.353	1.948	384005
EXP	0.156	0.320	0.000	1.000	0.000	384005
LP	5.514	0.896	5.461	7.249	3.970	384005
KLR	3.871	1.093	3.886	5.867	1.833	384005
SIZE	9.930	1.303	9.737	12.677	7.979	384005
PR	0.058	0.053	0.041	0.196	0.003	384005
FIN	0.061	0.069	0.036	0.264	0.002	384005
AGE	8.789	16.630	6.000	58.000	0.000	384005
OWNS	0.016	0.067	0.000	0.299	0.000	384005

三　回归结果与分析

由于存在较多具有可比性的控制组个体，本节分别运用带宽为 0.06 的核匹配、$k=4$ 的近邻匹配和卡尺匹配进行回归，以保证匹配的稳健性。[①] 将匹配出来的从未进行对外直接投资的企业作为控制组，可以检验对外直接投资后处理组和控制组的研发投入差异（模型 1）。为了区分国有企业和非国有企业对外直接投资对企业全要素生产率影响的差异，本节将企业所有制特征变量大于等于 0.5 的企业作为国有企业子样本（模型 2），其余企业作为非国有企业子样本（模型 3）。三类样本的倾向得分匹配结果如表 4-4 所示。

表 4-4　不同所有制企业 OFDI 的母公司生产率效应倾向得分匹配结果

匹配方法	模型	模型 1		模型 2		模型 3	
		Unmatched	ATT	Unmatched	ATT	Unmatched	ATT
核匹配	处理组	2.2697	2.2697	2.4627	2.4627	2.2612	2.2612
	控制组	2.1470	2.1476	2.1456	2.2039	2.1471	2.1477
	差分	0.1227	0.1221	0.3171	0.2588	0.1141	0.1135
	标准差	0.0048	0.0051	0.0365	0.0222	0.0047	0.0050
	t 检验	25.83	23.79***	8.70	11.65***	24.33	22.55***
近邻匹配	处理组	2.2697	2.2697	2.4627	2.4627	2.2612	2.2612
	控制组	2.1470	2.2696	2.1456	2.4607	2.1471	2.2611
	差分	0.1227	0.0001	0.3171	0.0020	0.1141	0.0001
	标准差	0.0048	0.0057	0.0365	0.0250	0.0047	0.0056
	t 检验	25.83	0.02	8.70	0.08	24.33	0.02
卡尺匹配	处理组	2.2697	2.2697	2.4627	2.4627	2.2612	2.2612
	控制组	2.1470	2.1826	2.1456	2.3795	2.1471	2.1770
	差分	0.1227	0.0871	0.3171	0.0832	0.1141	0.0842
	标准差	0.0048	0.0051	0.0365	0.0233	0.0047	0.0050
	t 检验	25.83	16.96***	8.70	3.57***	24.33	16.73***

注：*** 表示在 1% 的显著性水平下显著。

[①]　陈强编著《高级计量经济学及 Stata 应用》（第二版），高等教育出版社，2014，第 545 页。

匹配结果显示，核匹配、近邻匹配和卡尺匹配的结果大致相同，匹配前全样本（模型1）的差分数值为0.1227，匹配后的处理组平均处理效应（ATT）值分别为0.1221、0.0001和0.0871，对应t值显示核匹配和卡尺匹配的结果显著。由全样本的回归结果可知，对外直接投资企业的生产率普遍高于非对外直接投资企业，且从ATT的结果来看，控制组企业如果进行对外直接投资，其生产率会有显著的提高。结合分样本匹配结果来看：首先，匹配前对外直接投资企业的全要素生产率普遍高于非对外直接投资企业，再次证实企业的对外直接投资行为存在自选择效应；其次，模型2和模型3的差分数值均为正，表明企业对外直接投资确实带来了全要素生产率的提高，且从t值来看，核匹配和卡尺匹配的结果是显著的，验证了假设1；最后，对外直接投资对不同所有制企业的全要素生产率有不同程度的提升作用，国有企业对外直接投资对全要素生产率的影响可能更大，这一结果说明国有企业在资本和人才方面的优势超过了其对外直接投资技术寻求动机不足的劣势。从控制组处理后与处理前系数的变化幅度看，国有企业核匹配和卡尺匹配的回归系数分别提高2.72%和10.90%，而非国有企业的系数分别提高0.03%和1.39%。进一步的数据平衡检验显示，匹配结果较好地平稳了数据，所有协变量的标准化偏差均小于10%，匹配方法选择和匹配结果均具有科学性。

倾向得分匹配的研究结果初步揭示了企业对外直接投资对母公司全要素生产率的影响效应以及所有制异质性带来的效应差异。但是倾向得分匹配并不能很好地揭示因果效应，为进一步分析企业对外直接投资对企业生产率的影响以及对所有制存在异质性的企业的影响差异，本章进行回归研究。首先采用最小二乘回归法分别对全样本（模型1）、国有企业样本（模型2）、非国有企业样本（模型3）进行回归，结果如表4-5所示。

表4-5　不同所有制企业OFDI的母公司生产率效应最小二乘法回归结果

变量	模型1			模型2			模型3		
	(1)	(2)	(3)	(4)	(5)	(6)	(7)	(8)	(9)
OFDI	0.130 ***	-0.003 **	0.080 ***	0.328 ***	-0.045 ***	0.156 ***	0.121 ***	-0.002	0.075 ***
	(26.85)	(-2.17)	(19.78)	(15.63)	(-4.09)	(8.06)	(24.32)	(-1.37)	(18.90)

续表

变量	模型1			模型2			模型3		
	(1)	(2)	(3)	(4)	(5)	(6)	(7)	(8)	(9)
EXP		0.012*** (57.67)	0.059*** (137.32)		-0.001 (-0.21)	0.099*** (18.39)		0.013*** (58.15)	0.058*** (132.40)
LP		0.091*** (655.70)	0.099*** (544.42)		0.107*** (131.88)	0.127*** (88.56)		0.089*** (676.15)	0.096*** (572.18)
KLR		-0.058*** (-398.39)	-0.018*** (-94.36)		-0.074*** (-95.94)	-0.015*** (-18.66)		-0.056*** (-392.26)	-0.017*** (-91.91)
SIZE		0.065*** (938.67)			0.079*** (197.23)			0.064*** (929.15)	
PR		-0.021*** (-5.81)	0.001 (0.03)		-0.040 (-2.78)	-0.003 (-0.33)		-0.019*** (-3.96)	0.001 (0.05)
FIN		-0.003*** (-4.60)	-0.001*** (-2.96)		-0.019* (-1.82)	-0.008 (-1.37)		-0.003*** (-4.60)	-0.001*** (-2.86)
AGE		0.001*** (7.12)	0.001*** (6.98)		0.001** (2.17)	0.001** (2.33)		0.001*** (6.80)	0.001*** (6.66)
OWNS		-0.006*** (-12.30)	0.066*** (43.44)		0.147*** (4.65)	-0.038*** (-3.57)		0.001 (0.49)	0.239*** (50.04)
常数项	2.139*** (13.00)	1.213*** (164.94)	1.649*** (122.01)	2.135*** (164.71)	1.036*** (221.54)	1.574*** (135.06)	2.139*** (13.00)	1.227*** (178.55)	1.663*** (127.85)
调整 R^2	0.001	0.870	0.515	0.003	0.925	0.625	0.001	0.866	0.511

注：***、**、*分别表示在1%、5%和10%的显著性水平下显著，括号里的为 t 值。

通过不断减少变量的方式进行模型构建，发现企业规模与对外直接投资存在非常严重的多重共线性，为此构建三个模型，分别是企业生产率对对外直接投资的直接回归［列（1）］、企业生产率对所有变量的回归［列（2）］和企业生产率对除企业规模外的其他变量的回归［列（3）］。回归结果显示，考虑企业规模变量的情况下［列（2）］，模型存在严重的多重共线性，回归结果的参考价值不大，需要剔除企业规模变量。在不考虑企业规模变量的情况下［列（1）和列（3）］，企业对外直接投资显著地促进了企业的生产率提升，验证了假设1。分样本的回归结果显示，国有企业对外直接投资的母公司生产率效应大于非国有企业，这一结果与倾向得分匹配的结果一致。从控制变量的回归结果看，企业的出口也存在技术溢出效应，能够促进母公司的生产率提升。企业劳动生产率越高，企业生产率越高，这与理论一致。企业年龄对其生产率具有显著的正向影响，说明企业的品牌效应能够促进企业生产率提升。企业的资本密集度对企业的生产率存在负向影响，可能的原因是当前国内资本的产出效率仍然较低，过多的固定资本投入可能会占用企业的生产和研发资金，从而使生产率下降。国有企业的融资约束对其生产率的影响并不显著，可能的原因是企业的外部融资约束较小，并不对其生产率产生决定性的影响；非国有企业融资约束则对其生产率存在负向影响，可能的原因是非国有企业的外部融资成本较高，外源资金使用效率较低，对生产率提升造成不利影响。国有企业的国有资本占比越高，其生产率越低；非国有企业的国有资本占比越高，其生产率反而越高，这一结果说明一定比例的国有资本占比有利于企业的生产率提升。

最小二乘法回归的结果显示，企业是否进行对外直接投资与企业规模有非常大的相关性，上一期的企业规模变量可能会影响企业的对外直接投资，且与误差项不相关，因此本节将企业规模滞后一期作为企业对外直接投资的工具变量，进行两阶段最小二乘工具变量回归以消除内生性。另外，在企业存在"自选择"问题的情况下，赫克曼提供了一种处理样本选择偏误的方法，即赫克曼两阶段法。[①] 由于中国工业企业数据库的统计标准是主营业务收入（销售额）大于等于 500 万元，所以选择企业主营业务收入的对数值作为选择变量进行赫克曼两阶段回归。两阶段最小二乘工具变量回归和赫克曼两阶段回归的结果如表 4-6 所示。

表 4-6　不同所有制企业 OFDI 的母公司生产率效应的内生性检验

变量	模型 1		模型 2		模型 3	
	两阶段工具变量法	赫克曼两阶段法	两阶段工具变量法	赫克曼两阶段法	两阶段工具变量法	赫克曼两阶段法
OFDI	3.939*** (4.35)	0.255*** (31.87)	7.145*** (4.13)	0.366*** (8.37)	3.919*** (4.38)	0.268*** (31.20)

① Heckman J. J., Ichimura H., Todd P. E. "Matching as an Econometric Evaluation Estimator: Evidence from Evaluating a Job Training Program". *Review of Economic Studies*, Vol. 64, No. 4, 1997, pp. 605-654.

续表

变量	模型1		模型2		模型3	
	两阶段工具变量法	赫克曼两阶段法	两阶段工具变量法	赫克曼两阶段法	两阶段工具变量法	赫克曼两阶段法
EXP	0.008 *** (3.51)	0.018 ** (2.59)	0.029 *** (3.15)	0.018 (0.78)	0.008 *** (3.45)	0.017 ** (2.28)
LP	0.091 *** (55.48)	0.157 *** (39.27)	0.086 *** (55.15)	0.158 *** (18.12)	0.091 *** (55.09)	0.158 *** (38.47)
KLR	-0.043 *** (-26.98)	-0.098 *** (-18.81)	-0.040 *** (-26.33)	-0.068 *** (-6.12)	-0.043 *** (-26.97)	-0.100 *** (-19.12)
SIZE	0.024 *** (7.09)	0.111 *** (13.80)	0.017 *** (7.04)	0.111 *** (7.07)	0.024 *** (7.26)	0.111 *** (13.03)
PR	0.021 (1.63)	0.030 (0.68)	0.013 (1.05)	0.166 * (1.85)	0.024 * (1.76)	0.027 (0.58)
FIN	-0.002 *** (-2.06)	-0.213 *** (-9.83)	-0.056 *** (-2.56)	-0.440 *** (-4.77)	-0.002 ** (-2.00)	-0.216 *** (-9.78)
AGE	0.001 (0.27)	0.001 * (1.70)	0.001 (0.17)	0.001 * (1.70)	0.001 (0.27)	0.001 * (1.65)
OWNS	-0.003 (-0.47)	-0.007 (-0.37)	-0.026 (-0.14)	-0.042 (-1.43)	0.009 (0.34)	-0.114 * (-1.84)
常数项	1.568 *** (47.44)	1.829 *** (10.38)	2.127 *** (47.48)	1.374 *** (4.43)	1.563 *** (48.40)	1.838 *** (10.12)
Hausman检验	88.02 ***		87.90 ***		87.00 ***	
λ		-0.33		0.015		-0.134
ρ		-0.892		0.596		-0.890
σ		0.150		0.025		0.151

注：***、**、*分别表示在1%、5%和10%的显著性水平下显著，括号里的为t值。

从回归结果看，模型的内生性和选择偏误同时存在，但消除内生性影响和样本选择偏误后，模型的回归结果与最小二乘法回归的结果相差不大。豪斯曼（Hausman）检验的结果说明工具变量的选择有效。赫克曼两阶段研究中，ρ值显著不为0，说明样本确实存在选择偏差带来的内生性，赫克曼两阶段选择模型适用。表4-6的回归结果显示，消除内生性后，企业对外直接投资对母公司生产率的影响与最小二乘和倾向得分匹配的结果一致，均为显著的正向影响，验证了假设1。国有企业对外直接投资的母公司生产率效应高于非国有企业。从控制变量的回归结果来看，企业的出口效应仍然显著存在，资本密集度对企业的全要素生产率存在显著负向影响，企业劳动生产率对企业的全要素生产率存在显著的正向影响。企业规模仍然显著促进企业的全要素生产率提升，企业利润率对全要素生产率的影响仍然不显著。企业融资约束对全要素生产率的负向影响说明了非国有企业的外部融资负担远远高于国有企业，造成其生产率低下。企业年龄越大，全要素生产率越高，但回归结果并不显著。说明当前老牌企业的品牌效应可能存在溢价，但溢价并不明显。最后，工具变量（选择变量）滞后一期的企业规模的计算涉及企业的固定资产值，说明企业的对外直接投资行为与企业固定资产密切相关，且这种相关可能会改变企业对外直接投资对母公司技术进步的影响路径。为了进一步研究国有企业在资金和人才方面的优势是否超越了其对外直接投资技术寻求动机低下的劣势，下一节将做进一步的调节效应研究，以检验两种效应的存在性及其影响路径。

第三节 不同所有制主体 OFDI 的母公司 生产率效应调节机制

一 样本选择与数据处理

本节继续沿用上一节的中国工业企业数据库样本，选用 2003~2007 年的工业企业数据进行回归分析。参照前人的研究方法，使用中国工业企业数据库与中国境外投资企业（机构）名录进行企业名称和企业代码的精确匹配，使用上一节的处理方法对匹配后的样本进行处理，处理后的样本容量如上一节表 4-1 所示。为了考察不同所有制企业对外直接投资引起的母公司生产率变动情况，本节把样本企业分为六种所有制类型进行分类研究，这六种类型分别是：国有企业、集体控股企业、私人控股企业、港澳台商控股企业、外商控股企业和其他企业。由于我国的国有企业在 2003~2007 年进行了所有制改革，因此 2005 年前样本企业以国有企业为主，2005 年后样本企业中集体控股、私人控股、港澳台商控股、外商控股的所有制类型明显增多。各子样本的样本量如表 4-7 所示，各子样本的描述性统计如表 4-8、表 4-9、表 4-10、表 4-11 和表 4-12 所示。

表4-7 按所有制类型进行划分的子样本样本量

单位：家

	国有企业	集体控股企业	私人控股企业	港澳台商控股企业	外商控股企业	其他企业
样本量	37930	24975	231177	18173	19737	52013

表4-8 国有企业子样本描述性统计

变量	均值	标准差	中位数	最大值	最小值	样本量
TFP	2.168	0.205	2.191	2.713	-0.420	37930
OFDI	0.002	0.041	0.000	1.000	0.000	37930
EXP	0.052	0.165	0.000	1.000	0.000	37930
LP	5.287	1.304	5.282	12.102	-2.658	37930
KLR	4.682	1.444	4.645	13.115	-4.859	37930
SIZE	11.525	1.921	11.440	20.152	5.011	37930
PR	0.075	0.403	0.037	72.129	0.000	37930
FIN	0.075	1.753	0.026	306.786	0.000	37930
AGE	20.421	19.297	14.000	58.000	0.000	37930
OWNS	0.609	0.450	0.955	1.000	0.000	37930

表4-9 集体控股企业子样本描述性统计

变量	均值	标准差	中位数	最大值	最小值	样本量
TFP	2.168	0.138	2.169	2.710	0.000	24975
OFDI	0.001	0.030	0.000	1.000	0.000	24975
EXP	0.071	0.216	0.000	1.000	0.000	24975
LP	5.723	1.068	5.674	11.101	-0.316	24975
KLR	4.035	1.298	4.015	10.339	-4.460	24975
SIZE	10.308	1.522	10.107	18.141	5.762	24975
PR	0.075	0.087	0.049	1.769	0.000	24975
FIN	0.105	0.735	0.037	53.750	0.000	24975
AGE	13.688	16.540	11.000	58.000	0.000	24975
OWNS	0.036	0.137	0.000	1.000	0.000	24975

表 4-10　私人控股企业子样本描述性统计

变量	均值	标准差	中位数	最大值	最小值	样本量
TFP	2.143	0.120	2.142	2.677	0.000	231177
OFDI	0.002	0.040	0.000	1.000	0.000	231177
EXP	0.110	0.277	0.000	1.000	0.000	231177
LP	5.739	0.954	5.683	10.925	-5.628	231177
KLR	3.913	1.164	3.950	10.158	-5.687	231177
SIZE	9.739	1.265	9.574	17.862	2.485	231177
PR	0.063	0.073	0.042	5.188	0.000	231177
FIN	0.103	1.417	0.040	363.500	0.000	231177
AGE	7.537	21.219	5.000	58.000	0.000	231177
OWNS	0.002	0.030	0.000	1.000	0.000	231177

表 4-11　港澳台商控股企业子样本描述性统计

变量	均值	标准差	中位数	最大值	最小值	样本量
TFP	2.200	0.122	2.201	2.670	0.000	18173
OFDI	0.002	0.044	0.000	1.000	0.000	18173
EXP	0.373	0.422	0.106	1.000	0.000	18173
LP	5.724	1.049	5.641	11.539	0.823	18173
KLR	4.010	1.384	4.033	11.847	-3.601	18173
SIZE	10.728	1.375	10.613	16.420	5.338	18173
PR	0.066	0.094	0.044	7.606	0.000	18173
FIN	0.090	0.936	0.030	102.500	0.000	18173
AGE	7.836	21.650	6.000	2006.000	0.000	18173
OWNS	0.005	0.047	0.000	1.000	0.000	18173

表 4-12　外商控股企业子样本描述性统计

变量	均值	标准差	中位数	最大值	最小值	样本量
TFP	2.224	0.127	2.223	2.749	1.475	19737
OFDI	0.002	0.049	0.000	1.000	0.000	19737
EXP	0.394	0.415	0.211	1.000	0.000	19737
LP	6.026	1.111	5.958	11.729	1.063	19737
KLR	4.394	1.437	4.428	10.195	-1.913	19737

续表

变量	均值	标准差	中位数	最大值	最小值	样本量
SIZE	11.020	1.515	10.919	17.822	5.953	19737
PR	0.081	0.127	0.054	9.846	0.000	19737
FIN	0.083	0.723	0.028	84.085	0.000	19737
AGE	6.964	15.041	6.000	58.000	0.000	19737
OWNS	0.007	0.052	0.000	1.000	0.000	19737

多元回归的调节效应模型有助于研究多个变量之间的关系，尤其是第三个变量对解释变量解释力的影响[①]。调节效应的检验步骤一般是先将自变量和调节变量进行均值中心化，然后通过引入交叉项的方式进行多元回归。为了研究不同所有制企业对外直接投资的异质性产生原因，建立如下调节效应模型：

$$TFP = \alpha_0 + \alpha_1 c\_OFDI + \alpha_2 EXP + \alpha_3 c\_LP + \alpha_4 KLR + \alpha_5 c\_SIZE + \alpha_6 PR +$$
$$\alpha_7 FIN + \alpha_8 AGE + \alpha_9 OWNS + \alpha_{10} c\_Z + \alpha_{11} c\_OFDI \times c\_Z + \varepsilon \qquad (4-11)$$

其中，Z 变量表示企业对外直接投资对母公司生产率影响的调节变量。为了使用调节效应模型，首先将企业对外直接投资变量和相应的调节变量进行均值中心化，生成 c_OFDI 变量和 c_Z 变量。根据前文的理论分析和实证研究结果，由于中国经济长期采用双轨制的组织形式，国有企业在市场经济中一直占据主导地位。国有企业在企业规模、资金实力、融资能力和人才招募方面一直具有先天的优势，而在企业对外直接投资的过程中，资金实力和人力资源是其获得逆向技术溢出的重要影响因素。一方面，较强的资金实力可以保证企业在对外直接投资过程中有较为稳定的资金供给，避免国际经济形势波动或者金融风险造成的资金链断裂风险；另一方面，充足的资金和人力资源可以帮助企业吸收更多对外直接投资溢出的新技术和新知识。为此，本书选择企业的外部融资能力和企业的人才创新能力作为调节变量进行研究，调节变量的定义如下。

一是企业的外部融资能力。中国目前的外部融资市场仍然以间接融资

---

① 方杰、温忠麟、梁东梅、李霓霓：《基于多元回归的调节效应分析》，《心理科学》2015年第 3 期。

市场为主，企业外部融资依赖银行借款。在银行审查企业的还贷能力时，企业的固定资产存量是重要的考察指标。固定资产存量高的企业，一般来说无法按时兑付的风险较小，即使无法按时兑付，其资产也对其贷款存在隐性担保。因此，我们使用企业固定资产存量的对数，也即企业规模指标作为企业外部融资能力的代理变量。为了便于记述，将由企业外部融资能力差异带来的调节效应，也即中心化后计算所得的交叉项 $c\_OFDI \times c\_SIZE$ 记为 OS。

二是企业的人才创新能力。由于中国工业企业数据库中并未统计企业的研发经费投入和研发人才占比，需选取其他变量来表征企业人才创新能力。从创新主体的创新成果看，员工更高的劳动产出效率可以反映出企业采用了效率更高、更为创新的生产技术或者管理技术。为此，我们使用企业的劳动生产率（LP）作为企业人才创新能力的代理变量。企业劳动生产率使用工业总产值与年末从业人员数比值并取对数来测量。为了便于记述，将由人才创新能力差异引起的调节效应记为 OL。

二 回归结果与分析

使用最小二乘法分析所有制异质性企业对外直接投资的母公司生产率调节效应。为了消除异常值的影响，进行 0.5% 的缩尾处理，即对小于 0.5% 和大于 99.5% 分位数的数值，用临界分位数值代替。为了进一步区分不同所有制类型的企业对外直接投资的母公司技术进步效应差异，本节将对全样本［列（1）］和国有企业［列（2）］、集体控股企业［列（3）］、私人控股企业［列（4）］、港澳台商控股企业［列（5）］、外商控股企业［列（6）］、其他企业［列（7）］六类子样本分别进行调节效应回归分析。全样本和分样本回归的结果如表 4-13 所示。

表 4-13　不同所有制企业 OFDI 的母公司生产率调节效应最小二乘法回归结果

变量	最小二乘法（OLS）检验调节效应						
	（1）	（2）	（3）	（4）	（5）	（6）	（7）
c_OFDI	0.004*	0.028***	0.007	0.005*	0.012**	0.009	0.002
	(1.89)	(2.86)	(0.72)	(1.71)	(2.24)	(1.53)	(0.57)

续表

变量	最小二乘法（OLS）检验调节效应						
	（1）	（2）	（3）	（4）	（5）	（6）	（7）
EXP	0.012***	0.005***	0.019***	0.011***	0.016***	0.016***	0.012***
	（57.64）	（2.77）	（13.50）	（32.13）	（18.58）	（18.63）	（39.40）
c_LP	0.091***	0.100***	0.089***	0.092***	0.075***	0.074***	0.091***
	（655.76）	（162.26）	（198.71）	（550.00）	（141.31）	（136.22）	（360.40）
KLR	-0.058***	-0.069***	-0.057***	-0.056***	-0.053***	-0.053***	-0.058***
	（-398.35）	（-124.63）	（-118.71）	（-313.14）	（-105.00）	（-99.70）	（-241.90）
c_SIZE	0.065***	0.077***	0.064***	0.062***	0.068***	0.068***	0.066***
	（938.15）	（241.48）	（221.93）	（615.27）	（212.49）	（232.95）	（568.43）
PR	0.021***	0.053***	0.011***	0.028***	0.028***	0.041***	-0.027***
	（5.80）	（3.18）	（2.60）	（14.49）	（3.26）	（3.97）	（-19.75）
FIN	-0.003***	-0.010***	-0.010***	-0.003***	-0.006***	-0.007**	-0.004***
	（-4.60）	（-4.53）	（-5.45）	（-3.55）	（-2.35）	（-1.99）	（-2.84）
AGE	0.001***	0.001***	0.001*	0.001***	0.001	0.001	0.001***
	（7.12）	（2.68）	（1.73）	（5.68）	（1.23）	（0.10）	（7.58）
OWNS	0.006***	0.006***	0.004*	0.006	0.004	0.013**	0.014
	（12.30）	（6.01）	（1.35）	（0.90）	（-0.58）	（-2.36）	（-7.17）
OS	0.004***	0.010***	0.001	0.006***	0.001	0.004	0.006***
	（4.35）	（3.62）	（0.44）	（5.04）	（0.24）	（1.38）	（3.29）
OL	0.017***	0.027***	0.012*	0.014***	0.006	0.003	0.022***
	（8.39）	（5.22）	（1.77）	（5.04）	（1.18）	（0.54）	（4.81）
常数项	2.364***	2.488***	2.395	2.359***	2.409***	2.455	2.335***
	（368.09）	（738.25）	（917.11）	（302.47）	（102.84）	（91.51）	（229.75）
调整 R^2	0.870	0.822	0.864	0.850	0.869	0.887	0.868

注：***、**、* 分别表示在1%、5%和10%的显著性水平下显著，括号里的为t值。

调节效应回归的结论从微观上给出了不同所有制企业在外部融资能力、人才创新能力方面的差异如何影响其对外直接投资的母公司生产率。整体而言，企业对外直接投资的母公司生产率效应受其外部融资能力和人才创新能力的正向调节［列（1）］。不同所有制子样本回归结果显示，所有制存在差异的企业，其外部融资能力和企业创新能力的调节效应也存在差异。国有企业［列（2）］对外直接投资的母公司生产率效应相比其他所有制企业的效应更大且非常显著。可以看到国有企业外部融资能力和人才创新能力均对其对外直接投资的母公司生产率效应产生正向调整作用，且调整幅度大于其他所有制类型企业。集体控股企业的对外直接投资对母公司生产率不存在影响，其外部融资能力较弱，无法保证充足的资金用于对外直接投资和获得对外直接投资的逆向技术溢出。私人控股企业的外部融资能力调节效应和人才创新能力调节效应均显著为正，且其对外直接投资显著促进了母公司的全要素生产率提升。从数值上来看，私人控股企业的两个调节效应均小于国有企业。由于本章所选的样本为主营业务收入在500万元及以上的企业，回归结果在一定程度上说明了大型私人控股企业的外部融资、人才创新能力较强，促使其对外直接投资提升母公司的生产率。相对而言，外商控股企业的外部融资能力和人才创新能力并不能促进其对外直接投资的母公司生产率提升。这可以从两个方面进行解释：一方面，外商控股企业对中国融资市场的熟悉程度可能低于内资控股企业，造成这些企业无法获取足够的外部资金用于对外直接投资和获得投资溢出；另一方面，随着外商控股企业与内资控股企业工资差异的缩小，不少外商控股企业难以招募到创新能力强的人才，进而影响其对溢出技术的吸收。总的来说，国有企业在对外直接投资过程中，由于拥有更强的外部融资能力和更丰富的创新人才储备，对外直接投资对母公司生产率的提升作用最大。

三 内生性问题的解决

由于企业是否进行对外直接投资与企业规模和两类调节效应存在较强相关性，因此选用滞后一期的企业规模变量、滞后一期的企业外部融资调节效应和滞后一期的企业人才创新调节效应作为工具变量进行回归。回归结果如表 4-14 所示。

表 4-14　不同所有制企业 OFDI 的母公司生产率调节效应内生性检验结果

变量	两阶段最小二乘工具变量法检验调节效应						
	(1)	(2)	(3)	(4)	(5)	(6)	(7)
c_OFDI	0.089*	0.894***	0.307	0.223**	0.117	0.533	0.183
	(1.79)	(2.68)	(0.54)	(2.03)	(1.14)	(1.06)	(0.75)
EXP	0.009***	0.006***	0.019***	0.008***	0.014***	0.016***	0.009***
	(21.36)	(8.14)	(7.60)	(8.25)	(9.57)	(8.35)	(15.20)

续表

变量	两阶段最小二乘工具变量法检验调节效应						
	(1)	(2)	(3)	(4)	(5)	(6)	(7)
c_LP	0.087***	0.085***	0.088***	0.091***	0.076***	0.075***	0.087***
	(479.88)	(99.11)	(118.89)	(264.90)	(82.26)	(72.37)	(220.24)
KLR	-0.056***	-0.061***	-0.055***	-0.056***	-0.055***	-0.055***	-0.057
	(-274.83)	(-89.68)	(-67.22)	(-178.78)	(-57.78)	(-54.92)	(-102.99)
c_SIZE	0.063***	0.073***	0.062***	0.060***	0.068***	0.066***	0.065***
	(680.83)	(105.91)	(129.89)	(335.43)	(121.67)	(104.20)	(328.60)
PR	0.016***	0.043***	0.028***	0.045***	0.021**	0.043***	0.014***
	(10.32)	(8.71)	(0.008)	(14.77)	(2.48)	(6.00)	(5.05)
FIN	-0.003**	-0.014***	-0.009***	-0.003**	-0.040***	-0.024***	-0.011**
	(-2.43)	(-2.03)	(-2.69)	(-2.08)	(-4.34)	(-3.02)	(-2.09)
AGE	0.001***	0.001***	0.001***	0.001***	0.001***	0.001	0.001**
	(4.79)	(3.20)	(5.60)	(4.25)	(3.69)	(1.59)	(2.18)
OWNS	0.005***	0.005***	0.009**	0.007	0.011	0.017	0.001
	(8.39)	(2.73)	(2.11)	(0.39)	(0.90)	(1.45)	(0.19)
OS	0.029	0.243***	0.044	0.073**	0.022	0.097	0.071
	(0.88)	(2.68)	(0.58)	(2.10)	(0.83)	(0.98)	(0.81)
OL	0.026*	0.058***	0.077	0.037**	0.019	0.061	0.051
	(1.92)	(2.64)	(0.44)	(2.24)	(0.70)	(0.46)	(1.23)
常数项	2.363***	2.363***	2.392***	2.362***	2.428***	2.470***	2.338***
	(258.41)	(258.41)	(63.69)	(166.44)	(50.68)	(48.14)	(95.12)
LM test	6.274*	6.424*	6.503*	6.629*	6.259*	6.694*	6.632*
Hansen J test	1914.039***	77.754***	14.583***	848.689***	46.177***	62.020***	437.858***

注：***、**、*分别表示在1%、5%和10%的显著性水平下显著，括号里的为 t 值。

内生性检验的结果再一次证明了不同所有制企业对外直接投资的母公司生产率调节效应存在差异。从分样本回归结果看，国有企业和私人控股企业对外直接投资对母公司的生产率影响显著，而集体控股企业、港澳台商控股和外商控股企业的对外直接投资对母公司生产率的影响较弱。从调节效应看，企业的外部融资能力和人才创新能力存在调节效应的也是国有企业和私人控股企业。考虑到本节使用的各类子样本的样本量较大，样本内集体控股企业、港澳台商控股企业和外商控股企业对外直接投资的母公司生产率效应和调节效应不显著的原因，可以排除样本量过小这一因素。

对各子样本的描述性统计结果进行对比分析，发现集体控股企业中对外直接投资企业的占比小于其他四类企业，企业对外直接投资意愿不强。集体控股企业的管理结构、对外投资政策等可能是该类企业对外投资意愿不强，或者对外直接投资对母公司生产率提升不显著的原因。外商控股企业较为明显的特征是，国有资本在这类企业中的占比较低，这可能造成其外部融资能力受限。另外，从统计数据看，外商控股企业的出口倾向较为明显，表明这类企业在中国进行投资的目的集中于帮助其母公司拓展制造基地，或者开拓新兴市场，因此其通过出口形式获得溢出比通过对外直接投资形式获得溢出的可能性更大。

本节以 2003～2007 年中国工业企业数据库统计的工业制造业企业为样本，研究了国有企业与非国有企业对外直接投资的母公司生产率效应差异。通过构建调节效应模型，本节进一步研究了六类所有制企业外部融资能力和人才创新能力对其 OFDI 母公司生产率效应影响的异质性。研究结论主要有以下几个。

第一，企业对外直接投资对母公司生产率具有显著的提升作用。这说明我国对外直接投资并不仅仅在宏观上存在逆向技术溢出效应和吸收能力效应，在微观上也存在母公司生产率效应。对外直接投资的逆向技术溢出效应的微观机制是母公司生产率的提升。

第二，国有企业对外直接投资的母公司生产率效应显著高于非国有企业。不同所有制类型的企业在国内获取资源的能力存在差异，因而其对外直接投资的能力和从对外直接投资中获取逆向技术溢出的能力存在差异。国有企业在总体上拥有更多的经济资源和人才资源，因而其对外直接投资的母公司生产率效应高于非国有企业。

第三，国有企业对外直接投资母公司生产率效应高于非国有企业，原因是其在外部融资和人才创新方面存在所有制优势。

第四，国有企业和私人控股企业对外直接投资的母公司生产率效应比集体控股企业、港澳台商控股企业和外商控股企业的母公司生产率效应更为显著，其外部融资能力和人才创新能力的调节作用也更为显著。

第四节　不同模式 OFDI 的母公司
生产率效应检验

一　不同模式 OFDI 的母公司生产率效应假说

中国企业对外直接投资可以采用绿地投资和跨国并购两种不同的投资模式，不同投资模式在投资成本、母公司回报和对母公司生产率影响路径方面存在很大差异。布兰施泰特发现分支机构的类型影响反向外溢效应，日本往往采取并购和合资方式获取美国知识溢出，而绿地投资这种方式更容易使日本公司知识外溢到美国本土公司。[①] 作为发展中国家，进行以技术获取为目的的对外直接投资，进入方式十分重要。在对外直接投资发展的初期，以绿地投资方式进行的 OFDI 占主导。通过在东道国建立分公司、海外研发基地和研究所等方式，跨国企业可以有效地利用海外的研发资源，获得"协同效应"。然而，近年来以并购方式进行的对外直接投资迅速涌现。一部分原因是 2008 年国际金融危机造成国外并购成本下降，另一部分原因是并购占用的资金较少且获取海外技术的周期短，对于并不具备国外建设能力的企业而言有独特的优势。总体而言，绿地投资和对外并购在促进母公司生产率提升方面各有优势。具体而言，两种方式促进母公司生产率提升的路径分析如下。

第一，如果以绿地投资方式进入，企业通过建立外部联系获得外部技术，可以定制化地为母公司创新提供东道国信息，从而提升母公司创新的效率。通过绿地投资方式进行技术开发，能够避免在并购方式下可能出现的整合失败的风险，依据母公司的实际需求进行阶段性的投资，以更为有效率的方式开发新技术。然而，绿地投资的建设周期较长，且在建设初期占用较多的资金，因而其在短期内可能会有建设停滞的风险，且短期内的

---

① Branstetter L. G. "Looking for International Knowledge Spillovers: A Review of the Literature with Suggestions for New Approaches". *Annales Déconomie Et De Statistique*, Vol. 49, No. 49, 2000, pp. 517–540.

逆向技术溢出效应可能并不显著。另外，由于绿地投资建设新企业需要适用东道国的企业管理相关法律，存在企业经营的法律风险，嵌入能力较差和对东道国制度了解不够的企业，可能较难获得符合预期的技术创新信息。绿地投资的方式比较适合那些本身在技术能力方面存在比较优势，并且有足够的资金和人才支持其进行海外研发的企业。在绿地投资方面较为成功的案例包括海尔集团对美国、巴基斯坦和中东地区的工业园区建设投资，长安汽车在意大利、英国和日本建立的众多研发机构，等等。为此，我们提出如下假设。

假设4：绿地投资企业通过发挥其在技术、资金和人才方面的比较优势，嵌入东道国市场以获取更符合母公司发展需求的技术，从而提高母公司的生产率。

假设5：绿地投资由于在前期占用较多的企业资源，短期内的母公司生产率效应较小，存在滞后效应。

第二，采用跨国并购方式进入国外市场，一般来说主要目的是迅速获取海外的技术资源，或者收购重要的海外市场竞争者，以获取互补资源。与绿地投资相比，跨国并购能够以较少的资金迅速获得海外市场的技术和人才资源，因而其经营风险和政策风险较小。通过跨国并购，被并购方的品牌、生产技术、营销渠道和先进的管理经验等资产的所有权将迅速转移到并购方企业。[①] 对于技术能力较弱或者资金有限的企业而言，通过并购方式进行对外直接投资可以有效地降低其自主研究的失败风险。[②] 然而，跨国公司对外并购也存在其他的风险。一方面，在并购前，如果母公司错误估计了被收购方技术的价值，导致支付高昂的并购费用但新技术的贡献不大，可能会使并购失败；另一方面，在并购后，如果跨国公司与被并购方的技术差距过大，母公司没有足够的能力对新并入企业进行整合，创新技术等无法为母公司所用，也会导致母公司生产率无法提升甚至出现生产

---

① 蒋冠宏、蒋殿春：《绿地投资还是跨国并购：中国企业对外直接投资方式的选择》，《世界经济》2017年第7期。

② Nocke V., Yeaple S. "Cross-Border Mergers and Acquisitions vs. Greenfield Foreign Direct Investment: The Role of Firm Heterogeneity". *Journal of International Economics*, Vol. 72, No. 2, 2007, pp. 336-365.

率下降的风险，使并购失败。如 2004 年 TCL 并购汤姆逊公司的全球彩电项目业务，但由于彩电逐渐被等离子电视和液晶电视所取代，并购技术被高估，导致 TCL 的市场占有率下降。为此，我们提出如下假设。

假设 6：跨国并购企业通过在短期内获取被收购企业的技术、人才和资产，整合先进的专利技术，促进母公司的生产率提升。

假设 7：跨国并购要求母公司有足够的能力进行资源整合，整合失败会导致兼并后母公司生产率下降。

二 绿地投资的母公司生产率效应与调节机制

本节数据来自中国工业企业数据库和商务部统计的中国境外投资企业（机构）名录。根据有关政策，中国企业（机构）对外进行绿地投资需要在商务部进行登记备案，将中国工业企业数据库与商务部中国境外投资企业（机构）名录进行匹配能够获得绿地投资的相关财务数据。商务部统计数据公布了绿地投资企业的企业名称、母公司所属省份、对外直接投资年份、海外子公司（机构）名称、投资东道国以及企业的经营范围。中国工业企业数据库则包含国有制造业企业和规模以上非国有工业制造业企业的财务数据。通过数据匹配，我们获得了 2003～2007 年 1049 家进行绿地投资的企业及其财务数据。

为了研究前期资金占用对绿地投资企业母公司生产率的影响，进一步将企业按照资金占用由少到多进行子样本分类。按照《中国对外直接投资统计公报》的分类方法，中国企业对外直接投资主要分为四类，分别是商贸服务类、生产销售类、技术研发类和资源开发类。其中，商贸服务类对外直接投资通常是采用在国外设立代表处的方式，主要进行东道国市场信息收集、商业洽谈、商务合作等，部分企业也进行产品的进出口贸易，同时为产品提供售后服务。商贸服务型企业对外直接投资仅在东道国进行信息收集和产品销售，目的主要是降低企业的出口成本和更好地服务东道国市场。由于不直接进行生产活动，因而其对外直接投资占用的成本较少。生产销售类对外直接投资则需要在海外建立生产基地，雇用当地员工进行产品加工与销售，其目的主要是利用海外低成本的劳动力。由于产品加工涉及固定资产建设和机器设备的购置，因而其投资要求的资金投入较高。

技术研发类对外直接投资是在产品生产的基础上，进一步设立海外研发基地，通过技术学习、产品研发和创新获取海外优质的人才资源和研发资源。产品的研发往往是一个长期和高投入的过程，因而技术研发类对外直接投资对资金投入的要求要高于前两种类型的对外直接投资。资源开发类对外直接投资的主要目的是通过向东道国提供先进的开采设备和开采技术，获取东道国丰富的矿产资源。通常来说，资源开发类对外直接投资的项目较少，占用的资金量也因项目大小而异，且与前三类对外直接投资占用的资金无法进行直接的比较，因而本书不对这一类型进行讨论。

根据数据库所包含的企业对外直接投资信息，结合葛顺奇和罗伟[①]的分类方法，我们将工业企业划分为六类，分别为：①非 OFDI 企业，即未进行对外直接投资的企业，记 $PATT=0$；②商贸服务类 OFDI 企业，即仅进行信息收集和服务，未进行产品销售、加工、研发等具体业务的企业，记 $PATT=1$；③销售类 OFDI 企业，指在境外从事产品进出口贸易和销售，未进行产品研发、组装、加工、制造或生产的企业，记 $PATT=2$；④加工类 OFDI 企业，指在境外从事产品研发、组装、加工、制造或生产，未进行产品销售和进出口的企业，记 $PATT=3$；⑤综合类 OFDI 企业，指兼具加工类企业和销售类企业特征，无法明确区分的企业，记 $PATT=4$；⑥其他企业，指除上述四类 OFDI 企业之外所有的 OFDI 企业，主要包括以纯粹控股为目的的股权投资和没有提供明确信息属于以上四类 OFDI 模式的企业，由于这一类投资的样本量较少，本节不做特别讨论。以上六类企业中，除其他企业外，其余五种类型企业绿地投资对资金的占用量由小到大分别为：非 OFDI 企业＜商贸服务类 OFDI 企业＜销售类 OFDI 企业＜加工类 OFDI 企业＜综合类 OFDI 企业。

为了检验绿地投资企业对外直接投资对母公司生产率的影响以及资金占用是否造成生产率提升效应滞后，构建以下回归模型：

$$TFP_{it} = \alpha_0 + \alpha_1 OFDI_{it} + \alpha_2 EXP_{it} + \alpha_3 LP_{it} + \alpha_4 KLR_{it} + \alpha_5 SIZE_{it} +$$
$$\alpha_6 PR_{it} + \alpha_7 FIN_{it} + \alpha_8 AGE_{it} + \alpha_9 OWNS_{it} + \alpha_{10} i. PATT + \varepsilon \qquad (4-12)$$

---

① 葛顺奇、罗伟：《中国制造业企业对外直接投资和母公司竞争优势》，《管理世界》2013年第6期。

其中，$PATT$ 表示进行绿地投资的企业其投资目的的分组变量，$i.PATT$ 为企业绿地投资模式特异性控制虚拟变量组，包含企业未进行绿地投资、进行商贸服务类绿地投资、进行销售类绿地投资、进行加工类绿地投资和进行综合类绿地投资五类，i 表示绿地投资企业，t 表示投资所属年度。为了检验滞后效应的存在性，引入企业对外直接投资滞后一期和滞后两期的变量进行回归检验。为了进一步考察对外直接投资和母公司生产率之间的相关关系，引入面板向量自回归模型（Panel Vector Autoregression，PVAR）进行研究。PVAR 模型由 Holtz-Eakin 等[1]提出，该模型通过引入个体效应和时点效应，研究个体差异性和不同截面受到的共同冲击。模型构建如下：

$$TFP_{it} = \beta_0 + \overrightarrow{\beta_1 X}_{it} + \beta_2 \overrightarrow{L1. X}_{it} + \beta_3 \overrightarrow{L2. X}_{it} + \mu_{it} + \varepsilon_{it} \tag{4-13}$$

其中，$\overrightarrow{X}$ 表示解释变量组，$\overrightarrow{L1. X}$ 表示滞后一期的解释变量组，$\overrightarrow{L2. X}$ 表示滞后两期的解释变量组，μ 为个体效应。由于本章研究的样本时间跨度为 5 年，PVAR 模型要求样本期限至少比滞后期多三期，因此本节的模型只考虑最多滞后两期的情况。为了解决内生性问题，在保证被解释变量 TFP 平稳的情况下，使用 GMM 估计可以得到一致的回归结果。[2] 本节变量的定义参考表 4-2，不同绿地投资子样本的描述性统计分析见表 4-15、表 4-16、表 4-17、表 4-18 所示。

表 4-15　商贸服务类绿地投资企业子样本描述性统计

变量	均值	标准差	中位数	最大值	最小值	样本量
TFP	3.153	0.279	3.152	4.135	2.289	711
OFDI	0.511	0.500	1.000	1.000	0.000	711
EXP	0.417	0.398	0.345	1.000	0.000	711
LP	5.657	0.841	5.558	8.535	3.031	711
KLR	4.090	1.161	4.012	7.550	-1.516	711

①　Holtz-Eakin D., Newey W., Rosen H. S. "Estimating Vector Autoregressions with Panel Data". *Econometrica*, Vol. 56, 1988, pp. 1371-1396.

②　Binder M., Hsiao C., Pesaran M. H. "Estimation and Inference in Short Panel Vector Autoregressions with Unit Roots and Cointegration". *Econometric Theory*, Vol. 21, No. 4, 2005, pp. 795-837.

变量	均值	标准差	中位数	最大值	最小值	样本量
SIZE	11.217	1.763	11.109	18.141	7.442	711
PR	0.046	0.052	0.034	0.397	0.000	711
FIN	0.088	0.146	0.052	2.212	0.000	711
AGE	10.112	9.071	8.000	56.000	0.000	711
OWNS	0.016	0.118	0.000	1.000	0.000	711

表 4-16 销售类绿地投资企业子样本描述性统计

变量	均值	标准差	中位数	最大值	最小值	样本量
TFP	3.318	0.282	3.325	4.142	2.254	746
OFDI	0.485	0.500	0.000	1.000	0.000	746
EXP	0.353	0.377	0.198	1.000	0.000	746
LP	5.925	0.949	5.937	8.571	3.153	746
KLR	4.319	1.277	4.359	8.043	−0.027	746
SIZE	12.169	1.916	12.009	18.856	7.190	746
PR	0.053	0.061	0.036	0.673	0.000	746
FIN	0.100	0.485	0.054	12.985	0.000	746
AGE	10.251	8.622	8.000	49.000	0.000	746
OWNS	0.067	0.214	0.000	1.000	0.000	746

表 4-17 加工类绿地投资企业子样本描述性统计

变量	均值	标准差	中位数	最大值	最小值	样本量
TFP	3.281	0.303	3.243	3.948	2.593	85
OFDI	0.424	0.497	0.000	1.000	0.000	85
EXP	0.218	0.331	0.015	1.000	0.000	85
LP	5.784	0.894	5.652	7.762	4.065	85
KLR	4.301	0.788	4.356	6.532	2.266	85
SIZE	12.183	1.975	11.610	17.528	9.505	85
PR	0.047	0.055	0.038	0.349	0.000	85
FIN	0.089	0.119	0.051	0.719	0.006	85
AGE	11.353	8.962	10.000	49.000	2.000	85
OWNS	0.085	0.236	0.000	1.000	0.000	85

表 4-18　综合类绿地投资企业子样本描述性统计

变量	均值	标准差	中位数	最大值	最小值	样本量
TFP	3.254	0.279	3.257	4.037	2.402	500
OFDI	0.490	0.500	0.000	1.000	0.000	500
EXP	0.265	0.360	0.029	1.000	0.000	500
LP	5.837	0.837	5.725	8.798	3.421	500
KLR	4.291	1.044	4.331	7.063	0.746	500
SIZE	11.824	1.691	11.593	16.679	7.120	500
PR	0.062	0.073	0.045	0.575	0.000	500
FIN	0.083	0.094	0.059	0.739	0.000	500
AGE	9.624	8.139	8.000	56.000	0.000	500
OWNS	0.039	0.163	0.000	1.000	0.000	500

　　为检验企业绿地投资的母公司生产率效应，先对模型进行简单最小二乘回归，再用两阶段最小二乘工具变量回归消除内生性。通过不断减少变量，发现企业规模与对外直接投资存在严重的多重共线性，为此构建三个模型（见表4-19），分别是企业生产率对对外直接投资的直接回归［列（1）、列（2）］、企业生产率对所有变量的回归［列（3）、列（4）］和企业生产率对除企业规模外的其他变量的回归［列（5）、列（6）］。内生性检验结果如列（7）和列（8）所示。

表 4-19　企业绿地投资的母公司生产率效应回归结果

变量	OLS						2SLS	
	(1)	(2)	(3)	(4)	(5)	(6)	(7)	(8)
OFDI	0.283*** (32.94)	0.066*** (5.46)	-0.003** (-2.17)	-0.019*** (-3.87)	0.080*** (19.78)	0.011*** (19.62)	3.939*** (4.35)	3.531*** (2.69)
EXP			0.012*** (57.67)	0.024*** (38.18)	0.059*** (137.32)	0.118*** (106.81)	0.008*** (3.51)	0.218** (2.46)
LP			0.091*** (655.70)	0.187*** (852.34)	0.099*** (544.42)	0.204*** (531.45)	0.091*** (55.48)	0.157*** (20.11)
KLR			-0.058*** (-398.39)	-0.124*** (-595.32)	-0.018*** (-94.36)	-0.031*** (-96.89)	-0.043*** (-26.98)	-0.112*** (-21.73)
SIZE			0.065*** (938.67)	0.146*** (897.63)			0.024*** (7.09)	0.122*** (14.57)

变量	OLS						2SLS	
	(1)	(2)	(3)	(4)	(5)	(6)	(7)	(8)
PR			0.021***	0.032***	0.001	0.014***	0.021	0.126
			(5.81)	(12.05)	(0.03)	(2.96)	(1.63)	(1.60)
FIN			-0.003***	-0.010***	-0.001***	-0.002***	-0.002***	-0.016***
			(-4.60)	(-53.87)	(-2.96)	(-7.20)	(-2.06)	(-3.08)
AGE			0.001***	0.001***	0.001***	0.004	0.001	0.002**
			(7.12)	(6.45)	(6.98)	(116.86)	(0.27)	(2.15)
OWNS			-0.006***	-0.044***	0.066***	0.080***	-0.003	0.035
			(-12.30)	(-39.67)	(43.44)	(41.44)	(-0.47)	(1.27)
i.PATT	否	是	否	是	否	是	否	是
常数项	2.992***	2.991***	1.213***	0.965***	1.649***	1.914***	1.568***	1.359***
	(666.73)	(666.38)	(164.94)	(62.60)	(122.01)	(96.92)	(47.44)	(11.71)
调整 R^2	0.0028	0.0050	0.870	0.877	0.515	0.565		
Hausman 检验							88.02***	87.96***

注：***、**分别表示在1%、5%的显著性水平下显著，括号里的为t值。

考虑企业规模变量的情况下［列（3）、列（4）］，由于模型存在过强的多重共线性，回归结果的参考价值不大，需要剔除企业规模变量。在不考虑企业规模变量的情况下［列（1）、列（2）、列（5）、列（6）］，企业对外直接投资显著促进了母公司的生产率提升，验证了假设4。在不考虑企业绿地投资占用资金异质性的情况下，企业对外直接投资对母公司生产率的影响存在被高估的情况，说明企业绿地投资由于占用较多的资金，可能对其逆向技术溢出效应存在负向的调节。为了消除变量之间的内生性，选择滞后一期的企业规模作为企业对外直接投资的工具变量进行两阶段最小二乘工具变量回归［列（7）和列（8）］。回归结果再一次支持了假设4，即对外直接投资显著地提高了母公司的生产率。考虑企业绿地投资的资金占用异质性后，企业对外直接投资对母公司生产率的影响系数变小，说明存在高估的情况，与最小二乘回归的结果一致。从控制变量的回归结果看，企业的出口存在逆向技术溢出效应，能够促进母公司生产率提升。企业劳动生产率的影响为正，但资本密集度的影响为负，说明企业劳动投入的边际贡献远高于资本投入的边际贡献。这符合我国部分制造业企业过高的资本投入和过低的资本利用效率的现实。企业外部融资约束对企业的全要素生产率有稳定且显著的负向影响，说明过高的外部融资成本会使企业的生产率降低。由于以上的回归结果显示，企业对外直接投资过程中资金的占用可能会影响企业对外直接投资的母公司生产率提升效应，下面将对其是否会造成企业生产率提升效应的滞后进行检验。

企业通过绿地投资的方式进行对外直接投资，往往需要较长的一个建设过程，因此资金占用也会对绿地投资的母公司生产率效应产生影响。通过引入企业对外直接投资的一阶滞后项和二阶滞后项，可以检验滞后效应的存在性。为考察绿地投资资金占用情况对母公司生产率效应的影响，本节将样本分为商贸服务类（$PATT=1$）、销售类（$PATT=2$）、加工类（$PATT=3$）和综合类（$PATT=4$）四个子样本进行回归分析。为消除内生性影响，采用两阶段最小二乘工具变量回归模型进行检验，回归结果如表4-20所示。

表4-20　企业绿地投资的母公司生产率滞后效应回归结果

变量	两阶段最小二乘工具变量回归（2SLS）				
	全样本	$PATT=1$	$PATT=2$	$PATT=3$	$PATT=4$
OFDI	3.651***	0.112***	0.030***	0.315***	0.069**
	(7.02)	(2.48)	(2.51)	(2.61)	(2.08)
L1. OFDI	−0.909***	0.012	−0.004	−0.007**	0.029**
	(6.98)	(0.89)	(0.60)	(2.06)	(2.28)
L2. OFDI	0.325***	0.040*	0.005***	0.111***	0.031*
	(6.35)	(1.85)	(2.48)	(2.47)	(1.92)
EXP	0.003	0.039	0.099***	0.427	0.005
	(0.38)	(1.32)	(3.37)	(0.39)	(0.20)
LP	0.185***	0.206***	0.164***	0.349***	0.154***
	(75.28)	(13.71)	(17.18)	(18.14)	(9.63)
KLR	−0.089***	−0.107***	−0.084***	−0.017	−0.089***
	(−41.58)	(−7.70)	(−9.97)	(−1.00)	(−7.66)
SIZE	0.051***	0.033	0.073***	0.292***	0.045***
	(12.42)	(1.49)	(3.94)	(3.64)	(2.80)
PR	0.020	0.103	0.041	0.526	0.073
	(1.19)	(0.71)	(0.77)	(0.58)	(0.95)

续表

变量	两阶段最小二乘工具变量回归（2SLS）				
	全样本	PATT＝1	PATT＝2	PATT＝3	PATT＝4
FIN	-0.018 ***	-0.078 *	-0.167 ***	-0.325 ***	-0.102
	(-5.76)	(-1.83)	(-2.67)	(-3.37)	(-1.35)
AGE	0.001 *	0.028 **	0.004 **	0.003	0.020
	(1.83)	(2.05)	(2.07)	(0.26)	(0.67)
OWNS	0.007	0.573	0.006	0.009	0.036
	(0.73)	(0.87)	(0.25)	(0.02)	(0.68)
常数项	1.842 ***	2.830 ***	1.929 ***	1.428 ***	2.394 ***
	(42.44)	(3.72)	(7.75)	(2.79)	(5.67)
Hausman 检验	43.22	42.00	41.95	41.45	77.96

注：***、**、* 分别表示在 1%、5% 和 10% 的显著性水平下显著，括号里的为 t 值。

从回归结果来看，滞后一期的对外直接投资对母公司生产率存在显著的负向影响，滞后两期的对外直接投资对母公司生产率存在显著的正向影响。这一结论验证了假设 5，即企业对外直接投资的母公司生产率效应存在滞后。从全样本和子样本的回归结果看，企业对外直接投资当期的母公司生产率效应最大，说明前期对外直接投资的逆向技术溢出效应存在一定程度的衰减。另外，对外直接投资滞后一期的逆向技术溢出效应低于滞后两期的逆向技术溢出效应，可能是因为企业绿地投资的周期较长，其建设后可能在较为长期的过程中对母公司产生技术溢出。从子样本的回归结果看，综合类对外直接投资的一阶滞后对母公司生产率的影响效应为正，但加工类对外直接投资的一阶滞后对母公司生产率的影响效应为负，商贸服务类和销售类对外直接投资的一阶滞后对母公司生产率没有显著影响。可以从企业对外直接投资的建设周期和建设过程中是否存在逆向技术溢出来解释这个结果。综合类对外直接投资的主要目的是加工、销售和研发。由于厂房建设和人才招募在前期占用较多资源，但销售的推进帮助实现资金回笼，因而这一类投资对本期的影响整体来说为正。加工类对外直接投资的主要目的是进行产品的海外加工和研发，其前期占用的资金量大，且无资金回笼渠道，因而滞后一期的影响为负。在建设完成后，由于能够利用国外优质的人才资源和技术资本，可以实现企业国外子公司的技术创新，并通过逆向技术溢出的方式促进母公司的技术创新，因而滞后两期的影响效应显著为正。销售类对外直接投资的主要目的是销售母公司的产品，主要方式是拓展销售渠道，由于对创新的诉求较低，所以其母公司生产率效应也相对不明显。为了进一步考察母公司对外直接投资和其他企业特征变量与母公司全要素生产率之间的相关关系，进一步使用面板向量自回归模型（PVAR）进行脉冲响应分析。首先使用 Helmert 转换对模型进行差分处理去除个体效应，考虑到个体效应的存在，模型存在较为严重的内生性，使用广义矩估计（GMM）对面板向量自回归模型（PVAR）进行回归检验，结果如表 4-21 所示。

表 4-21　对外直接投资母公司生产率效应的面板向量自回归模型 GMM 回归结果

变量	系数	标准差	统计量
L1. TFP	0.761	0.353	2.155
L1. OFDI	-0.555	0.268	-2.070
L1. EXP	0.002	0.010	0.211
L1. LP	-0.098	0.077	-1.273
L1. KLR	0.061	0.031	1.963
L1. SIZE	-0.039	0.009	-4.201
L1. PR	0.241	0.019	12.747
L1. FIN	0.015	0.006	2.617
L1. AGE	0.001	0.002	0.653
L1. OWNS	0.016	0.006	2.600
L2. TFP	0.058	0.028	2.089
L2. OFDI	-0.002	0.003	-0.611
L2. EXP	0.003	0.006	0.515
L2. LP	-0.013	0.010	-1.273
L2. KLR	0.007	0.004	2.031
L2. SIZE	-0.012	0.004	-2.605
L2. PR	0.111	0.008	13.728
L2. FIN	0.000	0.002	0.168
L2. AGE	0.000	0.000	0.676
L2. OWNS	0.005	0.003	1.721

企业对外直接投资的一期滞后对母公司生产率的影响为负，二期滞后

的影响也为负，但数值逐渐向 0 靠近。GMM 的回归结果说明，企业绿地投资需要经历一个较为漫长的建设期，通常在建设的第二年才会有逆向技术溢出产生。这一回归结果也表明了企业对外直接投资对母公司生产率的影响在长期中会收敛。另外，长远来看，母公司的生产率提升还来源于自我驱动效应，生产率较高的母公司，其前期的技术积累可以对未来的技术进步产生持续的显著影响，且这种影响在长期中收敛。再来看脉冲响应的结果，如图 4-2 所示。

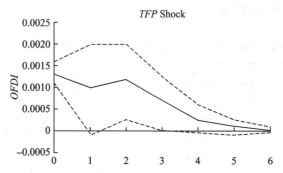

图 4-2　企业对外直接投资的母公司生产率效应的滞后二阶脉冲响应分析

脉冲响应结果表明，企业对外直接投资对母公司生产率的影响波动后衰减，在第 2 期达到峰值，并在第 6 期收敛。企业对外直接投资在前期产生非常大的逆向技术溢出，但随着时间不断衰减，说明企业绿地投资的母公司生产率效应主要源于前期对东道国市场调查带来的自主创新能力提升，后期建设过程中的逆向技术溢出效应会不断减少。总的来说，我国通过绿地方式进行的对外投资，技术进步效应主要依赖母公司本身的创新能力以及前期积累的先验知识。这与现实中，存在比较优势的企业更愿意进行绿地投资的现实相符。这一结论也在一定程度上表明企业绿地投资的长期逆向技术溢出能力较差，效率较低。从母公司生产率自我驱动的脉冲响应图来看，母公司的生产率自我驱动在更为长期的过程中才逐渐收敛，且在前期存在自我驱动增强的效果。这一结果表明，我国企业对外进行绿地投资需要准确评估自身的技术能力，且当前的投资效率仍然较低。另外，企业需要避免脱离自身生产需要的绿地投资，以避免投资失败。控制变量滞后二期的脉冲响应图如图 4-3 所示。

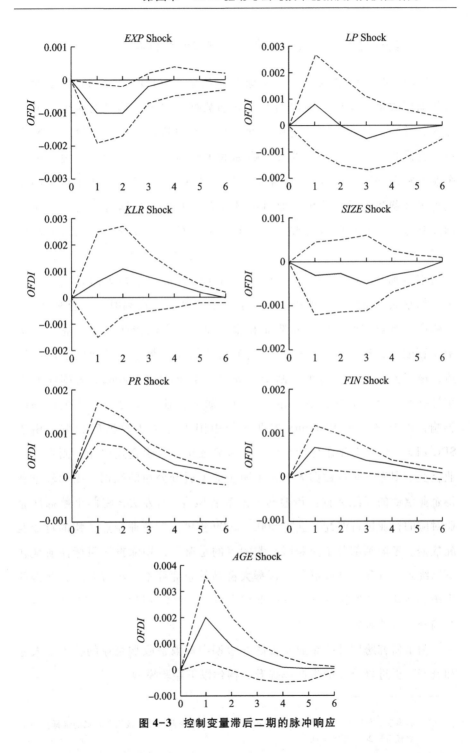

图 4-3　控制变量滞后二期的脉冲响应

三 跨国并购的母公司生产率效应与调节机制

跨国并购企业的数据来自全球并购数据库（SDC Platinum 数据库）。该数据库收集了全球范围内的企业并购数据，包含并购发起企业、并购标的、并购标的所在国、交易类型、并购所属行业、交易属性、并购金额、交易状态、支付方式以及并购标的主要财务信息等指标。由于中国企业的跨国并购主要在 2003 年后，因而本节截取 2003~2015 年中国企业跨国并购数据进行分析。通过筛选并购发起国为中国且并购目标所在国及其母公司不在中国的数据后，本节获得 1732 家中国企业对外并购的数据。其中，交易状态为完成的有 1672 家，交易失败的有 60 家，并购成功率达到 96.54%。中国企业的跨国并购投资，主要去向是美国、英国、加拿大、俄罗斯、德国、澳大利亚、新加坡、比利时、以色列等国。并购所属行业主要集中于制造业和服务业，其中制造业细分行业主要集中于石油、天然气、矿物开采，汽车及其他设备制造，基础化学原料制造，电子元件制造，纺织品制造，等等。由于 SDC Platinum 数据库并未统计并购母公司的财务数据指标，为了研究企业并购对母公司生产率的影响，本节将 SDC Platinum 数据库与中国工业企业数据库合并。由于 SDC Platinum 数据库在统计并购企业时只细化到集团企业层面，而中国工业企业数据库的企业数据大多是集团企业下属分公司的数据，因而较难获得企业层面的匹配数据。借鉴蒋冠宏和蒋殿春[1]的方法，将两个数据库企业对应的行业进行匹配，获得 2003~2009 年中国制造业企业并购的行业匹配数据。考虑到部分企业跨国并购的目的是避税，剔除投资目标注册地在英属维尔京群岛、开曼群岛和百慕大群岛的企业样本。经过匹配，获得的中国制造业企业跨国并购细分行业样本数据，包含 153 家企业和 34 类制造业细分子行业数据。

为了研究跨国并购企业是否能在短期内获取被收购企业的技术、人才和资产，促进母公司的生产率提升，构建以下经验模型：

---

① 蒋冠宏、蒋殿春：《绿地投资还是跨国并购：中国企业对外直接投资方式的选择》，《世界经济》2017 年第 7 期。

$$TFP_{jt} = \alpha_0 + \alpha_1 MA_{jt} + \alpha_2 EXP_{jt} + \alpha_3 LP_{jt} + \alpha_4 KLR_{jt} + \alpha_5 SIZE_{jt} + \alpha_6 PR_{jt} +$$

$$\alpha_7 FIN_{jt} + \alpha_8 AGE_{jt} + \alpha_9 OWNS_{jt} + \alpha_{10} i.INDS + \alpha_{11} i.YEAR + \varepsilon \qquad (4\text{-}14)$$

其中，MA 表示企业跨国并购，用企业跨国并购金额的对数值衡量。$i.INDS$ 为并购企业所属行业的特异性控制虚拟变量组，共包含 34 个行业虚拟变量。$i.YEAR$ 表示时间控制变量组。j 表示并购企业所属行业，t 表示并购所属年份。为了将两个数据库进行匹配，分别对 34 个行业对应企业的并购金额取平均值计算出行业跨国并购的均值。同时，对中国工业企业数据库中相应行业对应企业的各解释变量、控制变量取均值，算出行业平均值。最后，将两个数据库按照对应行业进行匹配获得样本变量。由于中国工业企业数据库中 2008 年和 2009 年的数据缺乏中间产品投入数值，无法使用 OP 方法计算企业的生产率，只能采用索洛余值法计算。由于索洛余值法无法消除决策的"同时性偏差"和"样本选择的偏差"，因而其企业生产率估计值可能高于实际值。索洛余值的估计模型如式（4-15）所示：

$$y_{jt} = \beta_0 + \beta_1 k_{jt} + \beta_2 l_{jt} + \varepsilon_{jt} \qquad (4\text{-}15)$$

其中，y 表示企业的工业总产值增长率，用工业总产值取对数表示，工业总产值用以 2003 年为基期的工业品出厂价格指数进行平减。k 表示企业的固定资产投资增长率，用固定资产总值取对数表示，固定资产总值用以 2003 年为基期的固定资产投资价格指数进行平减。l 表示企业的从业人员总量增长率，用企业从业人员存量取对数表示。变量的描述性统计如表 4-22 所示。

表 4-22　企业跨国并购的样本描述性统计

变量	均值	标准差	中位数	最大值	最小值	样本量
TFP	3.916	1.132	3.265	6.659	2.091	52
MA	3.717	2.022	3.911	7.366	0.255	52
EXP	0.100	0.135	0.044	0.499	0.000	52
LP	5.911	0.542	5.861	7.145	4.670	52
KLR	4.459	1.004	4.126	6.880	2.953	52
$SIZE$	10.618	1.446	10.115	14.842	8.951	52
PR	0.069	0.088	0.049	0.406	-0.084	52

续表

变量	均值	标准差	中位数	最大值	最小值	样本量
FIN	0.067	0.055	0.056	0.377	0.016	52
AGE	9.102	2.658	8.446	22.892	4.955	52
OWNS	0.086	0.178	0.008	0.760	0.000	52

本节首先使用最小二乘方法对企业对外直接投资的母国行业生产率效应进行检验（见表4-23），包含行业平均生产率对行业平均跨国并购金额的单独回归［列（1）］、行业平均生产率对所有变量的回归［列（2）］、控制行业异质性和年份异质性后行业平均生产率对所有变量的回归［列（3）］。另外，参照前几节的研究，由于企业对外直接投资的意愿与企业规模存在非常高的相关性，因此取滞后一期的企业规模变量作为工具变量进行内生性检验［列（4）］。

表4-23　企业跨国并购对母国行业生产率影响的回归结果

变量	OLS			2SLS
	（1）	（2）	（3）	（4）
MA	0.122 ***	0.047 ***	0.061 ***	0.385 ***
	(8.57)	(5.53)	(4.56)	(4.30)
EXP		1.871 ***	8.794 ***	2.902 ***
		(11.14)	(8.98)	(7.81)
LP		0.268 ***	2.620 ***	0.232 ***
		(58.64)	(57.38)	(32.29)
KLR		0.829 ***	3.451 ***	0.898 ***
		(61.58)	(55.75)	(50.67)
SIZE		0.158 ***	0.262 ***	0.470 ***
		(43.46)	(41.49)	(9.76)
PR		3.491	2.890	5.458
		(1.35)	(0.62)	(0.89)
FIN		-3.263 ***	-5.076 ***	-3.739 ***
		(-3.10)	(-3.05)	(-3.56)
AGE		0.073	0.310	0.204
		(1.04)	(1.22)	(1.40)
OWNS		3.996 ***	1.277	4.747
		(2.51)	(0.38)	(0.84)

续表

变量	OLS			2SLS
	(1)	(2)	(3)	(4)
i. INDUS	NO	NO	YES	NO
i. YEAR	NO	NO	YES	NO
常数项	4.368***	4.588*	1.540	2.769
	(13.39)	(1.89)	(0.47)	(0.38)
调整 R²	0.0282	0.5592	0.8137	
Hausman 检验				19.41

注：***、*分别表示在1%、10%的显著性水平下显著，括号里的为 t 值。

从回归结果看，中国企业跨国并购对母国行业生产率有显著的提升作用，验证了假设6。从回归系数看，仅包含解释变量的回归结果和加入控制变量的回归结果十分一致，稳健地支持了企业跨国并购的正向影响。跨国并购企业通过在短时间内获得被并购企业的资源和技术，有效地提升母公司的技术水平，从而提升其生产率。行业层面上，由于行业内部的技术"学习效应"和"示范效应"，整个行业的技术水平都会有较大的提升。在控制行业异质性和时间后，行业层面跨国并购的母公司生产率效应仍然显著为正，且略高于未控制行业异质性和时间的回归结果。这是因为回归样本中一部分行业属于资源类行业，另一部分行业属于产品制造类行业，前者的跨国并购以获取资源为主，而后者可能对技术的追求更为强烈。控制企业对外直接投资的行业异质性后，行业差异因素得以有效分离，使得企业对外直接投资对生产率的影响更为集中，因而系数变大。在控制内生性后，回归结果仍然稳健地支持企业对外直接投资对母国行业生产率存在正向影响。

从控制变量的回归结果看，行业层面的回归结论与企业层面的回归结论略有不同。企业出口的母国行业生产率效应显著存在。行业资本密集度和劳动生产率对行业生产率均有正向的影响。说明在行业层面上，资本和劳动对生产率的边际贡献仍为正，可以倒推出行业层面资本和劳动力投入仍未达到饱和。也就是说，我国企业层面资本的投入过高，资本利用效率过低，而行业层面资本投入仍有空间，如果要提高行业产出效率，需要投入更多资金搭建行业合作网络，提高行业间的信息、资金、人才流动效率。行业层面上的企业规模对生产率的影响显著为正，融资约束对生产率的影响显著为负，说明制造业行业存在规模效应，但外部融资成本过高可能对生产率提升造成负面影响。对于非国有企业较为集中的行业而言，由于外部融资难、成本高，生产率提升困难。为了进一步研究企业外部融资难度是否会影响对外直接投资的母国行业生产率效应，以及这一影响是否会造成其整合的困难，下面将行业外部融资作为调节变量进行企业跨国并购整合对母国行业生产率影响的回归分析。

对不同行业的企业而言，外部融资能力差异决定了企业跨国并购后能够用于整合的资金差异。为此，将企业外部融资能力作为调节变量进行调节效应回归，以帮助理解企业跨国并购整合对母公司生产率的影响机制，调节效应 $MA \times FIN$ 记为 MF。除了企业的资金实力，企业管理能力也是其整合成败的重要影响因素。由于数据限制，使用企业的劳动生产率作为管理能力的代理变量，调节效应 $MA \times LP$ 记为 ML。运用最小二乘法〔列（1）、列（2）、列（3）〕和两阶段最小二乘工具变量回归（2SLS），对该效应进行回归分析，回归结果如表 4-24 所示。

表 4-24　企业跨国并购整合对母国行业生产率影响的回归分析

变量	OLS			2SLS
	（1）	（2）	（3）	（4）
MA	0.352 **	0.164 ***	0.210 ***	0.426 ***
	(2.41)	(2.98)	(2.73)	(2.54)
EXP		2.572 ***	16.307 ***	17.146 ***
		(11.52)	(10.28)	(9.82)
LP		0.071 ***	3.548 ***	0.370 ***
		(50.17)	(53.27)	(49.85)
KLR		-0.770 ***	-4.021 ***	-0.630 ***
		(-91.48)	(-72.95)	(65.35)
$SIZE$		0.277 ***	0.348 ***	1.070 ***
		(47.79)	(40.65)	(40.17)
PR		2.968	5.462	0.940
		(1.15)	(1.04)	(0.38)

续表

变量	OLS			2SLS
	（1）	（2）	（3）	（4）
FIN	-18.252 *** (-3.52)	-22.14 *** (-3.70)	-26.31 *** (-3.23)	-54.06 ** (-2.53)
AGE		0.023 (0.30)	0.563 (1.59)	0.298 (1.56)
OWNS		3.275 * (1.99)	0.054 (0.02)	5.112 ** (2.49)
MF	-3.486 *** (-4.39)	-3.959 *** (-4.48)	-3.486 *** (-4.02)	-7.344 * (-2.01)
ML	0.112 *** (4.78)	0.070 *** (4.42)	0.552 *** (4.54)	0.019 *** (4.06)
i. INDUS	NO	NO	YES	NO
i. YEAR	NO	NO	YES	NO
常数项	5.443 *** (7.10)	5.424 ** (2.20)	3.490 *** (3.93)	0.296 *** (3.07)
调整 R^2	0.0374	0.2826	0.7149	
Hausman 检验				32.47

注：***、**、* 分别表示在 1%、5% 和 10% 的显著性水平下显著，括号里的为 t 值。

从回归结果看，外部融资能力调节效应的系数为负，说明行业层面的外部融资成本越高，其跨国并购的母公司生产率效应越低。管理能力调节效应的系数为正，说明行业层面的专业人才越多，其跨国并购的母公司生产率效应越高。由于在跨国并购过程中，资金实力是企业整合效率的重要保证，因而外部融资成本过高可能意味着企业没有足够的资金保证整合的顺利进行，极易发生整合失败的情况。负向的调节效应，说明资金实力不足的企业可能整合失败，造成兼并后母公司的生产率下降，支持了假设7。行业的劳动生产率越高，说明高技术人才或者高级管理人才越集中，越有利于企业对并购资产进行整合吸收，越能保证整合的顺利进行和对外并购的成功。正向的调节作用，说明企业的人才充足，能够保证整合的顺利，保证母公司在兼并后不出现生产率下降的情形。跨国并购和其他控制变量的回归系数与前文一致，说明回归结果具有稳健性。

本节利用我国 2003~2007 年企业绿地投资的面板数据和 2003~2009 年

制造业行业对外并购数据，分别研究了我国企业绿地投资的母公司生产率效应和跨国并购的行业生产率效应，主要结论如下。

第一，绿地投资对母公司的生产率提升有显著的正向影响。绿地投资企业通过在国外设立子公司、科研机构和代表处等方式，获取国外优质的技术和人才。另外，通过嵌入东道国市场，母公司可以获得东道国市场的一手信息，提高自主创新的效率，从而提高其生产率。

第二，资金占用对绿地投资的母公司生产率效应产生负向的影响，且绿地投资的母公司生产率效应存在滞后。我们将企业绿地投资分为六种类型，对其中四种类型绿地投资分别进行回归发现，资金占用少的绿地投资，其母公司生产率提升更高。考虑到绿地投资存在较长的建设周期，通过对解释变量滞后项进行回归分析，发现绿地投资的母公司生产率效应存在滞后。进一步的面板向量自回归模型给出了绿地投资母公司生产率效应滞后的进一步证据。脉冲响应分析则显示了企业绿地投资的母公司生产率效应在长期存在收敛。

第三，跨国并购对母国行业生产率有显著的正向影响。由于数据的限制，本章对行业层面跨国并购的生产率效应进行了分析。跨国并购通过获取被收购企业的技术、人才和物质资产，经过整合吸收，提升母公司的生产率。

第四，跨国并购对母公司整合能力要求较高，资金实力和人才实力不足可能造成整合失败和母公司生产率下降。调节效应回归分析显示，外部融资能力和管理能力较低的企业，整合能力相对较低，对跨国并购的母国行业生产率效应有负向调节作用。

第五章 考虑区域差异、贸易壁垒的 OFDI 母公司技术创新效应

第一节 OFDI 驱动母国投资的区域性差异研究

对外直接投资的母国资本形成效应，近年来引发了广泛的关注。从费尔德斯坦①的"资本池"理论出发，不少学者研究了 OFDI 对母国资本形成的影响，但目前尚无统一的结论。随着"走出去"战略的稳步推进，我国 OFDI 规模呈现逐年上升的趋势。据商务部和国家外汇管理局统计，截至 2014 年底，我国对外直接投资规模已然超过利用外资规模，首次晋升为资本的净输出国。与此同时，全社会固定投资在国际国内两方面因素的带动下，呈现出每年高于 20%的快速增长。对外直接投资的增长伴随国内投资的稳步增加，是否暗示着两者之间存在联系，这一联系又通过什么渠道进行对接，这是值得探讨的问题。

对外直接投资在早期往往被当作企业的投资决策问题。② 企业进行对外直接投资会降低母公司的资本储备，降低国内投资的资本流动性。然而从生产途径来看，企业对外直接投资又可能会通过降低原材料成本和促进

---

① Feldstein M. S. *The Effects of Outbound Foreign Direct Investment on the Domestic Capital Stock*. University of Chicago Press，1995.

② Stevens G. V.，Lipsey R. E. "Interactions between Domestic and Foreign Investment". *Journal of International Money and Finance*，Vol. 11，No. 1，1992，pp. 40-62.

中间产品出口等途径提升国内投资的效率和收益。后期的研究开始关注宏观均衡：在资本完全流动的假设下，资金流的投向仅仅取决于投资项目收益率的高低。费尔德斯坦的经典文献提出，投资偏好和制度刚性会限制资本的流动性，对外直接投资往往造成国内储蓄的下降和国内投资率的降低。[①] 但也有学者提出跨国公司海外分支机构的资本支出与高水平的国内投资有关，国外市场融资也有助于分散国内金融市场风险，从而促进国内投资。[②] 国内学者如项本武[③]和崔日明等[④]主要从经验研究的角度对二者关系进行检验。

国内外学者的研究为 OFDI 与国内投资的互动关系提供了丰富的理论研究和经验分析成果，然而仍存在一些不足。首先，这些文献的探讨并没有得出统一的结论，对于 OFDI 影响国内投资的机制也没有进行系统的梳理。其次，大多数文献从国别的角度探讨了 OFDI 的区位选择、技术溢出等，但是极少关注国内地区间异质性带来的 OFDI 影响差异。最后，多数文献受限于数据获取等，一般采用时间序列方法进行研究，存在研究结果不稳定等问题。

区域间要素禀赋差异是考虑中国问题的重要出发点[⑤]，而资本流动又是经济发展不可或缺的要素。2013 年，中国的对外直接投资中，地方企业非金融类投资首破三成，而这些企业大多集中在广东、山东、北京等东部沿海地区，中西部地区企业占比较低。相应地，出于政策扶持以及地方间投资环境的差异，全社会固定资产投资也向东部和中部地区倾斜。东部地区资本的形成对于资本流入的依赖性也相对较低，且资本输出的占比较高；而中部和西部地区的投资对政府的资本投入依赖性较强，资本输出占

① Feldstein M. S., Horioka C. "Domestic Savings and International Capital Flows". *Economic Journal*, Vol. 90, 1980, pp. 314-329.

② Desai M. A., Foley C. F. "The Comovement of Returns and Investment within the Multinational Firm". *NBER Working Papers*, 2004.

③ 项本武：《中国对外直接投资的贸易效应研究——基于面板数据的协整分析》，《财贸经济》2009 年第 4 期。

④ 崔日明、张婷玉、张志明：《中国对外直接投资对国内投资影响的实证研究》，《广东社会科学》2011 年第 1 期。

⑤ 杨校美、张诚：《要素禀赋、政策倾斜与中国对外直接投资——基于省级面板数据的分析》，《国际贸易问题》2014 年第 5 期。

比也不高。① 除此之外，现实中资本流动的不充分性也导致了地区间资本投资收益率差距的进一步拉大；尤其是随着经济体制改革的深化，资本迅速地向发达地区集聚，产生了经济发展中的"马太效应"和缪尔达尔的"回流效应"，资本流动的地区分割使得地区间的投资差异愈发明显。②

　　基于此，本章构建了企业对外直接投资影响国内投资的理论机制，并首次引入资源禀赋、出口规模以及技术能力三大因素来探讨 OFDI 对国内投资带动作用的地区差异及其产生的原因。在理论构建的基础上，本章还创新地使用了地区面板模型和系统 GMM 方法进行研究，克服了时间序列数据不足以及回归内生性的问题，并通过省际面板的子样本研究揭示了东部、中部、西部三大地区的投资行为差异。进一步，为解释三大地区差异产生的原因，本章引入了三个地区异质性因素与对外直接投资做交叉项，以进一步考察地区差异产生的具体原因。

一　OFDI 驱动母国投资的传导路径与机理

　　中国作为正在成长中的新兴市场国家，对外直接投资模式与西方成熟市场经济国家之间存在本质差异。成熟市场经济国家的国内生产效率较高，市场基本达到饱和，市场机制也相对完善，对外直接投资的主要目的是寻求海外市场以获取规模经济。费尔德斯坦③所研究的 OECD 国家对外直接投资的主要目的有三个：一是转移国内生产较为落后的"夕阳产业"；二是转移国内生产相对昂贵的劳动密集型产业；三是转移国内生产副作用较大的高污染产业。这种类型的对外直接投资以国内产业向外转移为主，因而很可能对国内投资形成替代。

　　与费尔德斯坦的研究不同，中国的经济尚处于发展阶段，国内的对外直接投资多半是政府政策推动的产物。企业在对外直接投资的过程中，不仅考虑了企业自身的意愿，也兼顾了政府偏好。因此，中国企业在对外直

---

①　郭金龙、王宏伟：《中国区域间资本流动与区域经济差距研究》，《管理世界》2003 年第7 期。

②　杜两省：《论投资在区域间配置的均等与效率》，《投资研究》1996 年第 12 期。

③　Feldstein M. S. *The Effects of Outbound Foreign Direct Investment on the Domestic Capital Stock.* University of Chicago Press，1995.

接投资过程中会更加倾向于资源的寻求、贸易壁垒的破除以及创新技术的学习等。这些动机的本质是促进国内投资规模的扩大。

世界银行对中国跨国公司投资行为的调查对企业对外直接投资动机进行了很好的归纳：寻求资源、拓展市场和降低成本。邓宁将企业对外直接投资的动机分为资源寻求、市场寻求和效率寻求三类。① 资源寻求能够降低国内资源获取的成本，因此也可以归于成本节约效应。小岛清的边际产业转移理论提出：企业向外转移边际产能低下的产业，以凸显比较优势，实际上也是一种效率寻求行为。② 本节按照邓宁对企业对外直接投资动机的分类，相应地提出了 OFDI 推动国内投资增长的三种机制，即成本节约、市场拓展和效率提升。这一分类逻辑与企业对外直接投资的动机相对应，较为全面地概括了企业 OFDI 驱动国内投资规模扩大的路径。

第一，中国企业对外直接投资过程中表现出强烈的资源寻求倾向，这一途径有助于企业节约从本土市场获取资源的成本。肖文和周君芝③指出，中国的对外直接投资偏好于自然资源丰裕但略具市场风险的国家，表现出极强的自然资源寻求倾向。这一动机帮助企业有效解决原材料瓶颈，节约母公司资本，扩大企业国内生产和投资。企业作为一个经营整体，其内部资源的总量在短期内并不发生变化。成本节约型 OFDI 可帮助企业获得国内稀缺的资源，通过直接减少企业为获得原材料所支出的成本来提升企业的投资效益。

第二，对外直接投资通过扩大母国的对外出口，尤其是中间产品的出口来促进母国投资的增加。我国对外直接投资具有明显的出口效应，尤其是对母国中间产品的出口具有拉动作用。④ 市场拓展型 OFDI 能够通过国外市场的拓展和贸易壁垒的规避，帮助众多企业实现正常的海外销售，使其短期内获取国际贸易的好处。

① Dunning J. *Multinational Enterprises and the Global Economy.* Edward Elgar Publishing, 1993.

② Kojima K. *Direct Foreign Investment：A Japanese Model of Multinational Business Operations.* Croom Helm, London, 1978.

③ 肖文、周君芝：《国家特定优势下的中国 OFDI 区位选择偏好——基于企业投资动机和能力的实证检验》，《浙江大学学报》（人文社会科学版）2014 年第 1 期。

④ 陈俊聪、黄繁华：《对外直接投资与贸易结构优化》，《国际贸易问题》2014 年第 3 期。

第三，对外直接投资通过反向调节母国产业结构以及关键技术获取，帮助母国实现资源优化配置；并通过投资收益回流，进一步将资本要素集中在发展潜力更大的优势企业，提高母国资本等要素的利用效率。发展中国家的"逆向对外直接投资"能够通过母国的"学习效应"带来反向技术溢出，使得母国技术积累过程加快，使生产要素以更有效率的方式重新结合。[①] 优势产业技术进步还有助于人力资本等要素向技术密集型产业集中，进一步提高要素的生产效率。从产业竞争力的角度分析，对外直接投资可通过"边际产业转移"的方式淘汰生产力较为落后的夕阳产业，对于母国整体产业结构的优化有着重要的影响。汪琦提出，除了转移夕阳产业，新兴产业的出现和产业间关联关系带来的整体产业效率提升，也很好地带动了母国产业结构的转型升级。[②] 除此之外，投资收益在长期中的回流也进一步增强了对外投资企业的资金实力，帮助其实现规模扩张和技术创新，深化母国资源的优化配置以及提升资本的使用效率。

对外直接投资驱动国内投资技术路线见图 5-1。

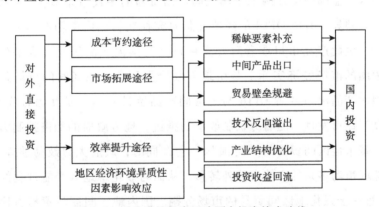

图 5-1　对外直接投资驱动国内投资技术路线

二　OFDI 驱动母国投资的区域性差异探讨

资源寻求是中国 OFDI 的主要动机之一，不同地区资源存量的差异带

---

① 冼国明、杨锐：《技术累积、竞争策略与发展中国家对外直接投资》，《经济研究》1998年第 11 期。

② 汪琦：《对外直接投资对投资国的产业结构调整效应及其传导机制》，《世界经济与政治论坛》2004 年第 1 期。

来 OFDI 对母国投资影响的差异。我国地域辽阔，自然资源储备丰富，但是人均资源的保有量较低。随着经济发展速度的不断加快，资源需求瓶颈日益凸显，不可避免地影响地区投资模式。[①] 从资源储备量来看，作为主体能源的煤炭资源和主要工业原料铁矿石大多分布在华北和西北地区。内蒙古、山西、新疆和贵州四地的煤炭储量占到全国煤炭资源的 80% 以上，主要的铁矿也分布在该区域。考虑原料的可得性和获取成本，西部地区的资源储备远远高于中部和东部地区。丰富的矿产资源储备，一方面纾解了西部地区企业生产的原材料压力，另一方面也可能造成这些省份在考虑对外直接投资的过程中，降低对资源型 OFDI 的需求。然而，从对外直接投资主体来看，西部地区的经济形态主要以国有的形式存在。众多研究表明，国有企业的对外直接投资有更加强烈的资源寻求动机。西部地区国有企业为主导的经济结构，可能导致过度的资源寻求和资源闲置，降低 OFDI 和国内投资的产出效率。

地区企业国内国外两个市场之间产品贸易的替代带来 OFDI 对国内投资的影响差异。有关 OFDI 的经典文献研究往往将国内市场看作一个完整的市场，因此产品出口或者对外直接投资与国内产品贸易互为替代。然而，中国的市场经济实际上是由地方政府主导的，地区间的市场是分割的，因而产品出口或者 OFDI 与地区间产品贸易实际上是互为替代关系。赵永亮和徐勇发现，随着分税制改革的推进，地方政府的经济控制力逐渐增大，带来地区间贸易的"封锁"。[②] 与此同时，政府大力鼓励进口替代，使得地区市场多余的产能向国外转移，从而巧妙化解地区产能过剩的"危机"，进一步强化地区间贸易的市场分割。国内地区间商品贸易占比的下降被国外商品贸易占比的上升所补偿，地区间对外开放程度差异成为产品在国际国内两个市场上分配的重要影响因素。地区间的市场分割还可能造成资本流动的异化。对外开放程度较高的东部地区，企业 OFDI 的资本回流速度远远快于中部和西部地区，因而其回补国内投资的能力也远胜于中

---

① 宋勇超：《中国对外直接投资目的效果检验——以资源寻求型 OFDI 为视角》，《经济问题探索》2013 年第 8 期。

② 赵永亮、徐勇：《国内贸易与区际边界效应：保护与偏好》，《管理世界》2007 年第 9 期。

部和西部地区。

地方企业的技术学习、吸收和内化能力也会影响 OFDI 对母国投资的驱动效应。虽然企业对外直接投资的技术寻求动机并不是主要动机，但是技术寻求带来的"逆向技术溢出"能够促进母国产业结构升级，并迅速提高对外投资企业的生产力。一国对外直接投资的技术溢出效应受到该国经济发展水平、基础设施建设等因素的影响，存在"门槛效应"。我国不同省份间的市场较为独立，各市场之间的经济发展也存在很大差异，因而"逆向技术溢出"带来的冲击也不尽相同。只有当地区的经济发展处于较高水平时，对外直接投资带来的技术溢出才能被吸收；在基础设施薄弱、企业学习能力较差的地区，母公司不仅无法从跨国投资中吸收技术溢出，甚至其本身的技术积累和进步过程也会受到冲击，出现负效应。考虑国内投资所受的影响，东部地区企业的学习能力远高于中部和西部地区，且其技术吸收能力也较强，在对外直接投资过程中能够获得更多的技术溢出好处，因此其技术寻求型 OFDI 对国内投资的驱动效果会更强；西部地区企业学习能力较弱，经济发展基础差，很有可能受到外来技术的冲击而使国内投资环境变差。

三　OFDI 驱动母国投资的区域性差异检验

借鉴 Al-Sadig[①] 的方法，我们构建如下两个实证模型。

模型 1：

$$DI_{i,t} = \alpha_0 + \alpha_1 DI_{i,t-1} + \alpha_2 FDI\_out_{i,t} + \alpha_3 FDI\_in_{i,t} + \overrightarrow{X_{i,t}}'\vec{\beta} + \varepsilon_{i,t} \qquad (5-1)$$

模型 2：

$$DI_{i,t} = \alpha_0 + \alpha_1 DI_{i,t-1} + \alpha_2 FDI\_out_{i,t} \times heter + \alpha_3 FDI\_in_{i,t} + \overrightarrow{X_{i,t}}'\vec{\beta} + \varepsilon_{i,t} \qquad (5-2)$$

其中，$DI_{i,t}$ 表示一个地区在第 t 期的全社会固定资产投资增量[②]，

---

①　Al-Sadig A. J. "Outward Foreign Direct Investment and Domestic Investment: The Case of Developing Countries". *Working Paper of IMF*, pp. 1–27.
②　本章研究仅限于非金融类对外直接投资，故使用全社会固定资产投资而不是国内总投资作为国内投资的代理变量。

$DI_{i,t-1}$ 为其滞后项。$FDI\_in_{i,t}$ 和 $FDI\_out_{i,t}$ 分别是该地区在第 t 期的外商直接投资流量和对外直接投资流量。$\overrightarrow{X_{i,t}}$ 为控制变量矩阵。$heter$ 为地区异质性因素。$\varepsilon_{i,t}$ 为随机变量。

储蓄、产出和产品市场相关因素是国内投资的重要影响因素[1]，而一个国家的对外开放程度也会作为环境因素影响企业的投资[2]。本节选取当年新增储蓄[3]（$Saving$）、真实国内生产总值的增长率（$Rgdpg$，以 1978 年为基期）、物价水平（Inf）和对外开放程度（$Openness$）[4] 作为控制变量进行回归。为了保证指标的一致性，把数据全部转化为以亿元人民币为单位。数量性指标（DI、FDI_in、FDI_out、$Saving$）全部转换为与当年真实国内生产总值（以 1978 年为基期）的比值。异质性因素分为资源禀赋（$Resource$）、出口规模（$Market$）和技术发展水平（$Tech$）三个指标，分别用采矿业全社会固定资产投资与真实国内生产总值的比值、出口与真实国内生产总值的比值以及专利授权数的增长率作为代理变量。

本节选取了我国 31 个省区市 2004~2013 年的非平衡面板数据进行回归，各省区市年度本外币存款余额数据来源于各年份《中国金融年鉴》，采矿业全社会固定资产投资、专利授权数来源于国家统计局，其余指标数据均来自 Wind 数据库。

对整个样本和东中西部三个子样本分别进行静态、动态面板回归，以检验地区差异的存在性［模型（5-1）］。针对模型（5-1）揭示的差异以及产生的问题，本节将在模型（5-2）的基础上逐次加入三个地区异质性因素，并使用系统 GMM 进行回归分析，以检验各个因素的作用机制以及各地区差异产生的原因。

本节首先检验对外直接投资对国内投资影响的地区差异。对所有数据进行 5% 的缩尾处理以消除异常值影响。描述性统计结果如表 5-1 所示。

---

① Al-Sadig A. J. "Outward Foreign Direct Investment and Domestic Investment: The Case of Developing Countries". *Working Paper of IMF*, pp. 1-27.

② 项本武：《中国对外直接投资的贸易效应研究——基于面板数据的协整分析》，《财贸经济》2009 年第 4 期；崔日明、张婷玉、张志明：《中国对外直接投资对国内投资影响的实证研究》，《广东社会科学》2011 年第 1 期。

③ 包括本币和外币的储蓄，因此采用年末本外币存款余额作为代理变量。

④ 对外开放程度=进出口总额/实际国内生产总值。

全社会固定资产投资增量均值为 3.166，标准差为 1.021，外商直接投资流量和对外直接投资流量的均值分别为 0.117 和 0.008，标准差分别为 0.084 和 0.008。外商直接投资流量均值高于对外直接投资，反映了我国多年来致力于"引进来"，而"走出去"相对发展较晚的国际投资现状。其余指标描述性统计见表 5-1。

表 5-1　各变量描述性统计

变量	均值	标准差	最大值	最小值	中位数	25th 分位	75th 分位
DI	3.166	1.021	4.831	1.833	3.077	2.232	4.078
FDI_out	0.008	0.008	0.025	0.000	0.006	0.001	0.013
FDI_in	0.117	0.084	0.277	0.016	0.095	0.047	0.179
Openness	9.731	10.319	33.324	2.066	4.505	2.889	11.884
Saving	7.647	1.962	11.151	5.041	7.321	6.001	9.087
Rgdpg	0.168	0.047	0.236	0.096	0.172	0.128	0.207
Inf	0.033	0.015	0.054	0.015	0.030	0.018	0.048

相关性检验的结果显示，除物价水平以外，大部分变量与国内投资存在相关性。其中，对外直接投资与国内投资有正的相关性。由于解释变量之间也存在显著的相关性，为了排除多重共线性对最终结果的影响，本节计算了平均方差膨胀系数 VIF，VIF 为 1.71，排除了多重共线性的影响。

首先将样本按照省区市的地区分布划分为东中西三个子样本，再分别对整体样本和子样本进行最小二乘线性回归，以检验对外直接投资对国内投资的影响以及其地区差异。考虑到内生性问题，本节分别进行静态面板和动态面板回归，回归结果如表 5-2 所示，从左至右分别是整体样本静态回归（列 1）、整体样本动态回归（列 2），以及东（列 3、列 4）、中（列 5、列 6）、西（列 7、列 8）三个地区样本的静态、动态回归。

表 5-2　OLS 回归结果

变量	1	2	3	4	5	6	7	8
$DI_{i,t-1}$		0.425*** (8.89)		0.340*** (4.02)		0.811*** (11.78)		0.419*** (6.40)

续表

变量	1	2	3	4	5	6	7	8
FDI_out	26.679 ***	7.747	35.881 ***	37.085 ***	85.871 ***	38.150 ***	10.230	-1.988
	(4.92)	(1.45)	(5.41)	(4.53)	(4.57)	(3.21)	(1.21)	(-0.29)
FDI_in	2.092 ***	2.519 ***	1.064 *	1.964 ***	6.785 ***	3.771 ***	1.426	2.320 **
	(4.18)	(5.62)	(1.94)	(3.38)	(3.74)	(2.94)	(1.14)	(2.44)
Openness	-0.074 ***	-0.053 ***	-0.044 ***	-0.034 ***	0.048 *	-0.003	-0.020	-0.054 **
	(-16.47)	(-11.52)	(-7.65)	(-5.56)	(0.58)	(-0.06)	(-0.58)	(-2.04)
Saving	0.176 ***	0.143 ***	0.014	-0.033	0.098	0.015	0.507 ***	0.377 ***
	(8.27)	(6.38)	(0.61)	(-0.79)	(1.57)	(0.38)	(13.15)	(8.94)
Rgdpg	-4.069 ***	-1.858 *	-0.049	1.664	-4.212 **	3.375 **	-2.466	-2.006
	(-3.36)	(-1.69)	(-0.03)	(0.89)	(-2.14)	(2.42)	(-1.38)	(-1.38)
Inf	7.389 ***	3.793	2.072	-1.321	4.377	-7.037 *	5.0228	5.567
	(2.41)	(1.37)	(0.50)	(-0.32)	(0.75)	(-1.87)	(1.13)	(1.55)
常数项	2.541 ***	1.108 ***	2.757 ***	1.679 ***	1.966 ***	-0.523	-0.334	-0.776 **
	(9.89)	(4.01)	(8.39)	(3.21)	(3.54)	(-1.25)	(-0.73)	(-2.06)
调整 R^2	0.497	0.601	0.507	0.564	0.528	0.839	0.691	0.823
N	310	300	120	110	80	70	110	100

注：***、**、*分别表示在1%、5%和10%的显著性水平下显著，括号里的为t值。

面板回归的结果显示（列7、列8），西部地区对外直接投资对国内投资的影响并不显著，且前期国内投资的滞后效应会干扰这种过程。这表明，西部地区的经济增长仍然以国内投资推动型为主导，由政府投资推动的基础设施建设是西部经济发展的主要推动力。西部地区的对外直接投资不仅规模小，其资本回流补充国内投资的能力也弱于东部和中部地区。这一现象产生的原因主要有两个：第一，西部地区对外直接投资的动力不足，且政策性投资占比较高，投资目的不明确，因而很难产生对国内资本的回补；第二，由于经济发展以及金融机构建设等环境原因，西部地区资本的流动性较差，资本增加主要依赖本地的积累，向外输出资本和从外部引入资本的能力较弱，造成对外直接投资与国内投资的联系不紧密，也难以产生内外联动。

除西部地区以外，东部地区（列3、列4）和中部地区（列5、列6）的对外直接投资带动国内投资增长的作用明显，且这种作用在动态过程中也基本保持稳定。东部地区经济发展快、对外投资活跃，经济性目的为主的对外直接投资占到相当大的比例，对外直接投资成为国内投资的重要"助推器"，基本符合经济发展的现实。然而，中部地区这一作用又从何而来？这需要借助模型（5-2）进行分析，从中微观的角度挖掘确定资源禀赋、国际市场开拓程度以及技术引进能力这三个方面的要素如何在这一过程中发挥作用。

四　OFDI 驱动母国投资的区域性差异原因探讨

受到数据可得性的限制，本节只对地区的三个经济环境差异进行探讨。资源禀赋（Resource）（采矿业全社会固定资产投资与真实国内生产总值的比值）、出口规模（Market）（出口与真实国内生产总值的比值）和技术发展水平（Tech）（当年专利授权数的增长率）三个指标，较为全面地反映了东、中、西部三个地区在经济环境方面的差异，并且这些差异在理论上都能够影响地区 OFDI 助推国内投资增长的过程。

我们仍然区分整体样本和东中西三个子样本，并进行动态回归分析，但为了消除内生性影响，引入系统 GMM 回归的方法，这一方法有助于在缺乏工具变量的情况下，解决面板回归中的内生性问题。回归结果如表 5-3 所示，从左至右分别是整体样本中对三要素进行交叉项回归的结果（列1、列2、列3）；东部子样中对三要素进行交叉项回归的结果（列4、列5、列6）；中部子样中对三要素进行交叉项回归的结果（列7、列8、列9）；西部子样中对三要素进行交叉项回归的结果（列10、列11、列12）。

表 5-3　全国和东部、中部和西部地区系统 GMM 回归结果

变量	1	2	3	4	5	6
$DI_{i,t-1}$	0.445 *** (9.720)	0.470 *** (10.24)	0.473 *** (10.440)	0.377 *** (4.010)	0.471 *** (5.140)	0.450 *** (5.310)
FDI_out	1.531 *** (5.210)	1.298 *** (4.270)	0.780 ** (4.260)	13.183 *** (3.440)	12.671 *** (3.240)	12.243 *** (3.240)
$FDI\_out×Resource$	9.223 *** (3.330)			8.065 * (1.970)		
$FDI\_out×Market$		0.056 *** (2.93)			0.032 * (1.690)	

续表

变量	1	2	3	4	5	6
FDI_out×Tech			2.022**			3.499**
			(2.26)			(2.410)
FDI_in	1.501***	1.991***	1.998***	1.432*	3.200**	1.733**
	(2.890)	(2.970)	(4.15)	(1.760)	(2.400)	(2.530)
Openness	−0.048	−0.055***	−0.051***	−0.033***	−0.029**	−0.036***
	(−10.580)	(−8.930)	(−11.39)	(−4.820)	(−2.430)	(−5.410)
Saving	0.145***	0.153***	0.148***	0.008*	0.006**	0.022**
	(6.540)	(6.720)	(6.610)	(1.950)	(2.130)	(2.540)
Rgdpg	−1.513	−1.098	−1.200	−0.557	0.522	−0.314
	(0.121)	(−1.120)	(−1.230)	(−0.290)	(0.280)	(−0.170)
Inf	3.594	2.955	3.247	1.017	−0.936	1.868
	(1.260)	(1.020)	(1.130)	(0.230)	(0.410)	(0.410)
常数项	0.984***	0.886***	0.881***	1.787***	1.275**	1.413***
	(3.740)	(3.330)	(3.350)	(3.130)	(2.370)	(2.730)
AR (1)	0.000	0.000	0.000	0.000	0.000	0.000
AR (2)	0.174	0.124	0.142	0.515	0.544	0.478
Sargen 检验	0.110	0.097	0.077	0.147	0.156	0.132
N	300	300	300	100	100	100

变量	7	8	9	10	11	12
$DI_{i,t-1}$	0.698***	0.802***	0.802***	0.501***	0.517***	0.519***
	(13.390)	(11.050)	(11.560)	(8.950)	(9.590)	(9.740)
FDI_out	8.441***	9.083***	9.589***	5.960	5.519	5.238
	(3.910)	(3.030)	(2.960)	(1.430)	(1.330)	(1.270)
FDI_out×Resource	18.336***			4.967		
	(7.180)			(0.890)		
FDI_out×Market		0.351			−0.075	
		(0.360)			(−0.180)	
FDI_out×Tech			1.034			−0.991
			(0.540)			(−1.210)
FDI_in	3.017***	2.792	3.714***	2.142	3.275	3.296***
	(3.270)	(0.840)	(2.880)	(1.620)	(1.650)	(3.310)
Openness	0.076*	−0.057	−0.013	−0.073***	−0.073**	−0.078***
	(1.760)	(−0.380)	(−0.230)	(−3.190)	(−2.410)	(−3.460)
Saving	0.017	0.057	0.054	0.279***	0.273***	0.273***
	(0.590)	(1.420)	(1.390)	(9.750)	(9.740)	(9.810)

续表

变量	7	8	9	10	11	12
Rgdpg	1.688 *	3.330 **	3.195 **	−1.317	−1.354	−1.508
	(1.720)	(2.580)	(2.420)	(−1.080)	(−1.100)	(−1.240)
Inf	−6.687 **	−7.246 *	−6.875 *	3.771	3.912	4.606
	(−2.340)	(−1.860)	(−1.720)	(1.000)	(1.030)	(1.210)
常数项	−0.354	−0.559	−0.670	−0.380	−0.371	−0.343
	(−1.140)	(−0.910)	(−1.580)	(−1.290)	(−1.210)	(−1.170)
AR（1）	0.000	0.000	0.000	0.000	0.000	0.000
AR（2）	0.274	0.118	0.215	0.114	0.146	0.128
Sargen 检验	0.073	0.067	0.095	0.056	0.088	0.098
N	60	60	60	90	90	90

注：*** 、 ** 、 * 分别表示在1%、5%、10%的显著性水平下显著，括号里的为 t 值。

从总体回归结果（列1、列2、列3）来看，资源是否丰裕对企业对外直接投资的资源需求动机并不产生本质的影响，资源越丰裕的地区，对外直接投资对国内投资的拉动作用越明显，这一结果并不符合预期。然而，考虑到目前我国的对外直接投资发展还不够成熟，国有大型企业在外向型对外直接投资中占比较高，这一现象或许不难理解。众多学者研究发现，中国国有企业在外向型对外直接投资过程中并没有考虑国内各地区差异化的自然资源储备，对外部资源获取有着强烈的偏好。[①] 在资源型企业中，国有企业的垄断性地位保证了其产品在国内的销售，并不受地区市场分割的影响，因此其国内投资仍然能够保持增长。这种对外直接投资与国内市场联结的方式单纯依靠产量增加来带动国内的投资，并不具有资源配置优势。

在出口规模和技术发展水平两条路径上，东部地区的回归显示其具有显著的正向效应（列4、列5、列6），表明东部地区主要依赖出口规模的扩大以及企业技术能力的提升两大途径来实现 OFDI 对国内投资的推动。

①　李磊、郑昭阳：《议中国对外直接投资是否为资源寻求型》，《国际贸易问题》2012年第2期；宋勇超：《中国对外直接投资目的效果检验——以资源寻求型 OFDI 为视角》，《经济问题探索》2013年第8期；肖文、周君芝：《国家特定优势下的中国 OFDI 区位选择偏好——基于企业投资动机和能力的实证检验》，《浙江大学学报》（人文社会科学版）2014年第1期。

出口规模扩大带来的市场拓展效应以及技术能力提升带来的溢出效应，不仅直接推动国内产出规模的"广化"，还通过经济、金融环境的"深化"促进资本回流，进一步扩大国内投资和储蓄的规模。

从表5-3的回归结果还可以看出，中部地区（列7、列8、列9）对外直接投资的带动效应主要来源于资源寻求，虽然这一途径带来的效果不明显，但是由于规模巨大，因此也能带来一定的国内投资增加。

西部地区的回归结果显示，企业的出口规模越大、企业技术能力越高，地区对外直接投资对国内投资的拉动效应可能越不明显（列11、列12系数符号为负）。与东部地区相比，西部地区的技术创新能力相对较弱，创新环境差，激励不足。在对外开放的过程中，"逆向技术外溢"的作用具有两面性，对于技术吸收能力较强的东部和中部地区，技术外溢通过"学习效应"充分地促进了技术创新；然而对于创新基础薄弱、创新吸收能力较差的西部地区，国外先进技术的引进可能会进一步削弱国内企业的创新积极性，造成生产效率低下，国内投资减少。与此同时，西部地区市场发展滞后，企业生产的产品在国际市场上的竞争力不足。[1]部分企业OFDI带来的贸易壁垒破除、中间产品出口增加的好处，并没有资本流出和创新削弱带来的坏处多，从而造成国内投资流动性下降，规模缩减。

本节在前人研究的基础上，分析了企业对外直接投资影响国内投资的机理和传导路径。在综合考虑中国各地区资源禀赋、出口规模和技术能力等差异的基础上，我们认为分割的地区市场造成OFDI影响国内投资的途径存在差异。经验研究证实了这一差异的存在，并解释了差异产生的原因，主要结论如下：东部地区运用其深厚的经济基础和政策先发优势，已然在对外直接投资过程中发挥出巨大的主动性，并且由此带动了国内稀缺资源的补充、出口规模的扩大以及技术能力的提升，对外投资成效显著；中部地区尚处发展的上升期，对外直接投资拉动国内投资仍然依赖大规模的资源寻求型OFDI来实现；西部地区准备不足，在对外直接投资过程中受到了国外技术的冲击，存在资本外流的问题，造成

---

① 伞锋：《试论我国三大地区的对外开放度》，《国际贸易问题》2002年第4期。

国内投资规模缩减。

　　地区之间资源条件、经济基础差异巨大，在实行"走出去"战略时需要充分考虑，认真研究时机与方式，做到因地制宜。长期以来，由于缺乏相应的研究，我国对外直接投资政策在制定时往往过多地关注向外投资规模的数量性上涨，而忽视了上涨过程中质的提升；在制定政策过程中也极少关注地区差异，造成政策实施困难，甚至出现政策干扰市场的现象。为此，首先，应该明确对外直接投资的目的是带动国内经济发展，扩大国内投资规模，促进国内就业。而国内投资规模的扩大是关键性指标，因此也需纳入对外直接投资绩效的评价体系中。其次，政策的制定需要针对不同的地区实现差异化。东部地区对外直接投资发展成熟、经验丰富，在制定政策的过程中需把握发挥市场主体作用的原则，提升企业对外投资的积极性。中部地区发展缓慢，经济发展模式尚未定型，需要更多的政策支持和引导。西部地区市场发展滞后，企业自主创新能力和竞争能力薄弱，需要重点监控资本的流出和企业对国外创新技术的依赖，制定鼓励企业自主创新的机制，增强企业的整体竞争力。在具体的政策制定中，可以充分研究东部地区对外直接投资的经验，并结合中西部地区的区域特征进行调整。最后，中西部地区的自然资源储备量大，应该充分利用这一优势，在对外直接投资的过程中提高资源的产出效率。

第二节　贸易壁垒对 OFDI 逆向技术溢出省际扩散的影响研究

　　技术吸收和技术扩散是 OFDI 逆向技术溢出的两大环节。技术吸收是研发资本从东道国向母国转移的过程，技术扩散是研发资本在母国内部转移的过程。然而，以往研究大多只关注技术吸收，对技术扩散的讨论较少，或者直接将二者混为一谈。[①] 事实上，OFDI 逆向技术溢出在省份间的扩散对母国整体技术进步有重要影响。单个企业吸收新技术只能获

---

　　① 赵伟、古广东、何元庆：《外向 FDI 与中国技术进步：机理分析与尝试性实证》，《管理世界》2006 年第 7 期。

得较少的超额利润，只有通过地区间的技术交流与合作，才能带动整个区域技术创新能力提升。因此，对于 OFDI 逆向技术溢出的讨论，不应该局限于简单的技术吸收层面，更应该从动态的视角追踪其在国内的扩散过程。

研究国外引进技术在国内的扩散过程，是提升我国整体技术创新能力的现实需要。随着"走出去"战略的实施，我国企业通过对外直接投资有效地提升了技术水平，其中不乏联想、万向等企业的成功案例。[①] 但整体来说，我国企业的技术和品牌影响力仍有所欠缺。进一步研究发现，省际贸易壁垒的存在，使得技术的区域间扩散难度加大，从而减缓了整体技术水平的提高。[②] 通过国际投资渠道获得的逆向技术溢出，其扩散过程也会受到省际贸易壁垒的影响。目前，已有学者对 FDI 技术溢出和省际贸易壁垒的互动关系进行了深入研究[③]，但针对 OFDI 的研究尚属空白。同时，这一研究也是国际经济形势转变后的积极应对策略。当前全球经济持续低迷，带来国际贸易保护主义重新抬头。技术先进国对落后国的技术封锁，使得国际市场技术转移变得愈加困难，更多企业开始关注国外引进技术在国内的吸收和转化效率。其中，国外引进技术在国内的扩散是非常重要的一环。母国省际贸易壁垒对 OFDI 引进技术的省域间扩散是否存在影响，通过什么方式影响，对国内创新能力形成有何阻碍，成为值得探讨的问题。在这一背景下，本节重点关注 OFDI 逆向技术溢出的区域扩散过程，并在此基础上进行实证研究。本节的主要工作如下：通过测算 OFDI 逆向技术溢出在母国省际的扩散量，以及贸易壁垒对其的影响，完善 OFDI 逆向技术溢出与母国技术创新方面的研究，同时探讨省际制度性因素对引进创新的影响。

关于 OFDI 逆向技术溢出效应的研究由来已久。跨国公司通过在海外

---

① 陈菲琼、虞旭丹：《企业对外直接投资对自主创新的反馈机制研究：以万向集团 OFDI 为例》，《财贸经济》2009 年第 3 期。

② 毛其淋、盛斌：《对外经济开放、区域市场整合与全要素生产率》，《经济学》（季刊）2012 年第 1 期。

③ 赵奇伟：《东道国制度安排、市场分割与 FDI 溢出效应：来自中国的证据》，《经济学》（季刊）2009 年第 3 期。

设立子公司或者 R&D 机构，快速地实现与技术丰裕国家的知识和人才交流，获得国际技术溢出的好处。① 珀特锐和利希滕贝格首次将 OFDI 作为溢出渠道引入 C-H 模型，并对美国、日本和欧盟 11 个国家的进口、引进外贸和对外投资技术溢出进行了测算，发现 OFDI 渠道所溢出的外国研发资本对母国全要素生产率提升有促进作用。② 比策和克莱克斯对 17 个 OECD 国家的研究结果显示，OFDI 逆向技术溢出对本国生产率的提升并没有显著作用，非"G7"国家的 OFDI 甚至还有显著负面效应。③ 李等从技术差距的视角出发，研究了中国不同省份跨国公司与东道国间的技术差距如何影响 OFDI 逆向技术溢出，认为只有当技术差距足够小时，逆向技术溢出效应才会存在。④ 厄特和莫索勒斯的研究显示，小型国家从国际贸易和投资中获得更多技术溢出，而富裕国家的技术进步更多来源于国内研发溢出和地区间技术扩散。⑤ 常等使用跨境专利和共有专利数作为国际技术溢出的代理变量进行研究，得出母国高水平的技术交易支出、企业研发投入和教育能够促进 OFDI 逆向技术溢出的结论。⑥ 金姆等专门研究了南-南投资中

① Kogut B. , Chang S. J. "Technological Capabilities and Japanese Direct Investment in the United States". *Review of Economics and Statistics*, Vol. 73, No. 3, 1991, pp. 401−413; Jaffe A. B. , Trajtenberg M. , Henderson R. "Geographic Localization of Knowledge Spillovers as Evidenced by Patent Citations". *The Quarterly Journal of Economics*, Vol. 108, No. 3, 1993, pp. 577−598; Neven D. , Siotis G. "Foreign Direct Investment in the European Community: Some Policy Issues". *Oxford Review of Economic Policy*, Vol. 9, No. 2, 1993, pp. 72−93; Coe D. T. , Helpman E. "International R&D Spillovers". *European Economic Review*, Vol. 39, No. 5, 1995, pp. 859−887; Lichtenberg F. , Potterie B. V. P. D. L. "International R&D Spillovers: A Re-examination". *National Bureau of Economic Research*, 1996.

② Potterie B. V. P. D. L. , Lichtenberg F. "Does Foreign Direct Investment Transfer Technology across Borders?" *Review of Economics and Statistics*, Vol. 83, No. 3, 2001, pp. 490−497.

③ Bitzer J. , Kerekes M. "Does Foreign Direct Investment Transfer Technology across Borders? New Evidence". *Economics Letters*, Vol. 100, No. 3, 2008, pp. 355−358.

④ Li M. , Li D. , Lyles M. , Liu S. "Chinese MNEs' Outward FDI and Home Country Productivity: The Moderating Effect of Technology Gap". *Global Strategy Journal*, Vol. 6, No. 4, 2016, pp. 289−308.

⑤ Ertur C. , Musolesi A. "Weak and Strong Cross-Sectional Dependence: A Panel Data Analysis of International Technology Diffusion". *Journal of Applied Econometrics*, 2016, pp. 477−503.

⑥ Chang C. , McAleer M. , Tang J. "Joint and Cross-border Patents as Proxies for International Technology Diffusion". *International Journal of Innovation and Technology Management*, Vol. 15, No. 2, 2018, pp. 1−29.

的技术溢出，认为国际技术溢出提高了投资国的生产率。① 国内学者从实践出发，对 OFDI 逆向技术溢出的机制和方式进行了诸多探讨。赵伟等梳理了 OFDI 逆向技术溢出的四个机制，并分别构建了国内全要素生产率对 OFDI 投资存量、OFDI 研发存量的回归模型，结果显示：中国 OFDI 有显著的逆向技术溢出效应。② 王英和刘思峰在 LP 模型基础上对 OFDI、FDI、国际贸易和国内研发四条渠道的技术进步作用进行了研究，但并不支持存在 OFDI 逆向技术溢出效应。③

　　近年来，OFDI 逆向技术溢出在母国区域间的扩散效应开始得到关注。OFDI 作为连接国外创新网络的一种方式，对母国区域创新网络发展具有重要影响：区域内技术能力较强的企业会通过 OFDI 吸收国外先进技术，并通过"示范效应"和"协同效应"扩散到区域内的其他企业。④ 由于我国省际发展的不平衡，对区域引进创新技术的研究还需区分省内和省际两个部分。⑤ 为了最大限度地获取 OFDI 逆向技术溢出的好处，不同省份间的企业会通过多种方式进行技术交流。区域间产品贸易和产业联系，是 OFDI 逆向技术溢出得以扩散的首要路径。⑥ 技术创新信息通过产品贸易和地区间产业关系网进行扩散，向省外潜在技术采纳者传递创新知识。区域间技术贸易也是 OFDI 逆向技术溢出省际扩散的重要方式。⑦ 省外潜在技术采纳者通过技术贸易，直接获得新技术的专利权，共享技术溢出带来的超额利润。最后，省际人才交流也会带动 OFDI 逆向技术溢出的省际扩散。⑧ 由人

① Kim H., Lee H., Lee J. "Technology Diffusion and Host-country Productivity in South-South FDI Flows". *Japan and the World Economy*, No.33, 2015, pp.1-10.
② 赵伟、古广东、何元庆：《外向 FDI 与中国技术进步：机理分析与尝试性实证》，《管理世界》2006 年第 7 期。
③ 王英、刘思峰：《国际技术外溢渠道的实证研究》，《数量经济技术经济研究》2008 年第 4 期。
④ 宋跃刚、杜江：《制度变迁、OFDI 逆向技术溢出与区域技术创新》，《世界经济研究》2015 年第 9 期。
⑤ 陈继勇、盛杨怿：《外商直接投资的知识溢出与中国区域经济增长》，《经济研究》2008 年第 12 期。
⑥ 周密、刘璇：《我国技术空间扩散效应的测度与比较》，《科学管理研究》2009 年第 4 期。
⑦ 陈劲、魏诗洋、陈艺超：《创意产业中企业创意扩散的影响因素分析》，《技术经济》2008 年第 3 期。
⑧ 朱恒源、刘广、吴贵生：《城乡二元结构对产品扩散的影响研究：以彩电采用为例》，《管理世界》2006 年第 4 期。

才流动带来的技术学习，通过降低省外潜在技术采纳者的学习成本，加速新技术在省内外扩散。

区域贸易壁垒会改变 OFDI 逆向技术溢出在不同省份间的扩散模式，甚至阻碍其省际扩散。① 自杨②进行研究以来，中国地区市场分割一直是研究的热点③。中国政府的行政性分权改革，建立在国内资源分配扭曲的基础上，因而其推进过程一直伴随着地区市场分割和贸易保护的弊病。由政府行为带来的区域性贸易壁垒，对省际产业、技术和人才市场融合起到干扰作用，使得技术在区域间呈现非均衡的"S形"扩散模式。地区贸易保护壁垒对东道国 FDI 技术溢出的负向效应，已经在实证中得到了检验。④ OFDI 逆向技术溢出在省际的扩散机理与 FDI 技术溢出相似，因而同样会受到区域间贸易壁垒的影响。通过产品交易、技术交易和人才交流，省外潜在技术采纳者能够获得本省企业 OFDI 逆向技术溢出扩散的好处。然而，地区政府在三个市场上设置的壁垒，则会影响其扩散的整体效果。

对现有文献进行梳理发现，在理论方面，现有文献对 OFDI 逆向技术溢出、技术扩散以及省际贸易壁垒进行了诸多研究，但鲜有学者探讨三者之间的关系。部分学者探究了 OFDI 逆向技术溢出带动母国区域技术能力提升的机制，但未将区域划分为省内和省外进行研究，忽略了省际因素对 OFDI 逆向技术溢出的影响。而且，现有文献仅仅研究了经济一体化下，东道国省际贸易壁垒对 FDI 技术溢出的影响，并未将研究的视角转移到 OFDI 逆向技术溢出上。在实证方面，基于测算的难度和复杂度，很多学者只测算了通过人力资本吸收的 OFDI 逆向技术溢出量，对其省际扩散量并未进行测定。同时，当前文献仅对 FDI 技术溢出受东道国省际贸易壁垒影响的机制进行了经验研究，由于缺乏对 OFDI 逆向技术溢出省际扩散效应的足

① Borensztein E., De Gregorio J., Lee J. W. "How Does Foreign Direct Investment Affect Economic Growth?" *Journal of International Economics*, Vol. 45, No. 1, 1998, pp. 115–135.
② Young A. "The Razor's Edge: Distortions and Incremental Reform in the People's Republic of China". *Quarterly Journal of Economics*, Vol. 115, No. 4, 2000, pp. 1091–1135.
③ 黄赜琳、王敬云：《地方保护与市场分割：来自中国的经验数据》，《中国工业经济》2006 年第 2 期。
④ 赵奇伟：《东道国制度安排、市场分割与 FDI 溢出效应：来自中国的证据》，《经济学》（季刊）2009 年第 3 期。

够重视，尚未有文献针对 OFDI 开展相应研究。基于此，本节将从两个方面着手研究母国区域贸易壁垒对 OFDI 逆向技术溢出省际扩散的影响：一是借鉴产业经济学中的引力模型，测定 OFDI 逆向技术溢出在省际的扩散量；二是引入省际产品、技术和人才流动的三类壁垒进行经验研究，综合分析 OFDI 逆向技术溢出在省份间扩散的影响因素。

一 OFDI 逆向技术溢出的省际扩散量研究

OFDI 逆向技术溢出的省际扩散量测定包括两个基本过程。第一，借鉴 LP 模型测算各省份 OFDI 逆向溢出的技术量；第二，运用产业经济学的引力模型，计算出各省份相应的扩散量。

珀特锐和利希滕贝格对 C-H 模型进行了扩展，将 OFDI 作为技术溢出渠道引入模型。[1] 之后众多学者的经验研究都是基于对该模型的拓展。[2] 运用这一模型的扩展形式研究各省份 OFDI 的逆向技术溢出，模型如下：

$$\ln(TECH_{it}) = \alpha_i + \beta_1 \ln(S_{it}^D) + \beta_2 \ln(S_{it}^{OFDI}) + \beta_3 \ln(S_{it}^{FDI}) + \beta_4 \ln(S_{it}^{IM}) +$$
$$\beta_5 \ln(H_{it}) + \beta_6 \ln(PGDP_{it}) + \beta_7 OPEN_{it} + \beta_8 \ln(S_{it}^{OFDI}) \times \ln(H_{it}) + \varepsilon_{it} \quad (5-3)$$

其中，下标 i 代表省份，下标 t 代表时期，$TECH_{it}$ 表示技术进步，S_{it}^D 表示国内研发资本存量。S_{it}^{OFDI} 表示 OFDI 带来的国外研发资本存量；S_{it}^{FDI} 表示 FDI 带来的国外研发资本存量；S_{it}^{IM} 表示进口贸易带来的国外研发资本存量；H_{it} 表示人力资本存量；$PGDP_{it}$ 表示经济发展水平，用人均国内生产总值表示；$OPEN_{it}$ 表示对外开放程度，用进出口贸易额占国内生产总值的比重表示。交叉项的引入用于测定国内对外直接投资企业通过人力资本吸收逆向技术溢出的量。

[1] Potterie B. V. P. D. L., Lichtenberg F. "Does Foreign Direct Investment Transfer Technology across Borders?" *Review of Economics and Statistics*, Vol. 83, No. 3, 2001, pp. 490-497.
[2] 白洁：《对外直接投资的逆向技术溢出效应——对中国全要素生产率影响的经验检验》，《世界经济研究》2009 年第 8 期；李梅、柳士昌：《对外直接投资逆向技术溢出的地区差异和门槛效应——基于中国省际面板数据的门槛回归分析》，《管理世界》2012 年第 1 期；衣长军、李赛、张吉鹏：《制度环境、吸收能力与新兴经济体 OFDI 逆向技术溢出效应——基于中国省际面板数据的门槛检验》，《财经研究》2015 年第 11 期；陈昊、吴雯：《中国 OFDI 国别差异与母国技术进步》，《科学学研究》2016 年第 1 期。

本节选取 2003~2013 年我国 30 个省区市（不含西藏和港澳台地区）的面板数据进行回归。考虑数据可得性和样本代表性，选取 34 个主要贸易伙伴国[①]作为我国对外直接投资的主要流向国。我国对以上国家的 OFDI、FDI、进口额分别占到各自投资和贸易总额的 72.74%、71.16% 和 65.30%，具有样本代表性。

本节采用数据包络法（DEA）计算得到各地区的技术进步 $TECH_{it}$。投入要素为各省区市当年全社会固定资产投资和三次产业就业人员总数，产出要素为各省区市当年的国内生产总值。各省区市全社会固定资产投资和国内生产总值按照本省消费价格指数平减为以 2003 年为基期的不变价格。数据来源于国研网和各省份《国民经济和社会发展统计公报》。

国内研发资本存量 S_{it}^D 采用永续盘存法进行测定，计算公式为：$S_{it}^D = I_{it} + (1-\delta) S_{it-1}^D$。其中，$I_{it}$ 是各省份历年 R&D 的投入金额。选取 2003 年为基期，2003 年的国内研发资本存量利用 2003 年 R&D 经费支出除以折旧率和平均增长率的和计算得到，即 $S_{i2003}^D = I_{i2003} / (\delta + \bar{g})$。折旧率的数值按照国际惯例取 5%。各省份 R&D 经费支出数据来源于《中国科技统计年鉴》。

通过 OFDI 获得的研发资本存量，先用与国内研发资本存量相同的永续盘存法计算出各国的总存量 $S_{jt}^D (j=1,2,\cdots,34)$，再参考珀特锐和利希滕贝格[②]对国外知识溢出的测算方法，建立以下公式：$S_{it}^{OFDI} = \sum_j \dfrac{OFDI_{jt}}{GDP_{jt}} S_{jt}^D \times \dfrac{OFDI_{it}}{\sum_i OFDI_{it}}$。其中，第一项是全部 34 国的研发资本存量用于 OFDI 的部分，通过各国 OFDI 支出占各国国内生产总值的比重加权求和得到；第二项是 i 省 OFDI 支出占全国总支出的比重，由此计算 i 省通过 OFDI 获得的国外研发存量溢出。各国 R&D 经费支出利用联合国教科文组织数据库、OECD 数

---

①　包括美国、日本、澳大利亚、英国、加拿大、德国、法国、瑞典、意大利、爱尔兰、比利时、波兰、荷兰、捷克、匈牙利、西班牙、巴基斯坦、韩国、哈萨克斯坦、马来西亚、蒙古国、泰国、新加坡、伊朗、印度、印度尼西亚、南非、俄罗斯、巴西、赞比亚、哥伦比亚、墨西哥、土耳其、阿根廷 34 个发达、发展中和转型国家。

②　Potterie B. V. P. D. L., Lichtenberg F. "Does Foreign Direct Investment Transfer Technology across Borders?" *Review of Economics and Statistics*, Vol. 83, No. 3, 2001, pp. 490-497.

据库数据整理获得，各国国内生产总值和消费物价指数来源于世界银行数据库，各省份 OFDI 数据来源于《中国对外直接投资统计公报》。

各省份通过 FDI 和进口贸易方式获得的研发资本溢出的测算方法类似。先用 t 时期 j 国流入我国的外商直接投资额（进口贸易额）占该国国内生产总值的比重作为权重算出所有国家对中国的研发资本溢出，再用各省份外商直接投资额（进口贸易额）占全国的比重测算出各省份获得的研发溢出。外商直接投资额和各省份进口贸易额数据来源于《中国贸易外经统计年鉴》。

各省份人力资本存量根据巴罗和李[①]的方法计算：H_{it} = 小学比重×6+初中比重×9+高中比重×12+大专比重×16。各省份就业人员以及受教育程度数据来源于《中国劳动统计年鉴》。

各变量描述性统计如表 5-4 所示。

表 5-4　各变量描述性统计

变量	均值	标准差	中位数	最大值	最小值	样本量
$\ln(TECH)$	-0.0531	0.3492	-0.1335	0.8642	-0.6501	330
$\ln(S^D)$	3.764	1.5825	3.8964	6.972	-0.913	330
$\ln(S^{OFDI})$	-0.6848	2.2891	-0.3046	4.0823	-8.3929	330
$\ln(S^{FDI})$	-0.2901	2.0317	0.1893	2.8776	-7.9853	330
$\ln(S^{IM})$	2.9507	1.6375	2.6754	6.8072	-1.2121	330
$\ln(H)$	2.1726	0.1309	2.1715	2.5731	1.8207	330
$\ln(PGDP)$	0.8110	0.6871	0.8063	2.3038	-0.9981	330
$OPEN$	0.0333	0.0482	0.0166	0.2361	0.0004	330

根据 Hausman 检验结果，本节选择固定效应模型进行回归。由于国内研发资本存量与技术进步存在严重的内生性问题，采用工具变量进行替代。滞后的人力资本存量极少受技术进步影响，且与国内研发资本存量高度相关，因而本节选取滞后一期和滞后两期的 $\ln(H)$ 作为国内研发资本存量的工具变量，进行两阶段最小二乘回归。运用 Stata 13.0 进行分析，回

① Barro R. J., Lee J. W. "International Comparisons of Educational Attainment". *Journal of Monetary Economics*, Vol. 32, No. 3, 1993, pp. 363-394.

归的结果如表 5-5 所示。

表 5-5　各省区市 OFDI 逆向技术溢出效应的回归结果

变量	两阶段最小二乘模型	固定效应模型
$\ln(S^D)$	0.3528** (2.50)	0.2535** (2.17)
$\ln(S^{OFDI})$	0.6038** (2.40)	0.4011** (2.07)
$\ln(S^{FDI})$	0.0898 (1.56)	0.1041** (2.10)
$\ln(S^{IM})$	0.0354* (0.34)	0.0926 (1.03)
$\ln(H)$	3.7471*** (7.03)	1.8890*** (3.94)
$\ln(PGDP)$	-1.6204*** (-5.98)	-0.7008*** (-3.34)
$OPEN$	0.0896 (0.06)	0.3349 (0.24)
$\ln(S^{OFDI}) \times \ln(H)$	0.2353** (2.06)	0.1619* (1.81)
F	1.93***	0.88
Hausman 检验	—	24.84***

注：***、**、*分别表示在 1%、5% 和 10% 的显著性水平下显著，括号里的为 t 值。

回归结果显示：OFDI 逆向技术溢出对各省区市技术进步有显著的正效应。OFDI 通过两个途径实现逆向技术溢出。一是通过研发资本存量直接溢出方式获得技术溢出，对母国技术进步起到成本分摊作用。二是通过人力资本吸收获得逆向技术溢出，对母国技术进步起到技术学习和二次创新的作用。因此，各省区市 OFDI 逆向技术溢出带来的技术进步产出分为研发资本溢出 $Tech^{OFDI1} = (S_{it}^{OFDI})^{\beta_2}$ 和人力资本吸收溢出 $Tech^{OFDI2} = (S_{it}^{OFDI})^{\beta_8} \times H_{it}$ 两个部分。

二　OFDI 逆向技术溢出省际扩散量的测定

借鉴产业经济学的引力模型，可以计算 OFDI 带来的两类技术进步产出在各省区市间的扩散量。引力模型常被用来计算区域间的产品贸易量[①]，我们借鉴该模型计算 OFDI 逆向技术溢出在区域间的扩散量。

为了便于解释，假设全国的技术市场分为两个部门，分别是 OFDI 逆

① Leontief W., Strout A. *Multiregional Input-output Analysis*. Palgrave Macmillan：Palgrave Press, 1963.

向技术溢出创新部门 a 和其他创新部门 b。那么，OFDI 逆向技术溢出的省际扩散量计算公式为：$T_{at}^{ij} = \dfrac{(Tech^{OFDI})_{at}^{i}(Tech^{OFDI})_{at}^{j}}{\sum_{i}(Tech^{OFDI})_{at}^{i}} Q_{at}^{ij}$。其中，$T_{at}^{ij}$ 为创新部门 a 在 t 时期从地区 i 到地区 j 的扩散量。$(Tech^{OFDI})_{at}^{i}$ 为区域 i 的创新部门 a 在 t 时期的总产出，$(Tech^{OFDI})_{at}^{j}$ 为区域 j 的创新部门 a 在 t 时期的总产出，$\sum_{i}(Tech^{OFDI})_{at}^{i}$ 为全部区域创新部门 a 在 t 期的总产出。Q_{at}^{ij} 为创新部门 a 生产的技术从地区 i 向地区 j 扩散的贸易系数，也称摩擦系数。

贸易系数可以通过运输量分布系数法进行测算。《中国科技统计年鉴》显示，近年来按行业分的对外直接投资技术合同引进主要分布在制造业。因而，制造业主要产品的运输数据，可以近似替代 OFDI 逆向技术溢出创新部门的产品在各省区市间交易的贸易系数。《全国铁路统计资料汇编》中列出了一些主要物资的铁路运输量，其中属于制造业的物资包括 12 类，分别为：盐、饮食品、烟草制品、纺织品、皮革、皮毛及其制品、钢铁及有色金属、金属制品、工业机械、农业机具、木材、纸及文教用品等。运用这 12 类运输物资的铁路运输发送量和到达量即可计算贸易系数，计算式为：$Q_{at}^{ij} = \dfrac{H_{at}^{ij}}{\dfrac{H_{at}^{io} H_{at}^{oj}}{H_{at}^{oo}}}$。其中，$H_{at}^{ij}$ 为地区 i 到地区 j 的制造业部门主要产品运输量，H_{at}^{io} 和 H_{at}^{oj} 分别为 i 地区制造业部门重要产品的发送量和 j 地区制造业部门重要产品的到达量，H_{at}^{oo} 为全部地区制造业部门重要产品的发送量。

经测算，取对数后①各省份历年 OFDI 逆向技术溢出省际扩散量的测算值呈现以下特征。总的来说，各省份的扩散量大致呈现波动上升的趋势。OFDI 逆向技术溢出量的逐年递增以及省份间贸易交流的加强是扩散量增长的主要推动力。各地区扩散量的平均增长率在 2008 年之后均有所下降，且省份之间的差异收窄，交通枢纽省份的扩散优势开始显现。这一变化表明，金融危机促使国内各省份对外直接投资规模趋同，省际贸易因素对技术扩散的影响加强。从地区分布看，京津冀、长三角和珠三角等地的对外

---

① 取对数的目的是对原有数据进行平滑但不改变相对值。

直接投资和国内贸易均较为活跃。中部地区的重要交通节点如湖南、江西等地，其扩散量较高；西部地区的交通枢纽甘肃省，其扩散量排名十分靠前。得益于交通运输的区位优势，这些地区的商品运输更为活跃，因而有更多机会接触到 OFDI 逆向技术溢出带来的新技术信息。

三　省际贸易壁垒影响 OFDI 逆向技术溢出扩散的研究

根据前文测算的技术溢出扩散量数据，选取京津冀、长三角、珠三角的代表北京、上海、广东以及两个重要交通节点湖南、甘肃共五个省份作为技术扩散的中心省份。分别测算五个省份对其他 29 个样本省份的技术溢出扩散量，用以研究双边贸易壁垒对技术溢出扩散的影响。

以往文献的研究结果显示，省际产品贸易市场、技术贸易市场和人才流动市场，是技术在区域间扩散的主要渠道。技术溢出扩散渠道不畅，也即三个市场存在贸易壁垒，会限制省际技术溢出扩散。地方政府出于保护本地税基和维护竞争格局的考虑，可能会在产品贸易市场设置壁垒，限制高科技产品的省际销售。这一壁垒会限制企业向省外潜在技术采纳者传达与新产品相关的信息，形成信息壁垒；也会阻碍地区间产业关联形成，从而抑制区域技术创新网络对技术溢出扩散的推动作用。技术贸易市场不完善，会直接影响技术溢出的省际扩散。通常技术贸易不够活跃的地区，技术交易机制也不完善，企业间技术交易无法得到保障，极大地降低了技术溢出的省际扩散效率。省际人才流动壁垒来源于两个方面，一是技术流出省份人才资源不足，造成人才派遣的困难；二是技术接收省份人才资源匮乏，无法吸收技术流出省份的技术扩散。结合前文的测算结果，对外直接投资逆向技术溢出的省际扩散量不仅取决于溢出量，还取决于地区间的贸易运输情况。为此，构建扩展的双边贸易引力模型进行回归研究：

$$\ln(T_t^{ij}) = \alpha + \gamma_1 LP_t^i + \gamma_2 \ln(Trade_t^i) + \gamma_3 \ln(H_t^i) + \gamma_4 LP_t^j + \gamma_5 \ln(Trade_t^j) +$$
$$\gamma_6 \ln(H_t^i) + \gamma_7 \ln(PGDP_t^i) + \gamma_8 \ln(PGDP_t^j) + \gamma_9 \ln(Dist^{ij}) +$$
$$\gamma_{10} \ln(S_t^i) + \gamma_{11} \ln(S_t^j) + \varepsilon_t^i \tag{5-4}$$

其中，T_t^{ij} 是 t 时期 i 省份 OFDI 逆向技术溢出向 j 省份的扩散量，LP_t^i 和 LP_t^j 分别是 t 时期 i 省份和 j 省份的产品贸易壁垒变量。$Trade_t^i$ 和 $Trade_t^j$

分别是 t 时期 i 省份和 j 省份的技术贸易壁垒变量。H_t^i 和 H_t^j 分别是 t 时期 i 省份和 j 省份的人才流动壁垒变量。$PGDP_t^i$ 和 $PGDP_t^j$ 分别是 t 时期 i 省份和 j 省份的人均地区生产总值，$Dist_t^{ij}$ 为 i 省份和 j 省份间的距离。控制变量包括双边省份的研发投入量 S_t^i 和 S_t^j，ε_t^i 是随机误差项。

为了区分对外直接投资过程中，通过研发资本溢出和人力资本吸收溢收两种不同方式获得的技术溢出的省际扩散量差异，本节分别使用研发资本溢出和人力资本吸收溢收两种方式带来的省际扩散量作为 t 时期 i 省份和 j 省份之间 OFDI 逆向技术溢出扩散量的指标，分别记为 T_t^{ij1} 和 T_t^{ij2}。运用前文省际扩散量计算公式，j 省份采用技术接收省份数据，即可计算得出。

产品贸易壁垒、科技人力资本、技术市场活跃度和地区研发投入是 OFDI 逆向技术溢出省际扩散的主要影响因素。[①] 本节将选取这些指标作为解释变量和控制变量，具体如下。

LP_t^i 和 LP_t^j 分别是 t 时期 i 省份和 j 省份的产品贸易壁垒变量。地区产品贸易壁垒越强，新产品向省外扩散的难度越大，OFDI 逆向技术溢出在省份间的扩散量就越小。由于地区间的产品贸易保护主要以法规或隐性壁垒的形式出现，较难进行直接测量，借鉴行伟波和李善同[②]的方法，本节选取地区企业国有化程度作为省际产品贸易壁垒的代理变量。在当前中国经济转型的过程中，国企的经济效益成为地方财政和官员升迁的重要决定因素。另外，国企由于先天的优势，竞争意识普遍不强，地方政府会倾向于设置壁垒来保护这类企业。因而，地方国有企业占比越高，地区产品贸易壁垒强度也会相应越大。选取国企就业人员占本省总就业人员比例（LP_t^{i1} 和 LP_t^{j1}）作为双边省份贸易壁垒的代理变量。为确保结果的稳健性，使用国企职工工资总额占全省工资总额的比重（LP_t^{i2}、LP_t^{j2}）做稳健性检验。国企就业人员和职工工资占比数据来源于国研网统计数据整理。

$Trade_t^i$ 和 $Trade_t^j$ 分别是 t 时期双边省份的技术贸易壁垒变量。地区间技术贸易壁垒越强，新技术在地区间的交易越困难，OFDI 逆向技术溢出省

---

① 王锐淇：《我国区域技术创新能力空间相关性及扩散效应实证分析——基于 1997-2008 空间面板数据》，《系统工程理论与实践》2012 年第 11 期。

② 行伟波、李善同：《地方保护主义与中国省际贸易》，《南方经济》2012 年第 1 期。

际扩散量就越小。本节选取特定省份历年技术合同流出金额（取负数）作为技术贸易壁垒的代理变量。[①] 技术合同流出金额越少的地区，技术贸易市场的活跃度越低，反映出该地区技术贸易的困难和技术贸易壁垒的存在。各省份历年技术合同的流出金额数据来源于《中国科技统计年鉴》。

H_t^i 和 H_t^j 分别是 t 时期双边省份的人才流动壁垒变量。地区间人才流动壁垒越强，新技术的跨区域学习就越困难，OFDI 逆向技术溢出的扩散量就越小。由于人力资源在省际流动的量并不能直接测量，本节选取地区人力资源存量（取负数）作为人才流动壁垒的代理变量。地区人力资源存量与人力资源流动量高度相关，人力资源越匮乏的地区，企业向省外派遣技术人员的能力越差，技术人员派遣减少将影响跨省技术培训，带来更多人才流动壁垒。对于流入省份，人才资源的匮乏也会影响技术的吸收。地区人力资源存量的测算方法如上一小节巴罗和李[②]的方法。

$PGDP_t^i$ 和 $PGDP_t^j$ 用于控制双边省份经济发展因素对技术溢出扩散的影响。$Dist_t^{ij}$ 用于控制省份间的地理距离，用中心省份和技术接收省份省会（首府）间的距离表示，采用经纬度法进行测算。S_t^i 和 S_t^j 分别是 i 省份和 j 省份的研发投入量，代表地区内部除人力资源以外的研发资本丰裕度，测算方法如上一小节所示。变量描述性统计如表 5-6 所示。

表 5-6　各变量描述性统计

变量	均值	标准差	中位数	最大值	最小值	样本量
$\ln (T^{ij1})$	0.0778	0.3032	0.0088	5.6865	0.0000	1595
$\ln (T^{ij2})$	0.3130	0.8096	0.0808	8.4956	0.0019	1595
$\ln (LP^{i1})$	-0.6998	0.3633	-0.7276	-0.1442	-1.6599	1595
$\ln (LP^{i2})$	-2.5416	0.7777	-2.9718	-1.3067	-3.4606	1595
$\ln (Trade^i)$	-9.4866	1.0925	-9.8715	-7.3304	-11.0470	1595
$\ln (H^i)$	-2.2681	0.1831	2.2458	-1.8806	-2.5731	1595

---

① 杨龙志、刘霞：《区域间技术转移存在"马太效应"吗？——省际技术转移的驱动机制研究》，《科学学研究》2014 年第 12 期。

② Barro R. J., Lee J. W. "International Comparisons of Educational Attainment". *Journal of Monetary Economics*, Vol. 32, No. 3, 1993, pp. 363-394.

续表

变量	均值	标准差	中位数	最大值	最小值	样本量
$\ln(S^i)$	4.7847	1.3850	4.9627	6.9720	1.8911	1595
$\ln(PGDP^i)$	0.5037	1.7427	1.2432	2.2520	−2.9358	1595
$\ln(LP^{j1})$	−0.5378	0.3095	−0.4602	−0.1284	−3.5524	1595
$\ln(LP^{j2})$	−2.7760	0.5635	−2.9280	−1.3067	−3.6551	1595
$\ln(Trade^j)$	−8.0864	1.4906	−8.2346	−3.3673	−11.047	1595
$\ln(H^j)$	−2.1693	0.1273	−2.1693	−1.8207	−2.5731	1595
$\ln(S^j)$	3.7288	1.5752	3.8567	6.9720	−0.9130	1595
$\ln(PGDP^j)$	0.7993	0.6792	0.8014	2.3038	−0.9981	1595
$\ln(Dist^{ij})$	7.1614	0.5997	7.2633	8.3336	4.9171	1595

　　根据 Hausman 检验的结果，本节采用固定效应模型进行回归。Hausman 内生变量检验的结果显示，地方研发投入量存在内生性。使用地区人力资本存量和地方研发投入量的滞后项作为工具变量进行两阶段最小二乘回归，运用 Stata 13.0 进行分析，回归结果如表 5-7 所示。

表 5-7　OFDI 逆向技术溢出省际扩散模式的回归结果

变量	$\ln(T^{ij1})$	$\ln(T^{ij2})$	$\ln(T^{ij1})$	$\ln(T^{ij2})$
$\ln(LP^{i1})$	−0.144 *** (−6.70)	−0.577 *** (−10.98)		
$\ln(LP^{i2})$			−0.322 *** (−5.49)	−0.926 *** (−6.33)
$\ln(Trade^i)$	−0.055 *** (−3.19)	−0.197 *** (−4.67)	−0.042 ** (−2.42)	−0.155 *** (−3.58)
$\ln(H^i)$	−0.352 ** (−2.32)	−1.516 *** (−4.08)	−0.263 ** (−2.44)	−1.084 *** (−4.03)
$\ln(S^i)$	0.023 (1.42)	0.112 *** (2.81)	0.102 *** (6.33)	0.328 *** (8.14)
$\ln(PGDP^i)$	0.023 *** (3.28)	0.091 *** (5.20)	0.006 (1.06)	0.030 ** (2.31)
$\ln(LP^{j1})$	−0.050 *** (−2.62)	−0.118 ** (−2.54)		
$\ln(LP^{j2})$			−0.040 ** (−2.10)	−0.083 * (−1.75)

续表

变量	$\ln\,(T^{ij1})$	$\ln\,(T^{ij2})$	$\ln\,(T^{ij1})$	$\ln\,(T^{ij2})$
$\ln\,(Trade^j)$	-0.038*** (-4.20)	-0.135.*** (-6.11)	-0.034*** (-3.74)	-0.124*** (-5.45)
$\ln\,(H^i)$	-0.283** (-2.50)	-0.725*** (-2.61)	-0.174 (-1.53)	-0.343 (-1.21)
$\ln\,(S^j)$	0.057*** (5.17)	0.158*** (5.82)	0.054*** (4.86)	0.149*** (5.35)
$\ln\,(PGDP^j)$	0.051** (2.31)	0.215*** (4.00)	0.057** (2.57)	0.239*** (4.33)
$\ln\,(Dist^{ij})$	-0.019 (-1.56)	-0.013 (-0.43)	-0.011 (-0.90)	-0.020 (-0.66)
常数项	-0.213 (-0.55)	1.201 (1.26)	-1.196*** (-3.57)	-3.285*** (-3.93)
F	13.01	16.51	6.53	8.69
Hausman 检验	96.58***	159.22***	62.86***	84.05***

注：***、**、*分别表示在1%、5%和10%的显著性水平下显著，括号里的为t值。

从表5-7的回归结果可以发现，OFDI 逆向技术溢出省际扩散模式的特征如下。

第一，中心省份技术溢出的扩散量受到本省多重贸易壁垒的负向影响。政府对企业的控制较强的地区，有更强的产品贸易壁垒，技术溢出的扩散量更少。省份内创新源企业运用溢出技术研发的新产品，由于受到产品贸易壁垒的影响，在省份外的销售规模大幅下降。省份外技术采纳者也因无法获得产品市场溢出的创新知识，难以获得技术扩散的好处。产品贸易壁垒还可能弱化地区间的产业联系，不利于产业链上的创新知识扩散。技术交易活跃度越低的地区，技术贸易壁垒越高，技术溢出的扩散量越少。技术交易市场活跃度低，表明地区技术交易市场发育程度低，交易成本和风险偏高。不完善的技术交易机制，增加了省份内外企业技术交易的合约成本。同时，技术交易市场漏洞的存在，也增加了省份内外企业技术交易的信用风险，市场无法保障技术交易双方的经济利益，从而增加了交易难度。地区人力资本存量少的地区，人才向外流动壁垒更高，技术溢出的扩散更为困难。省份内企业一般通过技术人员派遣来对省份外技术采纳者进行技术培训，以此降低后者的技术学习成本。人力资本存量少的地区，企业普遍存在人才稀缺的现象，因此会减少甚至取消成本高昂的跨省技术培训。即使使用现代技术实现网络指导，也会因为人才匮乏而难以组织。技术培训的缺失将削弱省外潜在技术采纳者对技术的二次吸收，从而减少技术在省份间的扩散量。

第二，中心省份技术溢出的扩散量受到技术接收省份多重贸易壁垒的负向影响。技术接收省份的产品贸易壁垒，阻碍技术溢出向本省扩散。技术接收省份出于保护本土竞争优势的考虑，倾向于设置产品贸易壁垒。接收省份的产品贸易壁垒同样通过减少新产品流动和弱化新产业联系来减少技术溢出的省际扩散。技术接收省份的技术贸易壁垒，阻碍技术溢出向本省扩散。技术接收省份技术贸易市场不活跃，表明该省份的技术贸易市场不完善。企业技术贸易的动力不足，会减少该省份外技术向本省的扩散。技术接收省份的人才流动壁垒，阻碍技术溢出向本省扩散。技术接收省份的人力资源存量低，表明该省份企业的技术消化吸收能力较差，即使形成技术合作，其新技术的学习过程也较为缓慢，难以转化成技术创新，因而对技术溢出的扩散有负向影响。

第三，研发资本溢出和人力资本吸收溢收两种形式的技术溢出的扩散模式基本一致。从影响方向上看，研发资本溢出和人力资本吸收溢收两种方式获得的技术溢出，扩散过程受到三类贸易壁垒的影响是一致的。研发资本溢出通过增加母公司可用科研资源来加速创新过程；人力资本吸收溢收则通过研发人员学习来促成二次创新。两种形式的 OFDI 逆向技术溢出最终均会固化到特定的技术或者创新产品中，因此其受到双边省份三类贸易壁垒的影响方向是一致的。从数值上看，人力资本吸收溢出形式的技术溢出受三类贸易壁垒的影响更大。原因在于人力资本吸收型的技术溢出对应的扩散量更大，因而在相同程度贸易壁垒作用下，其受影响更大。

本章通过两个实证模型的构建，首先测定了中国 OFDI 逆向技术溢出的省际扩散量；在此基础上，选取扩散量较大的代表性省份作为技术扩散的中心省份，研究了地区间贸易壁垒对技术溢出省际扩散的影响。一方面，本章综合借鉴 LP 模型和引力模型，计算出各省份 2003～2013 年 OFDI 逆向技术溢出的省际扩散量。另一方面，本章梳理了双边省份的产品贸易壁垒、技术贸易壁垒和人才流动壁垒对 OFDI 逆向技术溢出省际扩散的影响机制，并进行了实证检验。研究结果显示：第一，OFDI 逆向技术溢出分为东道国向母国的转移以及母国内部扩散两个过程；第二，技术流出省份的多重贸易壁垒会影响本省技术向其他省份扩散；第三，技术接收省的多重贸易壁垒也会影响中心省份技术向本省扩散；第四，研发资本溢出和人力资本吸收溢出两种形式的技术溢出受到贸易壁垒的影响相似。

对外直接投资是我国企业获取国际技术溢出的重要方式，而省际技术扩散则是提升国内整体技术水平的重要途径。我国应不断拓展"走出去"的广度和深度，打通国际国内两个市场的壁垒，实现技术在全球范围内的流通共享。这包括两个必要的过程：一是打通国际市场的贸易壁垒，保障 OFDI 逆向技术溢出从东道国向母国转移；二是打通省际市场的贸易壁垒，保证 OFDI 逆向技术溢出的母国省际扩散。具体来说，首先要针对不同地区制定合理的研发资本和人力资源配置政策，保障地区有足够的能力吸收技术溢出并向其他省份扩散。其次要逐步消除省际产品贸易、技术贸易和人才流动壁垒，促进 OFDI 逆向技术溢出在本国区域间的交流与扩散。最后，OFDI 逆向技术溢出的有效性评判应该基于国内技术的整体进步，而不仅仅是单一企业的技术吸收。研发技术反向溢出需要以点带面，逐步渗透到特定企业所在的行业和上下游产业链，完善技术学习网络。

第六章　数字经济时代的跨国投资与企业创新

第一节　数字经济时代的跨国投资趋势变化

伴随全球范围内信息通信技术的飞速发展，"数字革命"已然无法避免，对外直接投资成为重要的外向型经济活动，如何对其实现数字化升级也是各地区战略规划的重点内容。党的十九大报告提出，"推动互联网、大数据、人工智能与实体经济深度融合"，"建设网络强国、数字中国、智慧社会"。2016年，G20峰会在杭州召开，此次峰会的议题为"构建创新、活力、联动、包容的世界经济"，"数字经济"被首次提出。会议还起草了《G20数字经济发展与合作倡议》，倡议指出：在互联网经济时代，需要寻找科学的策略以抓住机遇、应对挑战，尤其是要找到具体的方法，借助数字经济推动世界经济的包容性增长。

有关数字经济的定义，目前还没有统一的结论。目前较为认可的一种说法是：数字经济是人类通过大数据（数字化的知识与信息）的识别—选择—过滤—存储—使用，引导并实现资源的快速优化配置与再生，实现经济高质量发展的经济形态。数字经济的特征主要有三个：第一，数字技术在较大范围内得到推广和运用，从而改变了原有的经济环境和经济活动运行模式；第二，经济活动的场景更多地从面对面交流的场景转向现代信息网络；第三，信息技术的使用以及相关技术的发展使得经济结构更为优化，经济发展速度加快。

伴随全球投资向数字基础设施建设转移，全球价值链开始发生变化，企业跨国贸易和跨国投资的主体、动机和模式得以重塑。数字型企业的加入和传统制造业企业的数字化转型，将首先改变全球价值链的参与主体。通过重构全球价值链，数字经济的发展也将改变企业跨国经营的动机和目标。除此之外，伴随数字产业的发展，企业对外直接投资的模式也将发生转变，轻资产化和服务化成为企业海外投资的两大趋势。

随着数字经济不断向更深更广的领域迈进，经济增长的模式也将发生转变。数字经济将推动经济增长从低起点高速追赶转向高水平稳健超越，供给结构从低端增量扩能转变为中高端的供给优化，发展动能由依靠资本、人力要素投入转为以数字要素为基础的创新驱动，技术产业则从引进、模仿跟跑转向自主创新的并跑甚至领跑。数字经济的快速发展，将从各个方面推进我国整体经济结构和发展方式的根本性变革。

一　主体重塑——数字型企业的加入

涵盖大数据、云计算、移动互联网、智能制造、虚拟现实等众多技术的数字经济，正在对全球价值链的参与主体进行重塑。伴随包括数字基础设施在内的"新基建"的推进，数字型企业的数量不断增加，数字型企业参与全球投资的深度和广度也在不断提升。

我国数字经济建设已经取得了初步的成果，2021 年中国信息通信研究院发布的《中国数字经济发展白皮书》显示：2020 年我国数字经济依然保持蓬勃发展态势，数字经济规模达到 39.2 万亿元，较 2019 年增加 3.3 万亿元，占国内生产总值的比重达到 38.6%，同比提升 2.4 个百分点，有效支撑疫情防控和经济社会发展。

数字经济之所以能够获得较快的发展，与数字基础设施建设提速无不相关。据中国信息通信研究院统计，我国国家信息基础设施已经基本建成，主要表现在以下几个方面。第一，宽带用户规模居世界第一。截至 2018 年，我国所有乡镇以及 95% 的行政村铺设了固定宽带网络，全国宽带用户总数超过 3 亿户，宽带的普及率超过 22%，接近发达国家 27% 的平均水平。4G 网络的覆盖率也较高，在全国各个城市和主要乡镇，4G 用户规模达到 5.3 亿人，占到世界用户总量的 30% 以上。第二，网络能力得到持续提升。全光纤网络建设逐步扩展到全国各个城市，光纤宽带能力在全球处于领先水平，城市家庭不仅基本实现了 100Mbit/s 的光纤全覆盖，而且光纤到户用户的比例也仅次于日本和韩国，达到了 63%。国内部分城市积极布局 5G 技术，全国骨干网络架构不断优化完善，网间疏导能力和用户体验大幅提升。第三，固定宽带实际下载速率迈入 10Mbit/s 时代。网络速度提升明显，大大优化了用户上网体验。英国数据众包公司 OpenSignal 发布的全球移动网络报告显示，我国 LTE 网络速度已经超过美国、日本等发达国家，目前居全球第 31 位。第四，我国网民规模在存量和增量上均有很大的优势。截至 2018 年 6 月底，我国网民总量达到了 8.02 亿，其中 7.88 亿为手机用户。网民规模增长势头强劲，通过手机上网的网民比例继续提升，达到 98% 以上，通过台式电脑、笔记本电脑上网的比例则有所下降。

数字基础设施的建设为数字型企业的发展和传统企业的数字化提供了基础条件，也为数字型企业加入全球跨国投资提供了便利的条件。在国际经济领域，数字型跨国企业的快速增长成为全球跨国公司发展的一个重要动向。在全球 FDI 持续低迷的情况下，数字型跨国企业的国际投资保持了强劲增长。伴随新冠疫情的发生，全球对数字基础设施和服务的需求增加，这导致以信息和通信技术产业为目标的对外直接投资项目的价值大幅增加。

近年来，各国在数字信息产业方面进行了大量的投资，也颁布了诸多政策促进数字型企业进行对外直接投资。以德国为例，近年来德国在工业领域实施了一系列重大项目，主要包括欧洲最大 5G 工业应用研究项目、高新科技项目、世界首个最大 LOHC 绿氢存储项目、62 个大型氢能项目、电动汽车充电基础设施项目、汽车技术转型援助项目和强化人工智能战略项目等，推动了工业数字化转型，促进了汽车产业、能源产业和人工智能产业发展（见表 6-1）。

表 6-1　德国实施的重大投资项目

	重大投资项目	投资金额	主要作用
1	5G 工业应用研究项目	620 万欧元	提升制造业的智能化和数字化，对实现"工业 4.0"发挥关键作用

续表

	重大投资项目	投资金额	主要作用
2	高新科技项目	投入大量资金	促进芯片制造、电池生产、量子技术、人工智能、云计算等领域发展
3	LOHC 绿氢存储项目	900 万欧元	提高交通和工业 LOHC 循环的整体效率
4	大型氢能项目	80 亿欧元	推动发展网络化加氢基础设施
5	电动汽车充电基础设施项目	65 亿美元	推动电动汽车产业发展
6	汽车技术转型援助项目	20 亿欧元	帮助汽车制造商和供应商向更环保的发动机和自动驾驶转型
7	强化人工智能战略项目	50 亿欧元	促进人工智能产业发展

资料来源：根据新华网报道整理。

　　信息和通信技术（ICT）是国际生产增长的基本推动者。数字经济的兴起同时代表着信息通信技术与国际生产的共生关系的加强和破坏。这是一种强化，因为它为跨国公司提供了更多的机会，重新设计流程和走向市场的路线，并重新定义全球生产网络中的治理模式。它的中断导致全新的跨国商业模式的产生，从诞生之初的全球公司到虚拟的跨国公司，具有根本不同的国际足迹。ICT 跨国公司（信息通信技术跨国公司）是全球数字经济发展的推动者：它们为数字应用提供基础设施和工具。随着数字经济的快速增长，在过去几十年中，跨国公司在国际生产中的比重显著增加，而且在过去五年中，这一比重的增加进一步加快。2010～2015 年，根据联合国贸发会议发布的榜单，排名前 100 的科技公司数量从 4 家增至 10 家（ICT 公司总数增至 19 家）。这些跨国公司在所有行业的增长都超过了其他公司；在其他前 100 名跨国公司的趋势基本持平的背景下，它们的资产增长了 65%，营业收入和员工增长了约 30%。数字跨国公司（一个新的类别）建立在 ICT 跨国公司提供的基础设施和工具之上，包括各种商业模式，也包括互联网平台、电子商务和数字内容公司。

　　加快数字化有利于科技跨国公司发展。对于硬件公司和 IT 公司来说，国际收入的增长（10%）并没有使收购增加。对高科技跨国公司活动的监管审查力度加大，使得它们 2020 年下半年的对外直接投资放缓。由于苹果（美国）和英特尔（美国）逐步撤出中国，它们在华资产规模也受到影响，在华资产分别减少了 20% 和 80% 以上。相比之下，Alphabet（美国）、腾讯（中国）和亚马逊（美国）等数字科技和零售服务公司的海外收入平均增长了 2/3。到 2020 年末，亚马逊的海外资产价值增长了近 30%。仅在 2020 年，亚马逊就宣布了约 120 亿美元的绿地投资，以加强其物流和零售网络。[①] 作为电子商务和快递服务蓬勃发展的一部分，德国邮政（Deutsche Post）也对其海外资产进行了大量投资，重新进入前 100 名。

联合国贸易和发展组织（UNCTAD）发布的《2021 年世界投资报告：投资于可持续复苏》显示：2020 年，全球数字类投资项目总价值达到了 810 亿美元，较上年增长了 22% 以上。从投资项目的数量来看，虽然公布的项目数量减少了 13%，但信息和通信技术行业吸引的项目份额仍然是最大的。其中，较大的项目包括亚马逊（美国）将在印度投资 28 亿美元建设 ICT 基础设施，Alphabet（美国）将通过谷歌在波兰投资 18 亿美元，西班牙 Telefónica 将在德国投资 60 亿美元用于建设光纤网络。2019~2020 年全球按行业划分绿地投资排行如表 6-2 所示。

表 6-2　2019~2020 年全球按行业划分绿地投资排行

部门/行业	2019 年投资价值（百万美元）	2020 年投资价值（百万美元）	增长率（%）	2019 年投资项目数量（项）	2020 年投资项目数量（项）	增长率（%）
总计	845	563	−33	18261	12971	−29
初级产品	21	11	−48	151	100	−34
制造业	402	237	−41	8180	5139	−37
服务业	422	315	−25	9930	7732	−22
绿地投资排名前十位行业						
能源和天然气供应	113	99	−12	560	529	−6
信息与通信	66	81	23	3332	2903	−13
电子和电气设备	53	46	−13	1201	862	−28
化学制品	47	40	−15	752	442	−41

---

① 任永菊主编《跨国公司经营与管理》（第四版），东北财经大学出版社，2022。

续表

部门/行业	2019 年投资价值（百万美元）	2020 年投资价值（百万美元）	增长率（%）	2019 年投资项目数量（项）	2020 年投资项目数量（项）	增长率（%）
施工	66	35	−47	437	319	−27
汽车	62	33	−47	122	558	357
焦炭和精炼石油	94	30	−68	109	54	−50
运输和储存	43	26	−40	764	627	−18
贸易	22	23	5	688	572	−17
金融与保险	24	19	−21	128	715	459

资料来源：UNCTAD。

从表 6-2 可以看出，受新冠疫情影响，全球绿地投资金额出现了下降，但是信息与通信在绿地投资行业排名中位居第二，且其投资总额逆势增长。2019 年，全球信息与通信行业绿地投资金额为 6600 万美元，2020 年信息与通信行业绿地投资金额增长到 8100 万美元，增加了 1500 万美元，增长幅度达到了 23%。2019 年，全球信息与通信行业绿地投资项目为 3332 项，2020 年则降为 2903 项。虽然绿地投资项目数出现了下降，但是下降幅度并不是很大，且结合投资金额来看，信息与通信行业的绿地投资更为集中了。

再来看跨国并购的情况。2020 年，跨境并购销售额达到 4.74 亿美元，比 2019 年下降 7%。数字相关行业（主要是计算机、电子、光学产品和电气设备制造业，以及信息和技术行业）的销售额大幅增长。引人注目的交易如英飞凌（德国）以 98 亿美元收购 Cypress（美国）。表 6-3 显示，2019 年全球信息与通信行业跨国并购的规模仅为 2500 万美元，2020 年则迅速增长为 8000 万美元，增长幅度达到 220%。再来看跨国并购项目的数量，2019 年全球信息与通信行业的跨国并购项目数为 1312 项，2020 年略微下降，为 1248 项，下降了 5%。这一下降幅度相比其他行业来说并不大，且结合跨国并购金额来看，信息与通信行业的跨国并购集中度正在提升。

表 6-3　2019~2020 年全球按行业划分净跨国投资排行

部门/行业	2019 年投资价值（百万美元）	2020 年投资价值（百万美元）	增长率（%）	2019 年投资项目数量（项）	2020 年投资项目数量（项）	增长率（%）
总计	507	474	-7	7118	6201	-13
初级产品	37	25	-32	433	658	52
制造业	243	228	-6	1633	1136	-30
服务业	227	221	-3	5052	4407	-13
跨国并购排名前十位行业						
食品、饮料和烟草	20	86	330	193	136	-30
信息与通信	25	80	220	1312	1248	-5
制药	98	56	-43	186	211	13
电子和电气设备	21	40	90	279	165	-41
公用设施	12	33	175	190	190	0
电信	6	29	383	84	61	-27
金融和保险	49	28	-43	619	562	-9
采掘业	35	24	-31	354	527	49
房地产	37	22	-41	436	327	-25
贸易	16	18	13	575	496	-14

资料来源：UNCTAD。

下面我们来看 2020 年全球范围内数字型企业跨国投资的案例。

案例一：英飞凌（德国）以 98 亿美元收购 Cypress（美国）。

在恩智浦宣布于 2019 年 5 月底以 17.6 亿美元的现金收购 Marvell 的 Wi-Fi 和蓝牙芯片组合业务之后，半导体行业又迎来了一场收购大戏——6 月 3 日，德国半导体厂商英飞凌宣布以每股 28.35 美元的现金收购美国半导体厂商 Cypress（赛普拉斯）。此次收购对赛普拉斯的作价达到了 90 亿欧元。

英飞凌科技公司是全球领先的半导体公司之一，于 1999 年 4 月 1 日在德国慕尼黑正式成立。其前身是西门子集团的半导体部门，1999 年独立，并于 2000 年上市。目前，英飞凌主要的业务是为汽车和工业功率器件、芯片卡和安全应用提供半导体和系统解决方案。根据英飞凌的财报，2018 财年，英飞凌的销售额高达 76 亿欧元。

与此同时，Cypress 公司的知名度也很高，其中文名称为赛普拉斯。赛普拉斯成立于 1982 年，总部位于美国加利福尼亚州圣何塞市，为全球最具创新性的汽车、工业、智能家电、消费电子和医疗产品提供先进的嵌入式解决方案；同时，赛普拉斯的微控制器、无线、USB 连接解决方案、模拟 IC 以及可靠且高效能的闪存，可帮助工程师设计差异化产品并在市场应用。

对于这次收购，英飞凌首席执行官 Reinhard Ploss 表示："收购赛普拉斯是英飞凌战略发展中具有里程碑意义的一步。我们将通过收购提高公司利润增长速度，把业务拓展到更广泛的层面。通过此次交易，我们将能够为客户提供最全面的产品组合，将现实世界与数字世界联系起来，并在汽车、工业和物联网领域发掘新的增长潜力。这笔交易还将使公司的商业模式更有弹性。我们欢迎赛普拉斯的同事加入英飞凌，共同致力于创新和研发，以加速技术进步。"

而对于赛普拉斯来说，按照赛普拉斯总裁兼首席执行官 Hassane El-Khoury 的说法，Cypress 团队非常高兴与英飞凌携手，共寻下一波科技浪潮中对连接与计算需求大幅增长带来的数十亿美元的机遇；而双方结合将能提供更安全、无缝的连接，以及更完整的硬件和软件解决方案和产品，加强产品和技术，以更好地服务终端市场。此外，两家公司的业务十分匹配，将能为客户和员工带来更多的机遇。

当然，赛普拉斯董事会主席 Steve Albrecht 对于收购价格也非常满意，他表示多家企业对该公司有收购意向，但其最终选择了英飞凌，而每股 28.35 美元的现金价格也让股东获得了回报；在竞争激烈的汽车、工业和消费市场，此次收购还将为该行业创造越来越多的机会。

这次收购对英飞凌意味着什么？显然，对于英飞凌来说，这次的收购意义重大。在业务方面，英飞凌表示，收购赛普拉斯之后，英飞凌将会强化推动结构性增长的核心，并将公司的技术应用至更广泛的领域，这将加快公司近年的盈利增长。具体而言，Cypress 拥有一个差异化的产品组合，包括微控制器、软件和连接组件，这与英飞凌的功率半导体、传感器和安全解决方案是高度互补的。结合双方的技术资源，它将能够为电动马达、电池供电设备和电源供应器等高增长应用领域提供更全面、更先进的解决方案。同时，英飞凌的安全专业知识结合 Cypress 的连接技术将使公司加速进入工业和消费市场的新物联网应用领域。在汽车半导体领域，微控制器与 NORFlash 存储器的扩展组合将提供巨大的潜力，特别是在先进的驾驶辅助系统和新型汽车电子结构的应用方面。可见，英飞凌收购赛普拉斯，是看中了后者在物联网、汽车等领域的优势。

当然，通过收购赛普拉斯，英飞凌的市场也可以得到拓展。英飞凌表示，通过赛普拉斯强大的研发能力和在美国市场的据点，英飞凌不仅可以增强服务北美重要市场客户的能力，还可以增强在其他重要区域的实力。

同时，英飞凌希望通过实现巨大的规模经济，使其商业模式更具弹性。根据 2018 财年 100 亿欧元的收入计算，这笔交易将使英飞凌成为全球第八大芯片制造商。基于功率半导体和安全控制器，英飞凌将成为汽车电子市场的领先芯片供应商。

此外，在财务层面，此次收购将增强英飞凌的财务实力，英飞凌股东有望从交易完成后第一个完整财年实现的利润增长中获利。双方互补的产品组合将提供更多的芯片解决方案，长期来看，潜在的收入协同效应预计每年将超过 15 亿欧元。

二　动机重塑——全球信息产业布局

传统企业对外直接投资的动机，已经有诸多经济学家进行了研究，相关的研究包括针对发达国家企业对外直接投资动机的研究（国家垄断优势理论、产品生命周期理论、国际生产折中理论、雁行理论）和针对发展中国家企业对外直接投资的研究（小规模技术理论，技术地方化理论、异质性企业对外直接投资理论）。总的来说，传统企业对外直接投资的动机主要包含以下四个。

一是通过发挥垄断优势获得规模经济，从而降低企业的边际生产成本。在本国市场上具有垄断优势的企业，在对外直接投资方面也存在优势，利用这些优势，企业可以规避对外直接投资的风险，并且通过对外直接投资获得规模经济的好处。通过发挥垄断优势，这些企业在国际市场上获得超额收益，并通过降低国内产品生产的边际成本进一步获得国内生产成本下降的好处。

二是通过获取国外的廉价资源和利用国外廉价劳动力获取成本节约的好处。这一动机在我国企业对外直接投资发展的初期表现得较为明显。企业通过对全球范围内廉价资源的调查，将企业的生产在全球范围内布局，利用世界各地的廉价资源和廉价劳动力来生产企业的产品，从而获得成本节约的好处。这一动机是大量资源开发型企业和制造业企业对外直接投资的重要目的之一。

三是通过对外直接投资规避国际贸易限制，保护企业的海外贸易市场。对于已经在国际市场上拥有出口市场的企业而言，东道国市场的贸易政策收紧无疑将对其对外贸易造成巨大的打击。通过国际投资，企业可以规避贸易壁垒的影响，将出口贸易转变为海外投资生产并在当地销售，这样就可以帮助企业继续占有东道国的市场。

四是通过对外直接投资获取海外的战略性资产，如专利、技术等。近年来，企业通过对外直接投资尤其是跨国并购的方式获取战略性资产逐渐成为主流。对于高新技术产业企业和先进制造业企业而言，跨国并购可以帮助其迅速获得海外专利标的、管理团队或者品牌价值，这些战略性资产往往与企业的长期发展目标相符合，或者可以弥补企业发展的短板，从而使得企业在未来很长一段时间内获得产出增长的好处。

随着政府对数字型企业的支持和数字型企业的发展，近年来数字型企业的对外直接投资总量迅速增长，且出现了一些新的特征。与传统类型的FDI相比，数字型跨国企业国际投资的路径发生了明显变化。传统跨国企业的投资模式以高资本支出、高固定成本、高负债、低流动性为特征，而数字型跨国企业的国际投资模式正好相反，其主要特征是低资本支出、高流动成本、低负债、高流动性。在数字型跨国企业对外直接投资中，构成数字经济底层基础构架的数字技术（信息、通信、互联网、物联网、人工智能等）、数据（数据资产、数据安全、数据产权等）以及相关战略性资产（如人才、创新、研发能力）和基础设施的质量，对国际投资流动的方向发挥着日益重要的作用。在数字经济中，数据成为新的生产要素，数字技术及基础设施的重要性凸显，土地、劳动力和资金等传统生产要素的投资区位决定作用相对下降。各国在全球价值链中的地位以及其吸引外资的竞争力日益取决于其新兴技术的实力。

在数字经济时代，快速形成规模（就客户群而言）是至关重要的，因为网络效应的自我强化性质使得那些能够以最快速度布局足够大网络的市场参与者取得所有的利益并成为最终的赢家。因为足够大的网络对于系统的自我优化至关重要：参与者越多，系统越快更新市场参与者行为的优先顺序，企业能够利用更接近市场真相的偏好匹配来创造更多的价值。快速扩展还允许公司设置行业标准，从而获得竞争优势，因为快速扩展的公司设置了先例，从而可以定义该先例。因此，企业需要加快整个企业的所有流程，以赢得市场竞争。

基于这样的动机，大量的企业开始在海外市场上布局数字产业，扩大企业在海外市场上的数据收集主导权，下面以案例的方式对数字型企业跨国投资的动机进行分析。

案例二：Amazon（美国）在印度投资28亿美元建设ICT基础设施。

2020年11月，亚马逊公司宣布了其在亚洲的重大扩张计划，计划投资28亿美元，为其在印度的亚马逊网络服务（AWS）建设第二个数据中心基础设施。新的AWS云数据中心将在印度泰伦加纳邦投入运营，并将于2022年中完工。随着印度新的云计算区域的建立，亚马逊将扩大其在亚洲的市场，并进一步巩固其在印度的据点。亚马逊AWS已经为一些大型印度企业提供了服务。AWS区域是由可用性区域（可用性区域是位于不同地理位置的特殊技术基础设施）组成的，每一个可用性区域都具有独立的电源、冷却系统和网络连接。亚马逊还表示，新的AWS区域建成后，亚马逊将在印度市场拥有第二个数据中心基础设施。

新的AWS亚太区域（海得拉巴）云服务的建立还有另外一个目的，使亚马逊的建设符合印度的数据本地化政策。此外，云服务将允许初创公司、开发者、企业、政府和其他非营利组织快速访问它们的服务器并运行其应用程序。亚马逊目前是印度市场上云服务的主要市场拥有者，于2020年11月建设的AWS亚太区域云服务将进一步巩固其在亚洲市场的地位，并为一些印度知名企业提供服务。亚马逊全球基础设施和客户支持高级副总裁彼得·德桑蒂斯说："印度公司正在拥抱云计算，以降低成本、增加灵活性并实现快速创新，满足印度和国外数十亿客户的需求。通过与我们的 AWS 亚太区域（孟买）合作，我们为客户提供更多的灵活性和选择，同时使他们能够构建具有更高容错性、弹性和跨地域可用性的基础设施。"

据市场研究机构 IDC 预测，到 2024 年，印度公共云市场价值有望达到 70 亿美元，除了云计算，亚马逊还将在印度的发展上投入更多资源，特别是在电子商务领域。在新的亚马逊网络服务云技术中心建成后，印度可能会为亚马逊贡献 15%~20% 的增长。

咨询公司 Convergence Catalyst 首席分析师在接受媒体采访时提到，通过在印度拥有更多的云区域，亚马逊将更容易遵守印度的数据本地化政策。这种合规性也将帮助亚马逊在印度云计算市场吸引更多的客户。这一新举措将有助于进一步巩固其在亚洲市场的地位。

案例三：西班牙 Telefónica 公司在德国投资 60 亿美元用于建设光纤网络。

2020 年，西班牙电信运营商 Telefónica（西班牙电信）与德国保险集团 Allianz（安联）的私募股权部门展开合作，计划在德国基础设施方面投资 50 亿欧元，相当于 395 亿元人民币。具体来说，双方将共同创建一个各占 50% 股份的合资企业，在德国发展光纤网络。新的基础设施旨在建立一个覆盖小城市中 200 万户家庭的网络架构。此外，最新的网络需要数百万欧元的投资，包括爱立信提供的物理组件和 AWS 上托管的数据（通过 AWS Outposts 在德国提供服务）。

Telefónica 成立于 1924 年，是西班牙的一家大型跨国电信公司，主要在西班牙和拉丁美洲开展业务。它是世界上最大的固定线路和移动通信公司之一，用户数量排名第四，总市值排名第六。Telefónica 的全球扩张包括捷克、英国、爱尔兰、德国和马恩岛；拉丁美洲的阿根廷、巴西、智利、秘鲁和波多黎各；非洲的摩洛哥。该公司的品牌在世界品牌实验室编制的 2006 年世界品牌 500 强排行榜中排名第 398 位，在《巴伦周刊》公布的 2006 年全球 100 家受人尊敬的公司排行榜中排名第 85 位。《财富》杂志 2009 年公布的数据显示，该公司营业收入为 848.15 亿美元，在世界 500 强企业中排名第 66 位。

在欧洲，西班牙电信在英国、德国、爱尔兰、捷克、斯洛伐克等国推出了 O2 品牌的固网、手机和宽带业务，用户超过 4000 万。在拉丁美洲，西班牙电信 15 年来投资超过 700 亿欧元，是拉美地区最大的电信运营商，在巴西、阿根廷、智利、秘鲁均处于领先地位，在哥伦比亚、厄瓜多尔、萨尔瓦多、危地马拉、墨西哥、尼加拉瓜、巴拿马、波多黎各、乌拉圭、巴西、秘鲁、委内瑞拉等国也占有较大的市场份额。目前，西班牙电信在拉丁美洲拥有 2400 万固定电话用户、440 万宽带用户和 9000 万移动电话用户。此外，西班牙电信还在摩洛哥提供通信服务，并拥有中国网通 5%的股份。

三　模式重塑——轻资产化与服务化

数字型企业的加入使得全球价值链的一部分或全部实现了数字化。网上采购、网上销售等网络市场影响着全球价值链的上下游供应、生产和运营过程，并催生了许多新的形式，如数字产品和服务（如搜索引擎、社交网站等互联网平台）、数字实物产品（如电子媒体、娱乐、数据等数字内容产品）与传统生产数字化。在上述形式中，全球价值链的一部分或整体是数字化的，或是由实体向数字化转变的。

跨国企业全球价值链的数字化削弱了海外生产经营活动（销售）与海外资产之间的联系，使跨国投资趋于资产轻量化。2015 年，在 UNCTAD 发布的全球非金融类 100 强跨国企业中，数字型企业和技术型企业的海外资产占总资产的比例、海外资产占海外销售份额的比例远低于传统跨国企业。[①] 其中，数字型跨国企业的海外资产份额与海外销售份额之比仅为 1：1.8，而传统跨国企业的海外资产份额与海外销售份额之比高达 1：1，而且跨国企业的生产经营对互联网的依赖程度越高，越能利用较少的海外资产获得更多的销售份额。这不仅适用于大型跨国企业，也普遍适用于中小型跨国企业。例如，在数字经济领域的跨国企业中，互联网平台企业的数字化程度最高，其海外资产份额与海外销售份额之比不超过 40%，且多数不超过 20%。海外资产与海外销售的关系被彻底打破。汽车、飞机制造等高端制造业数字化程度较高，上述比例也低于 1：1，并呈下降趋势。这些都表明，价值链的数字化导致跨国企业更多的资产集中在母国，总部的协

---

① 　资料来源：UNCTAD 全球跨国公司数据库。

调功能得到加强，对海外资产配置的需求减少。

　　数字型跨国公司和技术型跨国公司具有相对较少的国际生产资源配置。它们可以通过有限的资产和少量的海外员工进入国外市场。尽管其他跨国公司报告显示，平均而言，外国资产和销售额的份额平衡，但技术型跨国公司在海外的销售额占73%，只有41%的资产位于本国以外，跨国公司经营模式的互联网强度越高，国外收入与实物资产之间的差距就越大。最大的互联网平台在海外销售中所占的份额大约是其在海外资产中所占份额的2.5倍。① 因此，就实体投资和创造就业机会而言，数字型跨国公司对东道国的经济影响不那么直接，尽管它们的投资可以产生重要的间接影响，并有助于数字经济发展。

　　数字型跨国公司总部集中在一些发达国家和新兴市场。它们以有限的外国投资在全球开展业务，可能会扭转过去十年中外国直接投资主导的"民主化"对外直接投资趋势，并使其回到少数几个主要的本土国家，特别是美国。约2/3的数字型跨国公司母公司及其近40%的子公司在美国，而其他大型跨国公司的母公司和子公司的这一比例为20%。

　　技术型和数字型跨国公司对国际生产中无形资产和流动资产的价值有重要影响。2015年，技术型跨国公司的无形资产价值（相对于资产账面价值）是其他大型公司的两倍。有价值的无形资产和较高的经营利润率正在推动科技公司形成巨额现金储备。

　　技术型跨国公司的现金持有量占总资产的近30%，持有的现金是其他大型跨国公司的两倍多，其中相当一部分是留存的外国收益。2015年，某美国数字型跨国公司在未申报外国收入中所占的份额（62%）几乎是其他美国跨国公司的3倍。② 未申报的外国收益的高价值和外国有形固定资产的低价值表明，这些资源对海外生产能力提升的贡献相对较小。

　　随着跨国企业生产经营活动的进一步数字化，其全球价值链可以划分为更多的环节，非核心环节可以通过协议生产、协议研发等方式外包，导致企业的一些生产活动成为以佣金为基础的生产性服务。此外，随着信息

---

① 资料来源：UNCTAD 全球跨国公司数据库。
② 资料来源：UNCTAD 全球跨国公司数据库。

技术的发展，越来越多的制造业企业的经营模式从销售产品和设备转变为销售服务，即按产品或设备的用途收费。对于客户来说，原来的投资资本品变成了购买服务，这样，买方省去了设备的维护和维修，卖方加强了对知识产权的控制，扩大了增值服务。这导致跨国企业的价值链服务比重不断上升，海外资本投资强度不断下降。

随着跨国企业价值链的不断服务化，服务业在全球 FDI 中的比重不断上升。UNCTAD 发布的全球非金融类跨国企业 100 强榜单中，服务业企业的数量稳步增加，而制造业企业数量明显减少。此外，100 强中服务业跨国企业的国际化指数（TNI）也明显高于制造业及第一产业跨国企业。服务业的地位得到了显著改善，数字、信息和通信技术的兴起以及传统产业全球价值链的持续服务化是重要原因。世界银行统计数据显示，服务业外商直接投资存量约占全球外商直接投资存量的 2/3。随着全球价值链数字化进程的加快，服务业在全球 FDI 中的比重将进一步提高。值得注意的是，全球外资统计的行业分类是以海外子公司的经济活动为基础，而不是以母公司的行业为基础，因此，世界银行的服务业外资流量及存量数据可能被高估，即一些制造业跨国企业在服务业领域的对外直接投资也被计入了服务业对外直接投资。这也显示了制造业服务化的趋势。

以 Lazada 公司的国际化为例，我们可以感受数字型跨国公司海外投资的轻资产化和服务化倾向。① Lazada 公司成立于 2012 年，由德国创业孵化器 Rocket Internet 桑威尔兄弟投资创建，现已成为当地用户数量位居前列的电子商务平台，覆盖印度尼西亚、马来西亚、菲律宾、新加坡、泰国、越南等国家。

自成立以来，Lazada 受到了广泛的关注，其估值在激烈的竞争下不断攀升。2012 年公司成立之初，Kinnevik 公司以 3.65 亿美元买入 Lazada 股票。随着公司的发展壮大，Lazada 受到了更多投资公司的密切关注。2013 年，受多家投资商资助，Lazada 公司获得 3.7 亿美元的投融资。自投入运营以来，Lazada 的销售额稳定增长，但是从收入的角度看，Lazada 的营收

---

① 孙冰：《阿里"出海"：首块"试验田"Lazada 都发生了什么？》，《中国经济周刊》2019 年第 7 期。

能力表现欠佳，账面始终呈现亏损形态。

2015 年，Lazada 的营业收入达到了 2.75 亿美元，同比增长 78.57%；商品交易额达到了 10.25 亿美元，比 2014 年增加了 166.93%；而税息折旧及摊销前利润仍为负值，企业仍处于亏损状态（见表 6-4）。

表 6-4　2013~2015 年 Lazada 主要经管和财务数据

单位：亿美元

指标	2013 年	2014 年	2015 年
总成交额	0.95	3.84	10.25
营业收入	0.76	1.54	2.75
税息折旧	-0.59	-1.43	-2.97

资料来源：Lazada 年报。

2016 年 4 月 12 日，阿里巴巴正式向 Lazada 伸出橄榄枝，用 10 亿美元购买了该公司 51% 的股权，成为 Lazada 公司最大的控股股东，从此阿里巴巴开始了开发东南亚地区业务的漫漫征程。2017 年，阿里巴巴再次注资 10 亿美元，收购了其他控股小股东的股份，占股比重达 84%。阿里巴巴的经营绩效逐年攀升使其拥有更多的资本开拓东南亚市场。2018 年，阿里巴巴以 20 亿美元收购了 Lazada 的其余股份，持股比例达到 100%。在并购后期，阿里巴巴多次将天猫和淘宝的技术、资源和业务与 Lazada 公司整合，使其充分发挥优势，令并购效果更上一层楼。2018 年，Lazada 在当地的服务业绩获得了倍速提升。

Lazada 经过阿里巴巴的三轮投资以后，已成为阿里巴巴在东南亚地区拓展版图的重要业务载体，服务印度尼西亚、马来西亚、菲律宾、新加坡、泰国、越南六个国家约 5.6 亿消费者，服务超过 40 万个东南亚本地以及海外的中小企业，与数千个品牌和一百多个物流服务商合作，目前已开发 Lazada 电子钱包在线支付服务体系，对标国内的支付宝，为东南亚消费者提供一套体验良好的支付体系。同时，Lazada 在阿里巴巴的带领下与其他第三方支付平台建立了合作关系。

2019 年 3 月，Lazada 对中国市场展开布局，国内许多品牌抓住这个发展东南亚市场的大好机会，尤其是顺德小家电等特色产业市场的拓展，加快了中国制造品牌和产品走出国门，走向世界。其中，eWTP 对中国品牌进入东南亚发挥了重要作用。

eWTP 赋能中国品牌进入东南亚路线如图 6-1 所示。

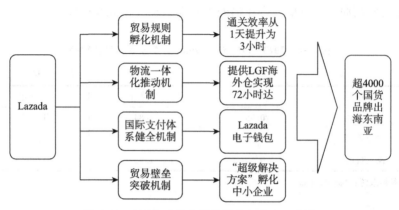

图 6-1 eWTP 赋能中国品牌进入东南亚路线

首先是贸易规则孵化机制。eWTP 的海外综合实验区项目自落地以来，为中国与马来西亚之间进行贸易往来提供了便利，创新了海关通关、检验、许可的方式，实行无纸化清关。[①]

马来西亚的 eWTP Hub（简称 eHub）位于吉隆坡机场，为东南亚的中小企业提供了数字清关和政策支持，通过与云处理、大数据协同等阿里巴巴主流工具合作，这里将被打造成东南亚电商、金融、物流的一体化综合服务区。[②] eHub 还为通关货物提供监管场所——机器人仓库，就位于吉隆坡机场的一处航站楼。来自世界各地的数万件产品在菜鸟的这个仓库中通过 AGV（Automated Guided Vehicle）机器人完成拣货作业。eHub 运作模式见图 6-2。

其次是物流一体化推动机制。Lazada 还在马来西亚和新加坡搭建了LGF（Lazada Global Fulfillment）海外仓为境外企业提供便利的仓储服务，这也是 eWTP 积极构建物流网络的落地项目，大大提升了中小企业的跨境订单交付能力。通过海外仓发货是为了有效提高订单的履约度。商家使用

---

① 李晓龙、王健：《eWTP 倡议下构建国际贸易新规则的探索》，《国际经贸探索》2018 年
　第 11 期。
② 周广澜、王健：《基于 eWTP 的数字贸易探索与实践》，《对外经贸实务》2021 年第 3 期。

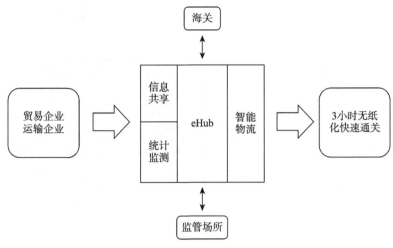

图 6-2　eHub 运作模式

海外仓发货有三点好处。第一，可以提升物流效率，平台接到订单以后通过信息同步平台发布信息，海外仓收到订单通知即可安排发货，从海外仓拣货、打包、发货到末端配送在 72 小时内即可完成，比起以往国内发货、海关通关、检验检疫等一系列烦琐过程耗费长达 3 天的时间，物流时效提升了不止一倍。第二，可以减少商家的物流支出。eWTP 给予海外仓商品运费补贴，商家可以通过海运提前备货至海外仓，海运的国际运费相对便宜，因此相比国内直运的方式物流运费节省高达 80%，从而帮助商家降低成本，获得更多的利润。第三，可以给商家更多的流量，eWTP 会对海外仓中的产品给予更多的流量支持，在促销活动和主页中提高这些产品的曝光率，每月定期开展海外仓库存清理专场活动，帮助卖家们快速资金回笼。Lazada 物流运作模式见图 6-3。

Lazada 沿袭了阿里巴巴的物流架构体系，与一百多家物流企业合作，将海外仓发出和中国直运的产品通过 Lazada "最后一公里" 配送服务 "无缝衔接"，使得跨境商品能以最快的速度交到消费者手中。

再次是国际支付体系健全机制。在支付方面，Lazada 依靠蚂蚁金服的技术支持，在 2018 年推出 Lazada 电子钱包。在马来西亚，2019 年 "双12" 活动中有半数消费者用 Lazada 电子钱包支付。同时，由于当地居民信用卡使用率低，并且对互联网金融存在信任问题，依托完善的物流骨干线

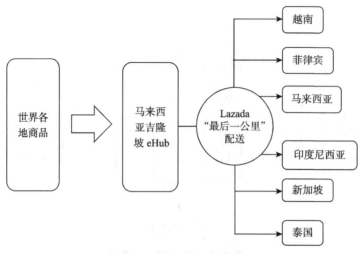

图 6-3　Lazada 物流运作模式

路，Lazada 在东南亚独创"货到付款"的线下现金付款模式。

　　Lazada 背靠阿里巴巴蚂蚁金服，"大树底下好乘凉"，不仅推出了买方电子钱包，2021 年 4 月，Lazada 还推出了 Seller Wallet，为商家提供更便利灵活的 PSP 收款方式。这也是 Lazada 为了顺应新加坡金管局新出台的"支付服务法案"的要求，进行的本土化尝试。商家激活钱包前 Lazada 的财务结算途径主要是通过平台以周为频次为商家统一结算货款，货款结算会首先到达店铺里面，然后根据绑定的收款工具打款至商家账户，也就是说，当时商家开店时绑定的收款工具将会固定成为打款账户，缺乏灵活性。Lazada Seller Wallet 一经推出，就受到商家们的支持，因为它具备一定的灵活性，平台每周结算的货款先打进商家的 Seller Wallet 中，商家再手动选择提现的账户，并且平台为了推广产品，还推出了提款零费率的活动，为商户提供了更多的选择，丰富并健全了跨境电商在东南亚地区的支付体系。

　　最后是贸易壁垒突破机制。eWTP 是推广普惠贸易的平台，基于 eWTP 的支付体系、物流体系和跨境电商贸易规则的创新可以为中小企业走出国门、走向世界提供一套完善的智慧方案。中小企业参与跨境电商的发展可以扩大国际贸易参与主体的范围，从而减少全球价值链上的贸易壁垒与社会资源的浪费。

Lazada 作为天猫"大航海"计划的重要出海项目，在减少中国与世界的贸易壁垒方面做出了不少努力。2020 年 11 月，通过与泉州市商务局合作，Lazada"一基地双中心"项目在泉州落地，基于泉州良好的贸易氛围，助力泉州产业带企业快速出海。

Lazada 并不止步于成为当地体量最大的电子商务企业，在数字贸易时代，Lazada 的目标是帮助东南亚地区 60% 的中小企业获得可持续的增长，到 2030 年，Lazada 计划服务上亿消费者，创造 2000 万个工作岗位，孵化 800 万家中小企业。eWTP 通过孵化电子商务贸易规则帮助中小企业参与跨境电子商务，并且推动物流一体化、建设物流基础设施，帮助中国商品出口东南亚、非洲及俄罗斯等，基于阿里巴巴的智慧支付体系与国际支付体系接轨，并健全不发达地区的电子商务的支付服务体系，为世界数字贸易的普惠发展添砖加瓦，有助于促进电子商务的繁荣发展，从而加速全球经济发展。

伴随工业 4.0 的不断推进，"数字经济"一词引起广泛重视。《2016 年全球信息技术报告》将主题定为"数字经济时代推进创新"，认为数字技术是第四次工业革命的核心代表。数字技术指数级别的发展速度，对传统行业的破坏性改造，以及对整个生产、管理和治理体系的潜在影响，将成为未来五十年甚至上百年科技创新的主题。UNCTAD 发布的《2021 年世界投资报告：投资于可持续复苏》则指出，数字基础设施是当前企业跨国投资的主流去向之一。为顺应数字经济发展，各国政府纷纷出台数字技术发展相关政策。

我国作为 2016 年 G20 主席国，首次将"数字经济"列为 G20 创新增长蓝图中的一项重要议题。2017 年，"数字经济"作为一种新的经济形态，被首次写入政府工作报告。党的十九大报告肯定了数字经济等信息产业蓬勃发展对经济结构优化的深远影响。数字经济成为未来经济增长的主要动力，成为转型升级的重要驱动力以及全球新一轮产业竞争的制高点。

作为经济学概念的数字经济是人类通过大数据（数字化的知识与信息）的识别—选择—过滤—存储—使用，引导和实现资源的快速优化配置与再生，实现经济高质量发展的经济形态。数字经济作为一个内涵比较宽泛的概念，凡是直接或间接利用数据来引导资源发挥作用、推动生产力发展的经济形态都可以纳入其范畴。在技术层面,包括大数据、云计算、物联网、区块链、人工智能、5G 通信等新兴技术;在应用层面,"新零售""新制造"等都是其代表。

伴随企业对外直接投资日益数字化,对外直接投资模式出现从量到质的转变。跨国公司价值增值来源从劳动力、土地等传统生产资料转向知识产权及其他无形资产,使得传统 FDI 动机被削弱,效率寻求、市场寻求动机逐渐被技术寻求动机所替代,跨国公司对外直接投资的区位选择也发生了改变。[①] 伴随"数据"这一无形生产要素的引入,跨国公司对外直接投资中的数字技术、数据以及相关战略性资产的比重上升,有形资产占比大幅下降,出现了海外投资"轻资产化"的趋势,非股权类投资模式也日益受到青睐。对外直接投资的数字化还带来了全球价值链的服务化趋势,使得服务业在全球对外直接投资中的占比进一步增加,数字化服务业的海外扩张不断升级加码。然而,对外直接投资数字化也带来了负面影响。"数据"这一新要素的引入,对传统要素尤其是劳动力形成了替代,数字型跨国公司在东道国创造的就业岗位大大减少,对母国劳动力素质提升也提出了新的要求。数字化带来的就业冲击,对未来经济发展的稳定性提出了挑战,对各国政府间的通力合作提出了新的要求。

对外直接投资数字化,促使企业创新驱动要素发生变化,创新逻辑被彻底重塑。对外直接投资的数字化也加强了全球范围内的技术创新合作与竞争。伴随数字技术在新兴产业格局中奠定核心地位,跨国公司创新逻辑将发生根本性转变。

第二节　数字经济时代的企业创新逻辑转换

全球数字技术的发展正在深刻地改变企业创新内涵。伴随信息技术迅速发展,第四次工业革命到来的论断得到了广泛共识。数字技术指数级别的发展速度,对原有工业产业的破坏性改造,以及对整个生产、管理和治

---

① 詹晓宁、欧阳永福:《数字经济下全球投资的新趋势与中国利用外资的新战略》,《管理世界》2018 年第 3 期。

理体系的影响，是此次新技术革命与以往工业革命的本质区别，数字技术是这场革命的支柱。数字技术的发展主要通过改变创新的方式对现有生产方式产生影响。2005 年，OECD 在其创新手册中将创新重新定义为在商业实践、工作场所组织或外部关系中开发新的或显著改进产品（商品或服务）或流程，采用新的营销方法或新的组织方法。而数字技术可以通过嵌入新技术对现有工具、产品、流程和业务模型进行改造，从而直接改变创新的本质。数字技术在新兴产业格局中的核心地位，正在显著改变各行业公司的游戏规则：快速扩展能力成为企业创新成功的先决条件。就行业层面而言，快速实现规模（客户群）扩张的企业可以把握行业标准设置的主动权，并且依赖网络的自我强化效应和低成本的推广能力，实现最大程度的规模经济。与此同时，规模的扩大也有助于系统自我更新和优化。完善而系统的客户群数据能够给出与客户偏好最接近的决策方向，从而创造更多的价值。总而言之，在数字经济背景下，布局和掌握网络信息资源成为企业创新的关键。

一　定义转换——嵌入式创新

数字技术影响创新的直接方式是通过嵌入新技术来改造现有工具、产品、流程和业务模型。这种机制适用于从设计到营销的整个价值链。除了帮助企业实现边际生产率的提高，数字技术正在改变创新本身的性质。网络驱动创新浪潮可以用一种几乎无成本的组合创新来解释。它依赖于这样一个事实，即组合成新产品的部件是比特（协议和语言），而不是物理部件和组件，因此没有生产时间问题，没有库存问题，没有交付问题，并且可以立即在世界各地发货。特别是，数字技术正以以下方式直接影响创新。①研发和基础研究：数字技术增加了可用于研究的工具，并降低了以前可能无法负担的研究活动成本，它们允许基于大量数据进行更准确的推断，并支持更广泛的远程研究协作，包括众包。②产品和工艺创新：数字技术催生新产品和服务，再工程化生产系统具有成本和质量优势。③商业模式创新：数字技术允许企业在新兴的人和机器网络中重新思考当前的商业模式，从而设计出价格和服务质量优于现有企业的产品。利用网络收集分散的信息，以创建不断自我优化的系统，这种将人们的需求与产品相匹配的产品设计方式，给企业带来了新的机遇。

从间接的角度来看，数字技术正通过改变现有企业创新的动机带来更多的创新。①数字技术可以通过降低通信成本和提高匹配效率来整合市场，从而扩大市场规模，增加竞争压力。例如，企业几乎可以免费链接到任何一个全球消费者所在的在线平台，这就为未来的企业创造了一个更为艰难的竞争环境。②减少进入壁垒。新的在线服务，如全球企业均可访问的云计算和在线营销平台，正在为初创企业和中小型企业节省大量的固定运营成本。这有助于其进入市场和扩大规模，从而有助于其与大型在位者展开公平竞争。数字商业平台有六种类型，它们分别是大众融资、数字公用事业、专业服务市场、微型制造、创新市场和电子商务平台。③获取和利用消费者偏好信息。大数据使企业有机会瞄准产品，以便根据准确的消费者偏好信息，制定营销策略。从消费者的角度来看，这就像是一次质量升级，因此使其他公司进行自我创新的压力增加。

具体而言，数字创新不仅可以理解为数字技术本身的创新，也可以理解为数字技术背景下的创新。创新涉及技术、过程、组织、市场和商业模式，因此数字创新也有两层含义：一是数字技术创新；二是数字技术背景下的过程创新、组织创新、市场创新和商业模式创新。如果仅仅从形式的角度分析，我们很难理解数字创新的强大生命力。比如，知识创新和生态创新并不像数字创新那样具有强大的生命力和动力。

数字创新是指信息、计算、通信和互联技术在创新过程中的结合，带来新产品，改进生产流程，改变组织模式，创造和改变商业模式。这个定义包含三个核心要素：数字技术，比如大数据、云计算、区块链、物联网、人工智能、虚拟现实等数字技术，本质上是信息、计算、通信和互联技术的结合；创新产出，创新管理中常用的产品创新、流程创新、组织创新、商业模式创新等创新产出都包含在数字创新产出中；创新过程，数字技术创新过程与一般创新过程的关键区别在于它强调数字技术在创新过程中的应用。

从传统的企业组织和产业组织形式向平台型、生态型等新型组织的演进，导致企业和产业创新体系的革命性变革，使数字创新呈现四个特征。①创新主体虚拟化。创新生态圈的领导者和参与者之间的互动在网上实现，个人和组织之间的合作模式日益多样化和虚拟化，给整个知识产权体系带来了新的挑战。②创新要素数字化。大数据、云计算、区块链、人工智能等技术正在改变人流、物流、知识流、资金流和信息流，推动创新要素流动方向和流动速度发生革命性变化，为企业创新提供了新的边界条件。③创新过程智能化。人机交互和深度学习正在改变创新过程。平台组织和网络组织之间的创新协作正在使线性创新成为过去。创新伙伴之间的创新互动、流程重构和业务协同为产业创新提供了新的空间。④创新组织平台。依托虚拟现实技术，大量的虚拟信息空间应运而生。以双边平台、多边平台、生态社区、创新社区为代表的新型创新组织充分展示了其强大的创新活力。从官僚结构到网络结构，从封闭创新到开放创新，从计划创新到新兴创新，都在颠覆创新组织形式。

数字化带来的创新主体虚拟化、创新要素数字化、创新过程智能化，不仅可以为数字链、物流链、在线创新链、创新组织平台的低成本整合提供新的组织空间，也可以为各类创新主体提供低成本的创新要素，实现数字化产业化的增量创新，实现区域产业数字化的创新。增量创新是指，信息、计算、通信、互联互通等新的数字技术创新（包括单元技术创新和技术组合创新），为经济社会创造技术和附加值。赋能创新是指，数字技术与原有农业、制造业、服务业深度融合，实现传统产业数字化发展，为经济创造附加值。

增量创新与赋能创新紧密结合，在实际价值评估中难以分离。比如医疗卫生、数字教育、纳米材料等创新产业，不仅有数字技术本身的创新，还有传统产业与数字技术深度融合的创新。2020 年新冠疫情发生后，长三角医疗健康产业中的各类医院与丁香园、微医、微脉、春雨医生等平台公司以及阿里云、天天互动等数据公司合作，建立了"产业创新生态系统"，该系统就是增量创新与赋能创新共同作用的结果，实现了跨区域远程治疗、医疗服务的共联共享。

在数字经济时代，组织是关系结构化和结构关系化的核心载体，由于组织性质不同，治理的目标、制度和方法有很大差异。聚焦经济组织中最主要的两类形态——企业组织和产业组织，从这两类组织的演化趋势入手，可以更为清晰地剖析数字治理的主体关系。

在数字经济时代，企业组织的内涵正在被颠覆。传统企业组织具有清晰的组织边界、固定的组织形式、稳定的层级结构和规范的绩效体系。这些特点是企业同时追求外部交易成本和内部控制成本最小化的结果。数字技术的发展正在改变科斯的经济假设。组织间的交易成本可能趋于零，而内部官僚治理的成本可能呈指数级上升，官僚组织的优势逐渐瓦解，企业组织的边界逐渐消失。比如阿里巴巴、腾讯、小米等企业，借助大数据、云计算、人工智能等技术，使得交易双方的信息越来越对称，组织从官僚控制走向民主治理，组织结构由"金字塔"向"扁平化"转变，组织平面上的个体由员工向合作者演化，组织由竞争对手向合作者演化，形成了一种新型的协同创新组织形式。

在数字经济时代，产业组织的内涵也在被颠覆。一方面，产业组织反映了产业内企业之间的市场关系，表现为完全竞争型、完全垄断型、垄断竞争型和寡头垄断型四种市场结构。另一方面，产业组织表现为行业内同类企业的组织形式，如企业集团、信托、分包等。这种产业组织是历史上任何时候都没有产生过的，领导者具有强大的力量，系统内可能出现两种创新格局。一是平台互补者的创新力被"大树下无草"的平台主体扼杀。附着在平台上的中小型平台互补者被诸如 BAT 等大型企业锁定。几年内开发出来的全新产品，上市后一周内就可能被模仿，甚至被买断，或者因为模仿的流行而导致低成本的竞争，创新意愿被扼杀。二是平台领导者和补充者形成了一个创新社区。平台企业就像一把大伞，可以保护中小企业不受创新的影响。比如，小米在供给侧授权制造企业创新，催生出一批有实力的创新产品提供商，或者阿里巴巴通过市场力量推动创新，用制度力量保护创新，授权电子商务企业创新。

二 方式转换——从人力、资本为王到信息为王

数字经济在世界范围内普遍呈现出快速增长的趋势，其增长速度明显快于国民经济的增长速度。全球化智库数据显示，2016~2017 年，G20 发达国家广义数字经济（包括数字工业化和产业数字化）平均增长率为8.47%，发展中国家数字经济平均增长率高达 16.83%。2006~2016 年，美国实际国内生产总值平均增长率为 1.5%，数字经济增加值实际增长率为

5.6%。其中，硬件平均增长 11.8%，电子商务和数字媒体平均增长 8.6%，电信行业平均增长 3.6%。总体来看，数字商品增加值实际年增长率为 9.1%，超过数字服务年增长率 5.0%。在云计算、人工智能、共享经济等新技术、新模式领域，数字经济的表现尤为突出。数字经济发展迅速，其总规模和在国民经济中的占比不断提高。中国信息通信研究院数据显示，2017 年，美国广义数字经济规模高达 11.50 万亿美元，中国高达 4.02 万亿美元，日本和德国均超过 2 万亿美元，英国和法国分别为 1.68 万亿美元和 1.04 万亿美元；德国、英国和美国的广义数字经济约占国内生产总值的 60%，而日本、韩国、法国、中国、墨西哥、加拿大和巴西的数字经济也占国内生产总值的 20%以上。

数字经济发展迅速，规模不断扩大，对国内生产总值增长具有显著的拉动作用。在一些地区，一个数字经济细分领域就可能创造数百亿元的收入，对当地经济发展起到非常重要的推动作用。因此，人们普遍认为数字经济是新动能的主要组成部分，是新旧动能转换的主要动力。

传统经济学认为，创新的基本要素是资本和人才，创新的本质驱动力是技术。然而，在数字经济的背景下，新的生产要素——数据，成为不可忽视的价值创造源泉。数据具有精准、高效和低耗的特点，其对经济发展的影响可能是指数级的，因而潜力巨大。[①] 掌握数据这一要素，成为数字经济背景下企业对外扩张和创新的又一重要目的。

数据作为一种要素，之所以能够转变创新的方式，根本原因在于掌握数据的企业将掌握"快速扩展的能力"。所谓"快速扩展的能力"，是指企业在掌握数据的前提下，能够快速地获取市场的信息，从而迅速反应，设计出符合市场真实偏好的产品或依此对现有产品进行改造。随着数字技术的普及，快速扩展的能力成为创新成功的先决条件。在数字经济时代，快速实现规模（客户群）扩张是至关重要的，网络效应的自我强化性质使得那些能够以最快速度布局足够大网络的市场参与者取得所有的利益并成为最终的赢家。

---

① Gandomi A., Haider M. "Beyond the Hype: Big Data Concepts, Methods and Analytics". *International Journal of Information Management*, No. 35, 2015, pp. 137–144.

传统的创新方式强调投入足够多的资本和人力资源，以推动技术的创新。而在数字经济发展的背景下，企业创新的投入将是投资足够大的网络规模，因为足够大的网络规模对于系统的自我优化至关重要：参与者越多，系统越快更新市场参与者行为的优先顺序，企业能够利用更接近市场真相的偏好匹配来创造更多的价值。也就是说，对网络规模的投资将为企业带来"快速扩展的能力"，而"快速扩展的能力"将为企业带来超额收益。除此之外，快速扩展还允许公司设置行业标准，从而获得竞争优势。快速扩展的公司因为设置了先例，所以可以定义该先例。因此，企业需要加快整个企业的所有流程，以赢得市场竞争。

具体而言，新兴的数字经济和智能经济主要以网络空间为载体，以数据、云计算能力等服务型创新资源为关键投入要素。数字经济条件下，密集的知识创造和广泛的赋能正在重塑经济结构并推动创新资源配置方式变革。变革过程一：大数据、云计算、人工智能科技的发展在一定程度上消除了经济系统内信息的不完全性，使生产和服务的供求信息更加精确。变革过程二：物联网和互联网技术的融合发展拓展了经济系统内各类信息的传播范围，同时也扩大了创新资源配置的空间范围。

物理空间内实物型创新资源的获取一般会受物理距离等客观因素的限制，如供应链对接服务、生产制造服务等一般要受场地、物流成本、生产设备情况等因素的限制。而随着物联网和互联网技术的融合发展，特别是工业互联网、智能制造等领域相关技术和应用的成熟，不仅物理空间创新资源的对接和信息的获取（如代工企业和零部件厂商市场供求信息的获取）可以通过信息化的手段在网络空间实现，物联网技术与实物创新要素的融合也使资源配置在一定程度上突破了物理空间的限制，从而为跨区域的生产和协同创新提供了物质条件。同时，网络空间提供的服务类创新资源一般不受物理距离的限制，如通用性技术、营销服务、设计众创等可以通过网络空间功能的拓展和延伸而远程提供给多元创新主体。随着物联网和互联网的融合，网络空间不仅能够实现经济系统内各类信息的快速扩散，还能以传输数据的形式实现诸多创新资源与多元创新主体间的快速连接，从而进一步促进了创新资源配置范围的拓展和资源配置效率的提高。

三　成果转换——低廉的边际创新成本

传统企业通过投资获得的创新成果主要是实物资产。一般来说，实物资产的边际生产成本较高，转移和存储也需要耗费一定的成本。在国际投资中，由子公司生产的创新产品如果需要运回母公司进行研究需要耗费国际运输成本，如果要对子公司的创新产品进行掌握可能还需要技术人员的现场指导。

数字企业的创新成果则不同，数据作为一种全新要素，其海外转移所需成本十分低廉。在互联网发展较为成熟的地区，仅仅依赖光缆的分秒传输，企业就可以将数据无成本扩散至海外，以有限资本撬动高额海外收入。UNCTAD 在《2017 年世界投资报告：投资和数字经济》中指出，最大的互联网平台的海外销售份额大约是其海外资产份额的 2.5 倍。以低投资成本带动高额海外收入，可以帮助母公司节约资金和提高资本利用效率，从而使母公司有更多资源用于技术创新。

企业通过海外数字基础设施布局，以较为低廉的边际成本获得国外的数字信息，并利用这些信息对现有的产品进行创新，这种创新相对于通过巨大的人力、资本投入进行实地调研、学术探讨等方式来说，显得更为容易，成本也更低。而且，随着海外市场产品销售相关信息的积累，企业还可以不断地进行产品技术革新。企业海外子公司通过数字技术实现的产品创新也可以通过网络传输的方式传递给母公司。由于数字技术有其标准语言，只需要掌握信息通信相关技术的基础语言，就可以对这些创新进行解读，并不需要子公司技术人员的过多帮助。因此，数字创新成果的分享变得更为容易，边际创新成本也十分低廉。

第三节　OFDI 数字化及其母公司创新效应研究

企业跨国投资和创新研究是国际经济领域两大重要的议题，探讨二者之间的关系有助于厘清不同国家经济发展差距产生的原因，且对剖析国际经济政治格局的走向具有重要的作用。自新冠疫情发生以来，全球投资走向发生了重大的改变，尤其表现在数字领域。[①] UNCTAD 发布的《2021 年世界投资报告：投资于可持续复苏》显示，新冠疫情使全球对数字基础设施和服务的需求增加。2020 年，针对信息和通信技术行业的绿地投资流量增加了 22% 以上，达到 810 亿美元，与数字相关行业的资产销售也大幅增长。在跨国投资方面，新冠疫情刺激各国财政支持数字经济部门发展，低借贷成本和全球活跃的金融市场不断推动数字领域的全球资产并购和重组。加速的数字化投资也促使科技公司不断受益，顶级科技跨国公司的收入不断增加，海外资产价值不断上涨。与此同时，顶级科技跨国公司所在国家的经济发展与其他国家的差距也在不断拉大。

在全球投资数字化和科技公司资产价值暴涨背景下，一些深层次的问题需要得到研究，比如跨国投资数字化如何提高一个企业的创新效率，从而提升其生产率，使其价值出现持续不断的增长。以对外直接投资为例，目前不少研究认为对外直接投资的数字化会促使企业创新驱动要素发生变化，从而彻底重塑企业的创新逻辑。对外直接投资的数字化也加强了全球范围内的技术创新合作与竞争。传统理论认为，企业对外直接投资主要通过研发资本溢出、目标市场拓展和营运收益反馈的方式促进母国技术创新。伴随数字技术在新兴产业格局中奠定核心地位，跨国公司创新逻辑将发生根本性转变：数字技术的灵活运用将不仅能加快跨国公司研发资本溢出、目标市场拓展和营运收益反馈，也能通过改变跨国投资的资本组成结构、跨国合作模式和收益反馈结构等，彻底改变母公司的技术创新路径。然而，尽管跨国公司对外投资数字化倾向逐渐显现，并对母国技术创新产生潜在影响，相关的理论和调研工作并没有大范围展开。为此，本章将对跨国投资数字化背景下企业对外直接投资促进母公司创新的路径进行重塑。

一 OFDI 数字化与企业创新理论

尽管数字技术在企业跨国投资和创新过程中具有重要作用，但有关三者的理论和实践研究仍处于初级阶段。20 世纪 90 年代中期，约翰·马西

---

① 佟家栋、盛斌、蒋殿春等：《新冠肺炎疫情冲击下的全球经济与对中国的挑战》，《国际经济评论》2020 年第 3 期。

(John Mashey) 首次提出"大数据"（big data）一词，但直到 2011 年大数据的概念才开始广泛流行。① 大数据作为数字经济和数字技术的基础要素，描述了高速涌现的大量复杂多变的数据，这些数据需要先进的技术来实现信息的获取、存储、派发、管理和分析。尽管大数据要求使用诸多复杂技术，但已经有相当一部分企业掌握并开发了这些技术，并将大数据作为一种生产要素加以利用。"数字经济"正是基于大数据这一新型要素发展起来的全新经济学概念。塔普斯科特在《数字经济：网络智能时代的机遇和挑战》一书中首次提出"数字经济"概念②，被誉为"数字经济之父"。此后，诸多学者对"数字经济"的范围做了探讨，将其界定为一个全新且完整的商业体系，包括信息和通信技术（ICT）、信息和通信技术基础设施、信息技术行业、信息技术行业中商品和服务的数字传输以及有形商品的销售。③至此，有关"数字经济"的起源、含义和范围都得到了初步界定。

数字经济的出现，根本性地改变了创新的内涵。数字技术通过嵌入新技术来改造现有工具、产品、流程和业务模型，直接改变了创新的本质。技术范式的变革一方面推动了产业组织方式的变革，另一方面拓展了网络空间功能和创新资源配置的空间范围，并使创新组织方式朝网络化、协同化和生态化方向演变。④ 数字经济也促使对外直接投资数字化成为重要发展趋势。数字经济的兴起不仅改变了企业创新，也催生了大量新业态和新商业模式。相应地，全球价值链也出现深刻变化，对外直接投资数字化倾向明显。表现在国际投资方面，跨国公司投资的区位选择、投资模式、投资行业及其东道国和母国影响路径均发生变化。⑤ 区位选择方面，伴随跨

①　Diebold F. X. "A Personal Perspective on the Origins and Development of 'Big Data': The Phenomenon, the Term and the Discipline". *Social Science Research Network*, 2012.

②　Tapscott D. *The Digital Economy: Promise and Peril in the Age of Networked Intelligence.* New York: McGraw-Hill, 1996.

③　Brent R. M. "GDP and the Digital Economy: Keeping up with the Changes". *Understanding the Digital Economy Data*, Vol. 4, No. 5, 1999, pp. 34-48; Kling R., Lamb R. "IT and Organizational Change in Digital Economies: A Socio-Technical Approach". *ACM SIGCAS Computers & Society*, Vol. 29, No. 13, 1999, pp. 17-25.

④　张昕蔚：《数字经济条件下的创新模式演化研究》，《经济学家》2019 年第 7 期。

⑤　詹晓宁、欧阳永福：《数字经济下全球投资的新趋势与中国利用外资的新战略》，《管理世界》2018 年第 3 期。

国公司价值增值来源从劳动力、土地等传统生产资料转向知识产权及其他无形资产，传统 FDI 动机被削弱，效率寻求、市场寻求动机逐渐被技术寻求动机所替代。投资模式方面，由于构成经济底层架构的数字技术、数据以及相关战略性资产逐渐成为企业对外直接投资的重要资产构成，跨国公司海外投资有形资产占比大幅下降，出现了"轻资产化"趋势。部分学者针对数字化跨国并购进行研究后发现，东道国市场规模和地理距离不再是跨国并购的阻碍因素。[①] 此外，非股权类投资模式日益受到青睐。投资行业方面，伴随国有企业价值链不断服务化，服务业在全球对外直接投资中的占比不断上升。最后，由于数字企业对劳动力的需求远低于对资本和高技能的需求，因而其对东道国和母国的就业、资产配置以及生产效率等均会产生重要影响。

有关数字经济、企业创新和跨国公司对外直接投资的研究已经取得了初步成果。数字经济的内涵和外延、数字经济对创新的影响以及数字经济对跨国公司投资的影响已经引起了部分学者的讨论和重视。然而，当前研究并没有形成统一的研究框架。为此，本章在传统对外直接投资的母国技术创新框架基础上，构建对外直接投资数字化促进母公司创新的影响路径，并在案例分析的基础上提出对外直接投资数字化发展和鼓励企业利用数字化促进母公司技术创新两方面的政策建议。

二　OFDI 数字化指标体系构建

企业数字化是企业信息化的延伸，也可以被称为企业信息化 2.0。已有研究认为评价企业信息化或者数字化程度必须关注企业内外部的双重影响，认为信息化基础、信息化管理、信息化组织和信息化环境是企业信息化的重要指标。[②] 也有学者从企业信息化和信息系统的应用水平出发构建企业信息化指标体系，包括政府因素、外部环境信息化水平、企业人员因

---

① 蒋殿春、唐浩丹：《数字型跨国并购：特征及驱动力》，《财贸经济》2021 年第 9 期。
② 孙璐、陶福平、董毅明：《企业信息化成熟度评价指标体系的研究》，《科学与管理》2006 年第 3 期。

素等。① 中国信通院发布的《中国数字经济发展白皮书（2017 年）》也沿用这一思路，编制了 DEI 指数。该指数从宏观经济、基础能力、基础产业、融合应用四个层面选取相关指标，既包含数字经济发展的一致指标，也包含先行指标和滞后指标。世界经济论坛在其《全球信息技术报告》中，采用互联网发展环境、互联网基础设施、互联网普及应用和互联网社会影响四个一级指标。与前述指标相比，增加了对互联网社会影响的关注。本章将借鉴以上方案，综合考虑指标与企业对外直接投资数字化的相关性、企业对外直接投资数字化的内外部环境以及东道国和母国共同影响因素等来构建企业对外直接投资数字化指标体系。

　　具体来说，该指标体系包含对外直接投资数字化宏观环境、基础能力、产业发展和融合应用四个一级指标。宏观环境从外部环境着手，反映企业对外直接投资数字化的宏观背景，指标包括：国内生产总值、对外直接投资流量占国内生产总值的比重、对外直接投资第三产业占比、母国对外直接投资数字化政策扶持、东道国外商直接投资数字化政策扶持等。基础能力主要包括东道国和母国双方的数字化基础设施建设情况，指标包括：母国和主要东道国的电力生产指数、移动网络覆盖率、国际网络带宽、安全互联网服务器、大数据投融资等。产业发展主要考虑数字化产业在对外直接投资中的规模和应用范围，指标包括：对外直接投资数字产业占比、云计算服务市场规模、移动互联网接入流量、移动宽带用户数、固定互联网宽带接入时长、固定宽带用户数、物联网终端用户数等。融合应用主要考察互联网服务在国际投资中与其他产业的融合情况，指标包括：国际电子商务零售交易额、B2B 营收规模、"互联网+"协同制造、"互联网+"智慧能源、"互联网+"普惠金融、"互联网+"高效物流。本章综合运用查询数据库、调研和专家评估等方式获取上述指标数据，并根据指标重要性程度进行权重赋值，指标构建如表 6-5 所示。

---

① 邱长波、张佳、吕连升：《企业信息化成熟度评价指标体系及影响因素研究》，《情报科学》2005 年第 12 期。

表 6-5　企业对外直接投资数字化指标体系

一级指标	二级指标	一级指标权重	二级指标权重
宏观环境	国内生产总值（GDP）	0.2	0.1
	对外直接投资流量占国内生产总值的比重		0.1
	对外直接投资第三产业占比		0.2
	母国对外直接投资数字化政策扶持		0.3
	东道国外商直接投资数字化政策扶持		0.3
基础能力（母国）	电力生产指数	0.1	0.2
	移动网络覆盖率		0.2
	国际网络带宽		0.2
	安全互联网服务器		0.2
	大数据投融资		0.2
基础能力（主要东道国）	电力生产指数	0.1	0.2
	移动网络覆盖率		0.2
	国际网络带宽		0.2
	安全互联网服务器		0.2
	大数据投融资		0.2
产业发展	对外直接投资数字产业占比	0.3	0.2
	云计算服务市场规模		0.2
	移动互联网接入流量		0.1
	移动宽带用户数		0.1
	固定互联网宽带接入时长		0.1
	固定宽带用户数		0.1
	物联网终端用户数		0.2
融合应用	国际电子商务零售交易额	0.3	0.2
	B2B 营收规模		0.2
	"互联网+" 协同制造		0.15
	"互联网+" 智慧能源		0.15
	"互联网+" 普惠金融		0.15
	"互联网+" 高效物流		0.15

注：主要东道国为近五年《中国对外直接投资统计公报》中我国对外直接投资流向国排名前5 的国家。

三　OFDI 数字化与母公司创新效率提升路径

以往研究认为，企业对外直接投资主要通过海外研发资本溢出和海外运营收益反馈两条路径促进母公司的技术创新。所谓海外研发资本溢出，主要指的是跨国公司通过对外投资，可以共享国外的研发投入，或者通过与国外研发机构和研发人员合作，实现知识的溢出。具体来说，这一路径主要包含两种机制：一是研发资本吸收机制，国外子公司通过研发资本的吸纳，实现技术创新，进而通过研发成果逆向转移提升母公司技术创新能力；二是研发人员转移机制，国外子公司通过研发人员培养和与母公司进行人员交流，提升母公司技术创新能力（见图6-4）。

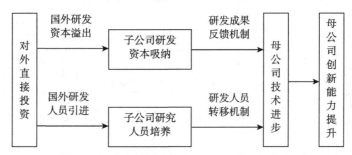

图6-4　企业对外直接投资的海外研发资本溢出机制

海外运营收益反馈主要是指跨国公司可以通过全球资源优化配置降低生产成本，或者通过海外市场拓展增加销售收入，这些收益反馈至母公司，可带来研发投入的增加，从而提升母公司整体研发能力。这一路径也包含两种机制：一是生产成本降低机制，母公司的海外投资布局实现企业资源在全球范围内的有效配置，提升资源的利用效率，从而实现单位生产成本的降低；二是销售收入增长机制，跨国公司海外市场拓展带来新的销售收入，这些收入能够增加母公司的收益。以上两种机制均通过增加母公司财富，促使母公司增加研发投入，提高创新水平（见图6-5）。

运用数字技术，跨国公司可以通过节约海外投资成本、扩大海外业务投资范围与加速研发成果回流和投资收益反馈实现母公司创新能力提升（见图6-6）。首先是节约海外投资成本。数据作为一种全新要素，海外转移所需成本十分低廉。在互联网发展较为成熟的地区，仅仅依赖光缆的分

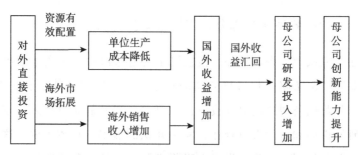

图 6-5 企业对外直接投资的海外运营收益反馈机制

秒传输，企业就可以将数据无成本扩散至海外，以有限资本撬动高额海外收入。以低投资成本带动高额海外收入，可以帮助母公司节约资金和提高资本利用效率，从而使母公司有更多资源用于技术创新。

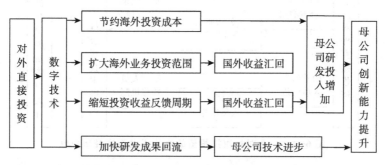

图 6-6 数字技术背景下企业对外直接投资的母公司创新能力提升机制

其次是扩大海外业务投资范围，实现海外收入增加。当前对国际投资量的衡量以实物投资额为主，运用数字技术的企业海外投资以虚拟资产为主，因而较少受到国际投资的规则限制。跨国公司可以利用这一优势，实现投资规模迅速扩张。例如，对于零售限制类规则，可以通过电子商务方式绕开。数字技术的应用也模糊了行业边界，越来越多企业利用数字技术实现混业经营，因而可以绕开原有对某类产业的投资限制规则。海外业务拓展使得企业可以涉足更多战略性领域的海外投资，帮助企业迅速积累海外信息，从而促进母公司创新。

最后是利用数字技术，研发成果和投资收益的反馈效率可以大幅提升。得益于数字技术发展，子公司研发成果向母公司传输的效率提高，使学习效率提升。例如，远程协作可以实现科研人员实时进行技术交流，3D

建模和虚拟仿真则可以低成本方式实现科研成果共享。收益方面，对于数字跨国公司而言，海外子公司数字技术的突破可以同时带来母公司无形资产价值的增加；数字技术的应用也带来较高的经营利润率，使得海外投资的收益反馈周期迅速缩短。

四　华为 OFDI 数字化与母公司创新效率提升

华为作为一家通信设备制造业企业，是对外直接投资数字化的先锋，也是企业自主创新能力提升的领军企业。[①] 1987 年，华为成立于中国深圳，经过 30 多年的发展，华为已经成长为全球性的跨国公司，其业务遍布全球 700 多个城市，服务超过 30 亿人口，是世界上最大的专利持有企业之一，其中 90% 以上为发明专利。目前，华为积极参与全球范围内的行业标准制定和构建，实现了产业链的带动和全球化的科技引领。

对外直接投资在华为的企业发展和技术创新发展中具有决定性的作用。20 世纪末，国内通信设备制造行业的发展开始变得缓慢，国内市场已经无法满足华为发展的需求，华为决定进行对外投资。通过跨国并购和合资等方式，华为迅速打开了亚非拉市场，也因此获得了诸多逆向技术溢出的好处。华为 2010 年前的对外直接投资项目、动机、创新反馈机制和母公司创新效果如表 6-6 所示。

表 6-6　华为 2010 年前的 OFDI 项目、动机、创新反馈机制和母公司创新成果

	获取海外研发资本	引进海外研发人员	有效配置资源降低成本	拓展海外市场
OFDI 项目	收购美国光通信厂商 OptiMight（2002年）；收购美国网络处理器厂商 Cognigine（2003 年）；与沃达丰建立移动创新中心（2006 年）	与西门子合资（2004年）	与 3COM 合资（2003年）；与西门子合资（2004 年）；与赛门铁克合资（2007 年）；与 Global Marine 合资（2007 年）	与 3COM 合资（2003年）；与西门子合资（2004 年）；与赛门铁克合资（2007 年）；与 Global Marine 合资（2007 年）

---

① 邓贺：《我国企业对外直接投资战略分析——以华为公司为例》，《经营与管理》2022 年第 2 期。

续表

	获取海外研发资本	引进海外研发人员	有效配置资源降低成本	拓展海外市场
OFDI 的母公司创新反馈机制	研发成果反馈机制	研发人员转移机制	降低单位生产成本	海外销售收入增加
母公司创新效果	母公司技术进步，创新能力提升		母公司可用于研发的资金增加，创新能力提升	

资料来源：华为年报。

华为通过多种类型的对外直接投资，实现了母公司创新能力的提升。如表 6-6 所示，华为通过兼并收购多家高科技企业直接获得海外技术，获得研发成果反馈的好处；通过与西门子合作，直接获得了西门子的优秀技术工人；通过与多家海外企业成立合资公司，华为迅速地实现了海外市场布局，同时通过规模效应有效地实现了效率提升和成本节约。通过收购 OptiMight，华为提高了在光通信方面的技术水平。通过收购 Cognigine，华为提升了在网络处理器方面的技术水平。通过与沃达丰建立移动创新中心，华为在软件和应用、端到端解决方案等技术问题研究上获得了重要支持。

华为对外直接投资的数字化为其创新发展带来了极大的好处。作为一家通信设备制造业企业，华为的数字化转型相较其他制造业企业更为容易，且华为也确实抓住了这一转型契机。

2011 年以来，华为对对外直接投资的数字化给予了较多关注，无论是对外直接投资项目数量还是对外直接投资金额都在向数字化方向倾斜。2013 年，华为收购 Caliopa 和 Fastwire，帮助其在数据通信和运营支撑系统开发设计方面取得重大技术突破。2014 年 7 月，华为投资了 XMOS，同年 10 月，收购了 Neul，这两次投资都帮助华为获得了物联网相关的关键技术。2015 年，华为收购了 Amartus，这使得华为在软件定义网络（SDN）方面取得重大技术突破。2017 年，华为收购了以色列两家厂商——Hexa Tier 和 Toga Networks，前者为华为带来了数据库安全方面的技术，后者则帮助华为在软件的系统设计和芯片设计方面取得重大技术突破。这一系列的收购案使得华为取得了数字化发展的主动权，且帮助华为在全球范围内初步实现了数字化产业布局。华为数字化对外直接投资项目、动机、创新反馈机制和母公司创新效果如表 6-7 所示。

表 6-7　华为数字化 OFDI 项目、动机、创新反馈机制和母公司创新成果

	获取海外研发技术和研发人员	拓展海外市场	获取海外市场收益
OFDI 项目	收购 Caliopa 和 Fastwire（2013 年）；收购 XMOS 和 Neul（2014 年）；收购 Hexa Tier 和 Toga Networks（2017 年）	收购 Caliopa 和 Fastwire（2013 年）；收购 XMOS 和 Neul（2014 年）；收购 Hexa Tier 和 Toga Networks（2017 年）	收购 Amartus（2015 年）
OFDI 的母公司创新反馈机制	扩大海外业务投资范围	缩短投资收益反馈周期	加快研发成果回流
母公司创新效果	母公司技术进步，创新能力提升		母公司可用于研发的资金增加，创新能力提升

资料来源：华为年报。

可以看到，华为的对外直接投资以跨国并购为主，且大多数对外直接投资是为了获得核心技术，因而华为对外直接投资数字化带来的母公司技术创新也主要体现在加快研发成果回流、缩短投资收益反馈周期与扩大海外业务投资范围三方面。例如，华为收购了 Amartus，这是华为首次在爱尔兰市场上进行收购，最直接的好处是帮助华为进入爱尔兰电信市场，增加其在欧洲电信市场上的份额和影响力。由于此次收购是对电信网络业务的收购，华为获得了 Amartus 专注于软件定义网络（SDN）的技术和关键技术团队，在对其进行重组后，华为母公司将共享软件技术和团队成员，从而大大提升其在软件领域的技术创新能力。另外，在华为收购 Amartus 后，其业务将逐渐从网络设备提供转向利润更高的软件和服务业务，这一数字化转型将帮助华为提升其在海外市场的投资收益反馈效率，从而为其提供更多的研发资金。

本节以华为公司为例分析了企业对外直接投资数字化对母公司创新的影响，华为公司成功地实现了对外直接投资的数字化转型，并且为其母公司带来了诸多创新技术。面对企业的数字化转型趋势，其他企业对外直接投资的数字化和母公司创新效率提升可以借鉴以下策略。

第一，制定清晰的数字化和全球化发展策略。对于企业尤其是跨国公

司而言，在制定全球化发展战略的同时需要考虑将数字化融入全球化，提前布局数字化产业，或者利用数字技术转变其全球化的方式。例如，可以通过数字技术升级母公司和子公司之间的价值链，构建数字化的全球行业价值链来提高产品的市场转化效率，构建数字化的网络生态系统，利用互联网技术来协调企业的全球合作伙伴，提高合作效率。

第二，利用合适的对外直接投资方式获得战略资产。企业可以利用跨国并购的方式迅速获取重要的海外战略资产，例如数字化技术、数字化管理团队、数字化销售渠道、数字化运营品牌等。通过跨国并购，企业可以迅速地在海外市场进行产业的数字化转型，同时也可以为母公司的数字化转型带来逆向技术溢出的好处。

第三，注重企业自身数字化转型和创新吸收能力发展。企业自身的数字化转型是企业进行全球数字化布局的前提，而企业本身的创新吸收能力又是其能够利用全球技术促进其发展的关键。因此，企业在推进对外直接投资数字化的同时，也需要不断增强其创新吸收能力，广泛吸纳数字化人才，从而为其创新能力的长足发展打下基础。

参考文献

一　中文文献

白洁：《对外直接投资的逆向技术溢出效应——对中国全要素生产率影响的经验检验》，《世界经济研究》2009年第8期。

常玉春：《我国企业对外投资绩效的动态特征——以国有大型企业为例的实证分析》，《财贸经济》2011年第2期。

陈菲琼、丁宁：《全球网络下区域技术锁定突破模式研究——OFDI逆向溢出视角》，《科学学研究》2009年第11期。

陈菲琼、傅秀美：《区域自主创新能力提升研究——基于ODI和内部学习网络的动态仿真》，《科学学研究》2010年第1期。

陈菲琼、虞旭丹：《企业对外直接投资对自主创新的反馈机制研究：以万向集团OFDI为例》，《财贸经济》2009年第3期。

陈昊、吴雯：《中国OFDI国别差异与母国技术进步》，《科学学研究》2016年第1期。

陈继勇、盛杨怿：《外商直接投资的知识溢出与中国区域经济增长》，《经济研究》2008年第12期。

陈劲、魏诗洋、陈艺超：《创意产业中企业创意扩散的影响因素分析》，《技术经济》2008年第3期。

陈俊聪、黄繁华：《对外直接投资与贸易结构优化》，《国际贸易问题》2014年第3期。

陈强主编《高级计量经济学及 Stata 应用》（第二版），高等教育出版社，2014。

池仁勇、杨潇：《行业集聚度集聚结构类型与技术进步的动态关系研究：以浙江省制造业为实证》，《经济地理》2010 年第 12 期。

仇怡：《改革开放以来中国研发投入的现状及国际比较（1978—2003 年）》，《中国经济史研究》2009 年第 1 期。

崔日明、张婷玉、张志明：《中国对外直接投资对国内投资影响的实证研究》，《广东社会科学》2011 年第 1 期。

戴翔：《"走出去"促进我国本土企业生产率提升了吗?》，《世界经济研究》2016 年第 2 期。

邓贺：《我国企业对外直接投资战略分析——以华为公司为例》，《经营与管理》2022 年第 2 期。

杜两省：《论投资在区域间配置的均等与效率》，《投资研究》1996 年第 12 期。

范黎波、郑建明、江琳：《技术差距、技术扩散与收敛效应：来自 134 个国家技术成就指数的证据》，《中国工业经济》2008 年第 9 期。

付海燕：《对外直接投资逆向技术溢出效应研究——基于发展中国家和地区的实证检验》，《世界经济研究》2014 年第 9 期。

葛顺奇、罗伟：《中国制造业企业对外直接投资和母公司竞争优势》，《管理世界》2013 年第 6 期。

郭国峰、杨金璐：《中部六省工业化水平的综合比较研究》，《经济问题》2008 年第 11 期。

郭金龙：《经济增长方式转变的国际比较》，中国发展出版社，2000。

郭金龙、王宏伟：《中国区域间资本流动与区域经济差距研究》，《管理世界》2003 年第 7 期。

黄静：《吸收能力对 FDI 技术外溢的影响——基于工业层面及生产力非参数估计方法的研究》，《财贸经济》2007 年第 5 期。

黄赜琳、王敬云：《地方保护与市场分割：来自中国的经验数据》，《中国工业经济》2006 年第 2 期。

江小涓：《跨国投资市场结构与外商投资企业的竞争行为》，《经济研究》

2002 年第 9 期。

姜萌萌、庞宁：《技术缺口与技术寻求型对外直接投资——发展中国家对外直接投资分析》，《黑龙江对外经贸》2006 年第 5 期。

蒋殿春、唐浩丹：《数字型跨国并购：特征及驱动力》，《财贸经济》2021 年第 9 期。

蒋冠宏：《企业异质性和对外直接投资——基于中国企业的检验证据》，《金融研究》2015 年第 12 期。

蒋冠宏、蒋殿春：《绿地投资还是跨国并购：中国企业对外直接投资方式的选择》，《世界经济》2017 年第 7 期。

蒋冠宏、蒋殿春：《中国工业企业对外直接投资与企业生产率进步》，《世界经济》2014 年第 9 期。

蒋仁爱、冯根福：《贸易 FDI 无形技术外溢与中国技术进步》，《管理世界》2012 年第 9 期。

赖明勇、包群、彭水军、张新：《外商直接投资与技术外溢：基于吸收能力的研究》，《经济研究》2005 年第 8 期。

李磊、包群：《融资约束制约了中国工业企业的对外直接投资吗?》，《财经研究》2015 年第 6 期。

李磊、郑昭阳：《议中国对外直接投资是否为资源寻求型》，《国际贸易问题》2012 年第 2 期。

李梅、金照林：《国际 R&D、吸收能力与对外直接投资逆向技术溢出——基于我国省际面板数据的实证研究》，《国际贸易问题》2011 年第 10 期。

李梅、柳士昌：《对外直接投资逆向技术溢出的地区差异和门槛效应——基于中国省际面板数据的门槛回归分析》，《管理世界》2012 年第 1 期。

李平、孙灵燕：《国外专利申请对技术进步的影响——基于中国各地区面板数据的分析》，《经济经纬》2007 年第 1 期。

李晓龙、王健：《eWTP 倡议下构建国际贸易新规则的探索》，《国际经贸探索》2018 年第 11 期。

李政、陆寅宏：《国有企业真的缺乏创新能力吗——基于上市公司所有权

性质与创新绩效的实证分析与比较》,《经济理论与经济管理》2014
年第 2 期。

林青、陈湛匀:《中国技术寻求型跨国投资战略:理论与实证研究——基
于主要 10 个国家 FDI 反向溢出效应模型的测度》,《财经研究》2008
年第 6 期。

林毅夫、苏剑:《论我国经济增长方式的转换》,《管理世界》2007 年第
11 期。

林毅夫、张鹏飞:《后发优势、技术引进和落后国家的经济增长》,《经济
学》(季刊) 2005 年第 4 期。

刘国光、李京文主编《中国经济大转变——经济增长方式转变的综合研
究》,广东人民出版社,2001。

刘莉亚、何彦林、王照飞等:《融资约束会影响中国企业对外直接投资
吗?——基于微观视角的理论和实证分析》,《金融研究》2015 年第
8 期。

刘伟全:《我国 OFDI 母国技术进步效应研究——基于技术创新活动的投入
产出视角》,《中国科技论坛》2010 年第 3 期。

鲁晓东、连玉君:《中国工业企业全要素生产率估计:1999—2007》,《经
济学》(季刊) 2012 年第 2 期。

路甬祥主编《创新与未来:面向知识经济时代的国家创新体系》,科学出
版社,1998。

吕世生、张诚:《当地企业吸收能力与 FDI 溢出效应的实证分析——以天
津为例》,《南开经济研究》2004 年第 6 期。

吕岩威、孙慧:《中国战略性新兴产业技术效率及其影响因素研究》,《数
量经济技术经济研究》2014 年第 1 期。

罗翔、卢新海、姜国麟等:《金融发展、技术进步与中国非正规经济——
来自中国微观企业的经验证据》,《科学学研究》2014 年第 5 期。

马锦伟:《中国民营企业对外投资动因分析——以海尔集团为例》,《企业
改革与管理》2019 年第 22 期。

马亚明、张岩贵:《技术优势与对外直接投资:一个关于技术扩散的分析
框架》,《南开经济研究》2003 年第 4 期。

毛其淋、盛斌：《对外经济开放区域市场整合与全要素生产率》，《经济学》
　　（季刊）2011 年第 1 期。

毛其淋、许家云：《中国企业对外直接投资是否促进了企业创新》，《世界
　　经济》2014 年第 8 期。

明秀南：《海外并购与企业创新》，载李平、石磊主编《21 世纪数量经济
　　学》（第 19 卷），经济管理出版社，2018。

聂辉华、江艇、杨汝岱：《中国工业企业数据库的使用现状和潜在问题》，
　　《世界经济》2012 年第 5 期。

聂辉华、谭松涛、王宇锋：《创新、企业规模和市场竞争：基于中国企业
　　层面的面板数据分析》，《世界经济》2008 年第 7 期。

邱长波、张佳、吕连升：《企业信息化成熟度评价指标体系及影响因素研
　　究》，《情报科学》2005 年第 12 期。

邱立成、刘奎宁：《融资异质性对企业对外直接投资倾向的影响——基于
　　中国工业企业数据的检验》，《财贸研究》2016 年第 3 期。

茹玉骢：《技术寻求型对外直接投资及其对母国经济的影响》，《经济评论》
　　2004 年第 2 期。

伞锋：《试论我国三大地区的对外开放度》，《国际贸易问题》2002 年第
　　4 期。

沈坤荣、耿强：《外国直接投资技术外溢与内生经济增长——中国数据的
　　计量检验与实证分析》，《中国社会科学》2001 年第 5 期。

宋东林、付丙海：《再论我国高校科技成果转化——借鉴美国加拿大等国
　　家经验》，《科技管理研究》2010 年第 8 期。

宋勇超：《中国对外直接投资目的效果检验——以资源寻求型 OFDI 为视
　　角》，《经济问题探索》2013 年第 8 期。

宋跃刚、杜江：《制度变迁、OFDI 逆向技术溢出与区域技术创新》，《世界
　　经济研究》2015 年第 9 期。

孙冰：《阿里"出海"：首块"试验田"Lazada 都发生了什么?》，《中国经
　　济周刊》2019 年第 7 期。

孙璐、陶福平、董毅明：《企业信息化成熟度评价指标体系的研究》，《科
　　学与管理》2006 年第 3 期。

田巍、余淼杰：《企业生产率和企业"走出去"对外直接投资：基于企业层面数据的实证研究》，《经济学》（季刊）2012年第2期。

佟家栋、盛斌、蒋殿春等：《新冠肺炎疫情冲击下的全球经济与对中国的挑战》，《国际经济评论》2020年第3期。

汪琦：《对外直接投资对投资国的产业结构调整效应及其传导机制》，《世界经济与政治论坛》2004年第1期。

王方方、扶涛：《中国对外直接投资的贸易因素——基于出口引致与出口平台的双重考察》，《财经研究》2013年第4期。

王开明、张琦：《技术创新扩散及其壁垒：微观层面的分析》，《科学学研究》2005年第1期。

王锐淇：《我国区域技术创新能力空间相关性及扩散效应实证分析——基于1997-2008空间面板数据》，《系统工程理论与实践》2012年第11期。

王英、刘思峰：《对外直接投资的动因及效应研究综述》，《审计与经济研究》2007年第6期。

王英、刘思峰：《国际技术外溢渠道的实证研究》，《数量经济技术经济研究》2008年第4期。

魏枫：《资本积累技术进步与中国经济增长路径转换》，《中国软科学》2009年第3期。

吴敬琏：《中国增长模式抉择》，上海远东出版社，2006。

吴晓波、黄娟、郑素丽：《从技术差距、吸收能力看FDI与中国的技术追赶》，《科学学研究》2005年第3期。

夏良科：《人力资本与R&D如何影响全要素生产率——基于中国大中型工业企业的经验分析》，《数量经济技术经济研究》2010年第4期。

冼国明、杨锐：《技术累积、竞争策略与发展中国家对外直接投资》，《经济研究》1998年第11期。

项本武：《中国对外直接投资的贸易效应研究——基于面板数据的协整分析》，《财贸经济》2009年第4期。

肖文、周君芝：《国家特定优势下的中国OFDI区位选择偏好——基于企业投资动机和能力的实证检验》，《浙江大学学报》（人文社会科学版）

2014 年第 1 期。

行伟波、李善同:《地方保护主义与中国省际贸易》,《南方经济》2012 年第 1 期。

阎大颖:《国际经验文化距离与中国企业海外并购的经营绩效》,《经济评论》2009 年第 1 期。

杨德明、毕建琴:《"互联网+"、企业家对外投资与公司估值》,《中国工业经济》2019 年第 6 期。

杨龙志、刘霞:《区域间技术转移存在"马太效应"吗?——省际技术转移的驱动机制研究》,《科学学研究》2014 年第 12 期。

杨挺、陈兆源、韩向童:《2019 年中国对外直接投资特征、趋势与展望》,《国际经济合作》2020 年第 1 期。

杨校美、张诚:《要素禀赋、政策倾斜与中国对外直接投资——基于省级面板数据的分析》,《国际贸易问题》2014 年第 5 期。

姚耀军:《金融中介发展与技术进步——来自中国省级面板数据的证据》,《财贸经济》2010 年第 4 期。

叶娇、赵云鹏:《对外直接投资与逆向技术溢出——基于企业微观特征的分析》,《国际贸易问题》2016 年第 1 期。

衣长军、李赛、张吉鹏:《制度环境吸收能力与新兴经济体 OFDI 逆向技术溢出效应——基于中国省际面板数据的门槛检验》,《财经研究》2015 年第 11 期。

尹华、朱绿乐:《企业技术寻求型 FDI 实现机理分析与中国企业的实践》,《中南大学学报》(社会科学版) 2008 年第 3 期。

〔美〕约瑟夫·熊彼特:《经济发展理论》,何畏、易家祥等译,商务印书馆,1990。

詹晓宁、欧阳永福:《数字经济下全球投资的新趋势与中国利用外资的新战略》,《管理世界》2018 年第 3 期。

张春萍:《中国对外直接投资的贸易效应研究》,《数量经济技术经济研究》2012 年第 6 期。

张纪凤、黄萍:《替代出口还是促进出口——我国对外直接投资对出口的影响研究》,《国际贸易问题》2013 年第 3 期。

张昕蔚:《数字经济条件下的创新模式演化研究》,《经济学家》2019 年第
 7 期。

赵宸宇、李雪松:《对外直接投资与企业技术创新——基于中国上市公司
 微观数据的实证研究》,《国际贸易问题》2017 年第 6 期。

赵奇伟:《东道国制度安排、市场分割与 FDI 溢出效应:来自中国的证
 据》,《经济学》(季刊) 2009 年第 3 期。

赵伟、古广东、何元庆:《外向 FDI 与中国技术进步:机理分析与尝试性
 实证》,《管理世界》2006 年第 7 期。

赵永亮、徐勇:《国内贸易与区际边界效应:保护与偏好》,《管理世界》
 2007 年第 9 期。

中国信息通信研究院:《中国数字经济白皮书 (2017)》。

周春应:《对外直接投资逆向技术溢出效应吸收能力研究》,《山西财经大
 学学报》2009 年第 8 期。

周广澜、王健:《基于 eWTP 的数字贸易探索与实践》,《对外经贸实务》
 2021 年第 3 期。

周茂、陆毅、陈丽丽:《企业生产率与企业对外直接投资进入模式选择——
 来自中国企业的证据》,《管理世界》2015 年第 11 期。

周密、刘璇:《我国技术空间扩散效应的测度与比较》,《科学管理研究》
 2009 年第 4 期。

周燕:《南北贸易对发展中国家技术进步的两面性效应探讨:一个文献综
 述》,《国际贸易问题》2010 年第 12 期。

朱恒源、刘广、吴贵生:《城乡二元结构对产品扩散的影响研究:以彩电
 采用为例》,《管理世界》2006 年第 4 期。

朱荃、张天华:《中国企业对外直接投资存在"生产率悖论"吗——基于
 上市工业企业的实证研究》,《财贸经济》2015 年第 12 期。

朱彤、崔昊:《对外直接投资逆向研发溢出与母国技术进步——数理模型
 与实证研究》,《世界经济研究》2011 年第 12 期。

邹玉娟、陈漓高:《我国对外直接投资与技术提升的实证研究》,《世界经
 济研究》2008 年第 5 期。

二 外文文献

Aghion P. , Howitt P. "A Model of Growth through Creative Destruction". *Econometrica*, Vol. 60, No. 2, 1992, pp. 323-351.

Alsadiq A. "Outward Foreign Direct Investment and Domestic Investment: The Case of Developing Countries". *Working Paper of IMF*, pp. 1-27.

Arrow K. J. "The Economic Implications of Learning by Doing". *The Review of Economic Studies*, Vol. 29, No. 3, 1962, pp. 155-173.

Barro R. J. , Lee J. W. "International Comparisons of Educational Attainment". *Journal of Monetary Economics*, Vol. 32, No. 3, 1993, pp. 363-394.

Bitzer J. , Kerekes M. "Does Foreign Direct Investment Transfer Technology across Borders? New Evidence". *Economics Letters*, Vol. 100, No. 3, 2008, pp. 355-358.

Borensztein E. , De Gregorio J. , Lee J. W. "How Does Foreign Direct Investment Affect Economic Growth?" *Journal of International Economics*, Vol. 45, No. 1, 1998, pp. 115-135.

Branstetter L. G. "Looking for International Knowledge Spillovers: A Review of the Literature with Suggestions for New Approaches". *Annales Déconomie Et De Statistique*, Vol. 49, No. 49, 2000, pp. 517-540.

Brent R. M. "GDP and the Digital Economy: Keeping up with the Changes". *Understanding the Digital Economy Data*, Vol. 4, No. 5, 1999, pp: 34-48.

Buckley P. , Casson M. *The Future of the Multinational Enterprise*. Macmillan, London, 1976.

Buckley P. , Casson M. "The Optimal Timing of a Foreign Direct Investment". *The Economic Journal*, Vol. 91, No. 361, 1981, pp. 75-87.

Cantwell J. , Tolentino P. E. "Technological Accumulation and Third World Multinationals". *Discussion Paper in International Investment and Business Studies*, Vol. 139, No. 1, 1990, pp. 1-58.

Caves R. E. "International Corporations: The Industrial Economics of Foreign

Investment". *Economica*, Vol. 38, No. 149, 1971, pp. 1–27.

Caves R. "Multinational Firms, Competition and Productivity in Host-Country Markets". *Economica*, Vol. 41, No. 162, 1974, pp. 176–193.

Chang C., McAleer M., Tang J. "Joint and Cross-border Patents as Proxies for International Technology Diffusion". *International Journal of Innovation and Technology Management*, Vol. 15, No. 2, 2018, pp. 1–29.

Cheung Y. W., Qian X. W. "Empirics of China's Outward Direct Investment". *Pacific Economic Review*, Vol. 14, No. 3, 2009, pp. 312–341.

Coe D. T., Helpman E. "International R&D Spillovers". *European Economic Review*, Vol. 39, No. 5, 1995, pp. 859–887.

Cohen W., Levinthal D. "The Implications of Spillovers for R&D Investment and Welfare: A New Perspective". *Administrative Science Quarterly*, Vol. 35, No. 1, 1990, pp. 128–152.

Davis L. E., North D. C., Smorodin C. *Institutional Change and American Economic Growth.* CUP Archive, Cambridge, 1971.

De La Potterie B. V. P., Lichtenberg F. "Does Foreign Direct Investment Transfer Technology across Borders?" *Review of Economics and Statistics*, Vol. 83, No. 3, 2001, pp. 490–497.

Desai M. A., Foley C. F. "The Comovement of Returns and Investment Within the Multinational Firm". *NBER Working Papers*, 2004.

Diebold F. X. "A Personal Perspective on the Origins and Development of 'Big Data': The Phenomenon, the Term and the Discipline". *Social Science Research Network*, 2012.

Dunning J. H. *International Production and the Multinational Enterprise.* Allen & Unwin, London, 1981.

Dunning J. H. "Trade, Location of Economic Activity and the MNE: A Search for an Eclectic Approach". *The International Allocation of Economic Activity.* Palgrave Macmillan, UK, 1977.

Dunning J. *Multinational Enterprises and the Global Economy.* Edward Elgar Publishing, 1993.

Dyer J. , Singh H. "The Relational View: Cooperative Strategy and Sources of Interorganizational Competitive Advantage". *Academy of Management Review*, Vol. 23, No. 4, 1998, pp. 660-679.

Elia S. , Piseitello L. "The Impact of Outward FDI on the Home Country's Labour Demand and Skill Composition". *International Business Review*, Vol. 18, No. 4, 2009, pp. 357-372.

Ertur C. , Musolesi A. "Weak and Strong Cross-Sectional Dependence: A Panel Data Analysis of International Technology Diffusion". *Journal of Applied Econometrics*, 2016, pp. 477-503.

Feenstra R. C. "Trade and Uneven Growth". *Journal of Development Economics*, Vol. 49, No. 1, 1996, pp. 229-256.

Feldstein M. , Horioka C. "Domestic Savings and International Capital Flows". *Economic Journal*, Vol. 90, 1980, pp. 314-329.

Feldstein M. *The Effects of Outbound Foreign Direct Investment on the Domestic Capital Stock*. University of Chicago Press, 1995.

Fosfuri A. , Motta M. , Ronde T. "Foreign Direct Investment and Spillovers through Worker's Mobility". *Journal of International Economics*, Vol. 53, No. 1, 2001, pp. 205-222.

Fosfuri A. , Motta M. "Multinationals without Advantages". *Sandinavian Journal of Economics*, Vol. 101, No. 4, 1999, pp. 617-630.

Freeman C. *The Economics of Hope: Essays on Technical Change, Economic Growth, and the Environment*. Thomson Learning, London, 1992.

Gandomi A. , Haider M. "Beyond the Hype: Big Data Concepts, Methods and Analytics". *International Journal of Information Management*, Vol. 35, No. 2, 2015, pp. 137-144.

Glass A. , Saggi K. "International Technology Transfer and the Technology Gap". *Journal of Development Economics*, Vol. 55, No. 2, 1998, pp. 369-398.

Grossman G. M. , Helpman E. *Innovation and Growth in the Global Economy*. The MIT Press, Massachusetts, 1991.

Grossman G. M. , Helpman E. "Outsourcing in a Global Economy". *Review of*

Economic Studies, Vol. 72, No. 1, 2005, pp. 135-159.

Gugler P., Boie B. *The Emergence of Chinese FDI: Determinants and Strategies of Chinese MNEs.* Conference "Emerging Multinationals: Outward Foreign Direct Investment from Emerging and Developing Countries". Copenhagen Business School, Copenhagen, 2008.

Head C. K., Ries J. C., Swenson D. L. "Attracting Foreign Manufacturing: Investment Promotion and Agglomeration". *Regional Science and Urban Economics*, Vol. 29, No. 2, 1999, pp. 197-218.

Heckman J. J., Ichimura H., Todd P. E. "Matching as an Econometric Evaluation Estimator: Evidence from Evaluating a Job Training Program". *Review of Economic Studies*, Vol. 64, No. 4, 1997, pp. 605-654.

Helpman E., Melitz M., Yeaple S. R. "Export versus FDI". *Social Science Electronic Publishing*, Vol. 94, No. 1, 2003, pp. 300-316.

Helpman E., Melitz M. J., Yeaple S. R. "Export versus FDI with Heterogenous Firms". *American Economic Review*, Vol. 94, No. 1, 2004, pp. 300-316.

Henisz W. J., Delios A. "Uncertainty, Imitation, and Plant Location: Japanese Multinational Corporations, 1990-1996". *Administrative Science Quarterly*, Vol. 46, No. 3, 2001, pp. 443-475.

HoltzEakin D., Newey W., Rosen H. S. "Estimating Vector Autoregressions with Panel Data". *Econometrica*, Vol. 56, 1988, pp. 1371-1396.

Hymer S. *Multinational Corporations and Foreign Direct Investment. The Theory of Transnational Corporations.* Routledge for the United Nations, London, 1960.

Jaffe A. B., Trajtenberg M., Henderson R. "Geographic Localization of Knowledge Spillovers as Evidenced by Patent Citations". *The Quarterly Journal of Economics*, Vol. 108, No. 3, 1993, pp. 577-598.

Johanson J., Vahlne J. E. "The International Process of the Firm: A Model of Knowledge Development and Increasing Foreign Market Commitments". *Journal of International Business Studies*, Vol. 8, No. 1, 1977, pp. 23-32.

Johnson H. G. "The Efficiency and Walfare implication of the International Corporation". in Kindleberger C. R. (Ed.), *The International Corporation*

Mass. MIT Press, Massachusetts, 1970.

Kalotay K. , Sulstarova A. "Modelling Russian Outward FDI". *Journal of International Management*, Vol. 16, No. 2, 2010, pp. 131–142.

Kamien M. I. , Schwartz N. L. "Market Structure and Innovation: A Survey". *Journal of Economic Literature*, Vol. 13, No. 1, 1975, pp. 1–37.

Kang Y. , Jiang F. "FDI Location Choice of Chinese Multinationals in East and Southeast Asia: Traditional Economic Factors and Institutional Perspective". *Journal of World Business*, Vol. 47, No. 1, 2012, pp. 45–53.

Karshenas M. , Stoneman P. L. *Rank, Stock, Order and Epidemic Effects in the Diffusion of New Process Technologies: An Empirical Modle.* University of Warwick, Department of Economics, 1990.

Khann T. M. , Palepu K. G. "Southeast Asia: Traditional Economic Factors and Institutional Perspective". *Journal of World Business*, Vol. 47, No. 1, 2012, pp. 45–53.

Kim H. , Lee H. , Lee J. "Technology Diffusion and Host-country Productivity in South-South FDI Flows". *Japan and the World Economy*, No. 33, 2015, pp. 1–10.

Kling R. , Lamb R. "IT and Organizational Change in Digital Economies: A Socio-Technical Approach". *AcmSigcas Computers & Society*, Vol. 29, No. 13, 1999, pp. 17–25.

Knickerbocker F. T. "Oligopolistic Reaction and Multinational Enterprise". *Thunderbird International Business Review*, Vol. 15, No. 2, 1973, pp. 7–9.

Kogut B. , Chang S. J. "Technological Capabilities and Japanese Foreign Direct Investment in the United States". *The Review of Economics and Statistics*, Vol. 73, No. 3, 1991, pp. 401–413.

Kogut B. , Singh H. "The Effect of National Culture on the Choice of Entry Mode". *Journal of International Business Studies*, Vol. 19, No. 3, 1988, pp. 411–432.

Kojima K. *Direct Foreign Investment: A Japanese Model of Multinational Business operations.* Croom Helm, London, 1978.

Kokko A. "Technology, Market Characteristics and Spillovers". *Journal of De-velopmaent Economics*, Vol. 43, No. 2, 1994, pp. 279-293.

Kostova T. "Transnational Transfer of Strategic Organizational Practices: A Con-textual Perspective". *Academy of Management Review*, Vol. 24, No. 2, 1999, pp. 308-324.

Kumar N., Dunning J. H., Lipsey R. E., et al. *Globalization, Foreign Direct Investment, and Technology Transfers: Impacts on and Prospects for Develo-ping countries*. Routledge, New York, 1998.

Lall S. *The New Multinationals: The Spread of Third World Enterprises*. Wiley, London, 1983.

Leontief W., Strout A., *Multiregional Input-output Analysis*. Palgrave Macmil-lan: Palgrave Press, 1963.

Levinsohn J., Petrin A. "Estimating Production Functions Using Inputs to Con-trol for Unobservables". *The Review of Economic Studies*, Vol. 70, No. 2, 2003, pp. 317-341.

Li M., Li D., Lyles M., Liu S. "Chinese MNEs' Outward FDI and Home Country Productivity: The Moderating Effect of Technology Gap". *Global Strategy Journal*, Vol. 6, No. 4, 2016, pp. 289-308.

Lichtenberg F., Potterie B. V. P. D. L. "International R&D Spillovers: A Com-ment". *European Economic Review*, Vol. 42, No. 8, 1998, pp. 1483-1491.

Lichtenberg F., Potterie B. V. P. D. L. "International R&D Spillovers: A Reex-amination". *National Bureau of Economic Research*, 1996.

Lucas R. E. "On the Mechanics of Economic Development". *Journal of Monetary Economics*, Vol. 22, No. 1, 1988, pp. 3-42.

Luo Y., Xue Q., Han B. "How Emerging Market Governments Promote Out-ward FDI: Experience from China". *Journal of World Business*, Vol. 45, No. 1, 2010, pp. 68-79.

MacDougall G. "The Benefits and Costs of Private Investment from Abroad: A Theoretical Approach". *Economic Record*, Vol. 36, No. 73, 1960, pp. 13-35.

Magee S. P. *Information and the Multinational Corporation: An Appropriability Theory of Direct Foreign Investment*. MIT Press, Massachusetts, 1977.

Mansfield E. *Technology Transfer, Innovation and Public Policy*. DC Heath, Lexington, 1982.

Nelson R. R. *Institutions Supporting Technical Change in the United States*. Technical Change and Economic Theory, London, 1987.

Neven D., Siotis G. "Foreign Direct Investment in the European Community: Some Policy Issues". *Oxford Review of Economic Policy*, Vol. 9, No. 2, 1993, pp. 72-93.

Neven D., Siotis G. "Technology Sourcing and FDI in the EC: An Empirical Evaluation". *International Journal of Industrial Organization*, Vol. 14, No. 5, 1996, pp. 543-560.

Nocke V., Yeaple S. "Cross-Border Mergers and Acquisitions Vs. Greenfield Foreign Direct Investment: The Role of Firm Heterogeneity". *Journal of International Economics*, Vol. 72, No. 2, 2007, pp. 336-365.

North D. C., Thomas R. P. "An Economic Theory of the Growth of the Western World". *The Economic History Review*, Vol. 23, No. 1, 1970, pp. 1-17.

North D. C., Thomas R. P. "The Rise and Fall of the Manorial System: A Theoretical Model". *The Journal of Economic History*, Vol. 31, No. 4, 1971, pp. 777-803.

North D. C. "Sources of Productivity Change in Ocean Shipping, 1600-1850". *Journal of Political Economy*, Vol. 76, No. 5, 1968, pp. 953-970.

Pesaran M. H., Binder M., Hsiao C. "Estimation and Inference in Short Panel Vector Autoregressions with Unit Roots and Cointegration". *Social Science Electronic Publishing*, Vol. 21, No. 4, 2005, pp. 5-69.

Porter M. E. *The Competitive Advantage of Notions*. Harvard Business Review, Cambridge, 1990.

Pradhan J. P., Singh N. "Outward FDI and Knowledge Flows: A Study of the Indian Automotive Sector". *MPRA Paper*, Vol. 1, No. 1, 2008, pp. 156-187.

Romer P. M. "Endogenous Technological Change". *Journal of Political Economy*, Vol. 98, No. 5, 1990, pp. 71-102.

Romer P. M. "Human Capital and Growth: Theory and Evidence". *Social Science Electronic Publishing*, Vol. 32, No. 1, 1990, pp. 251-286.

Romer P. M. "Increasing Returns and Long-Run Growth". *Journal of Political Economy*, Vol. 94, No. 5, 1986, pp. 1002-1037.

Rugman A. M. *Inside the Multinationals: The Economics of Internal Markets*. Columbia University Press, New York, 1981.

Rugman A. M. "Internalization as a General Theory of Foreign Direct Investment: A Re-Appraisal of the Literature". *Review of World Economics*, Vol. 116, No. 2, 1980, pp. 365-379.

Solow R. M. "Technical Change and the Aggregate Production Function". *Review of Economics & Statistics*, Vol. 39, No. 3, 1957, pp. 554-562.

Stevens G. V. G, Lipsey R. E. "Interactions between Domestic and Foreign Investment," *Journal of International Money and Finance*, Vol. 11, No. 1, 1992, pp. 40-62.

Stoian C. "Extending Dunning's Investment Development Path: The Role of Home Country Institutional Determinants in Explaining Outward Foreign Direct Investment". *International Business Review*, Vol. 22, No. 3, 2013, pp. 615-637.

Syropoulos C. , Dinopoulos E. *Multi Country Tariff Wars and Trade Agreements*. Mimeo, 2012.

Tapscott D. *The Digital Economy: Promise and Peril in the Age of Networked Intelligence*. New York: McGraw-Hill, 1996.

Teece D. J. "Foreign Investment and Technological Development in Silicon Valley". *California Management Review*, Vol. 34, No. 2, 1992, pp. 88-106.

Uzawa H. "Optimum Technical Change in an Aggregative Model of Economic Growth". *International Economic Review*, Vol. 6, No. 1, 1965, pp. 18-31.

Vahter P. , Masso J. "Home Versus Host Country Effects of FDI: Searching for

New Evidence of Productivity Spillovers". *Bank of Estonia Working Papers*, Vol. 53, No. 2, 2005, pp. 165-196.

Vernon R. "International Investment and International Trade in the Product Cycle". *International Executive*, Vol. 8, No. 4, 1966, pp. 307-324.

Verspagen B. "Endogenous Innovation in Neoclassical Growth Models: A Survey". *Journal of Macroeconomics*, Vol. 14, No. 4, 1992, pp. 631-662.

Veugelers R. "Strategic Incentives for Multinational Operations". *Managerial & Decision Economics*, Vol. 16, No. 1, 1995, pp. 47-57.

Wang C., Hong J., Kafouros M., et al. "What Drives Outward FDI of Chinese Firms? Testing the Explanatory Power of Three Theoretical Frameworks". *International Business Review*, Vol. 21, No. 3, 2012, pp. 425-438.

Wells, Louis J. *Third World Multinationals: The Rise of Foreign Direct Investment from Developing Countries*. Wiley, New York, 1983.

World Economic Forum. Global Information Technology Report 2015-2016: Innovating in the Digital Economy.

Young A. "The Razor's Edge: Distortions and Incremental Reform in the People's Republic of China". *Quarterly Journal of Economics*, Vol. 115, No. 4, 2000, pp. 1091-1135.

Zhang X., Daly K. *The Determinants of China's Outward Foreign Direct Investment*. Emerging Markets Review, Vol. 12, No. 4, 2011, pp. 389-398.

图书在版编目（CIP）数据

跨国投资与母公司创新发展研究／李兰著.--北京：
社会科学文献出版社，2024.8（2025.9重印）.--（浙江外国语学院博
达丛书）.--ISBN 978-7-5228-3841-0

Ⅰ.F272.5

中国国家版本馆 CIP 数据核字第 2024M21T06 号

浙江外国语学院博达丛书
跨国投资与母公司创新发展研究

著　　者／李　兰

出 版 人／冀祥德
组稿编辑／张晓莉
责任编辑／叶　娟
文稿编辑／赵亚汝
责任印制／岳　阳

出　　版／社会科学文献出版社·区域国别学分社（010）59367078
　　　　　地址：北京市北三环中路甲 29 号院华龙大厦　邮编：100029
　　　　　网址：www.ssap.com.cn
发　　行／社会科学文献出版社（010）59367028
印　　装／唐山玺诚印务有限公司

规　　格／开　本：787mm×1092mm　1/16
　　　　　印　张：13.75　字　数：219 千字
版　　次／2024 年 8 月第 1 版　2025 年 9 月第 2 次印刷
书　　号／ISBN 978-7-5228-3841-0
定　　价／98.00 元

读者服务电话：4008918866